チャイナ・イノベーション2

Innovation China's Digital Powerhouse Strategy

中国のデジタル強国戦略

李智慧
Li Zhihui

日経BP

チャイナ・イノベーション2

中国のデジタル強国戦略

はじめに

コロナ後の中国とその国家戦略

２０２０年は新型コロナウイルス（COVID-19）の感染者が世界で９０００万人を突破し、死者も２００万人に迫るなか、新冷戦と言われる米中対立の激化、決着がもつれた米大統領選挙など、歴史を画する大激動の1年だった。将来への不確実性が増す世界情勢にあって、いち早くコロナを抑え込んで経済成長がプラスに転じた中国は同年11月、「第14次５カ年計画と２０３５年までの長期目標」（草案）を発表した。

この計画には「製造強国」、「品質強国」、「デジタル中国」といったキーワードが並び、「デジタル中国」建設を国家戦略として位置づける意欲的な内容が盛り込まれていた。コロナ禍を克服した中国は、イノベーション駆動型デジタル国家のさらなる推進をめざしている。

米経済誌フォーチュンが毎年発表する世界企業番付「フォーチュン・グローバル５００」で、２０１９会計年度売上高ランキングに中国企業（香港を含む）が前年比5社増えて１２４

社入り、横ばいだった米国企業121社を初めて上回った。

クリフトン・リーフ同誌編集長は「われわれがグローバル企業の調査を開始した1995年、中国本土に拠点を置くグローバル500企業は皆無だった。今日、そこには地球上のどこよりも多くの巨大な営利企業が存在している」とコメントした。「グローバル500」入りした中国企業は2008年から急増し、先行するドイツ、フランス、イギリス、そして日本を上回り、遂に米国を追い抜いた。

日本経済研究センターは2020年12月、新型コロナの影響が今後4、5年で収束する標準シナリオでは、名目国内総生産（GDP）で2028年にも中国が米国を上回るとの経済見通しを発表した。新型コロナからの回復スピードの違いで、従来は早くて2036年以降と予想された米中逆転の時期を前倒ししたかたちだ。

鄧小平の改革開放からわずか40数年。中国の経済成長を歓迎する、しないにかかわらず、経済やテクノロジーで存在感が薄かった中国が大きく変貌を遂げたことは認めざるを得ないだろう。その重要なエンジンの一つは、先端テクノロジーの社会実装によるデジタル経済の成長だ。

巨大な市場をバックに蓄積してきた膨大なデータを活用して、AI、クラウド・コンピューティングなどの先端テクノロジー企業に変貌したアリババ、騰訊（テンセント）、百度（バイドゥー）、京東（JD.com）、そして5G技術で世界をリードしている華為技術（ファーウェイ）が、中国の躍進を支える代表的な企業だ。

こうした中国企業を標的にして、米国政府が発動した制裁措置は、「アメリカ・ファースト」の掛け声に象徴されるように、自国の地位や権益、技術覇権の確保に狙いがある。トランプ政権からバイデン政権に交代しても方針に変わりはないはずで、今後長期間にわたって世界にさまざまな影響を与えるだろう。

２０１８年10月に出版した前著『チャイナ・イノベーション　データを制する者は世界を制する』では、中国のビッグデータ戦略、アリババやテンセントの急成長の経緯、中国型イノベーションの本質について分析した。

本書では視野を広げて、中国のデジタル強国戦略の全容解明をめざす。「量」的な追い上げからイノベーション駆動型の「質」へと転換する中国デジタル経済の現状、それを支えるイノベーション企業の戦略を分析する。

また、米国から槍玉に上がったファーウェイと北京字節跳動科技（バイトダンス）を取り上げ、その強さの秘密を分析する。これらは、日本企業が進めようとするデジタル・トランスフォーメーション（ＤＸ）への示唆にも富んでいる。

２０２０年11月、中国、日本など15カ国が東アジア地域包括的経済連携（ＲＣＥＰ）に署名した。こうした動きが象徴するように、中国の巨大市場と経済の活力は東アジア地域の経済発展に必要不可欠なものだろう。

新型コロナによる社会のデジタル化が進むにつれ、産業だけではなく、金融システムのような社会インフラにもデジタル革命の波が押し寄せている。中国はデジタル経済を加速するため、中央銀行デジタル通貨（ＣＢＤＣ）であるデジタル人民元（ＤＣ／ＥＰ）の導入を着々と進めている。中国は２０２２年北京冬季オリンピックの会場で使えることをめざしている。選手や観光客も巻き込むため、失敗は許されない。オリンピック本番までには完成度をかなり高めると見ていい。

世界はまだ未曾有のパンデミックの真っ只中にあり、この巨大な危機を乗り越えるには、世界各国の協力が必要不可欠だ。あまり知られていないが、コロナに関するＡＩ画像診断アルゴリズムが中国のテック企業から日本側に提供された事例もある。中国のデータによって性能が向上したＡＩ技術が、日本の新型コロナとの戦いにも貢献している。

大国の思惑によって世界に新たな分断がもたらされるとすれば、未来の世代にとって不幸なことだ。各国が協調してデジタル社会にふさわしい仕組みを作るために、中国と米国に近い関係にある日本の積極的な役割を期待したい（本文一部敬称略）。

目次

第2章 デジタル強国戦略の形成と発展 39

第6章 バイトダンス（北京字節跳動科技）——破竹の勢いで成長する新星 227

第7章　デジタル人民元と未来の通貨競争

第１章

デジタル経済が加速する「コロナ後」の中国

Chapter 1.

China in the "post-Corona" era of accelerating digital economy

陝西省西安市で配布されたデジタル消費券。2020年3月（アフロ）

校内に入る前にQRコードに自分の「健康コード」を読み取らせる北京市内の高校生。2020年5月（新華社/アフロ）

コロナの抑え込みによる経済の早期回復

新型コロナウイルス（COVID-19）が世界に与えた影響は甚大で、人々のリアルな世界での活動が制限され、生活や経済活動のデジタル化、オンライン化、非接触化が一気に進んだ。この感染症という不可抗力によって、これまで当たり前のように踏襲されてきた慣例や秩序、ルールに少しずつ〝穴〟が開き始めた。デジタル化がもたらすイノベーションが、生活、産業、金融、貿易など、さまざまな分野に浸透しており、世界が１００年に一度の大きな変革期を迎えようとしている。

２０２０年の夏場に一旦は収まりつつあるかに見えた新型コロナは秋以降、欧米など世界中で再び拡大に転じ、収束の見通しは立っていない。

経済協力開発機構（ＯＥＣＤ）は２０２０年12月1日、経済見通し「エコノミック・アウトルック」で同年の世界経済の実質成長率はマイナス４・２％になると発表した。ＯＥＣＤの予測では、中国の実質国内総生産（ＧＤＰ）成長率は２０１９年の６・１％から２０２０年は１・８％に低下するが、２０２１年には８・０％に回復する。２０２１年の世界経済

図表1-1　中国における新規感染者数推移（2020年1月～同年12月17日）

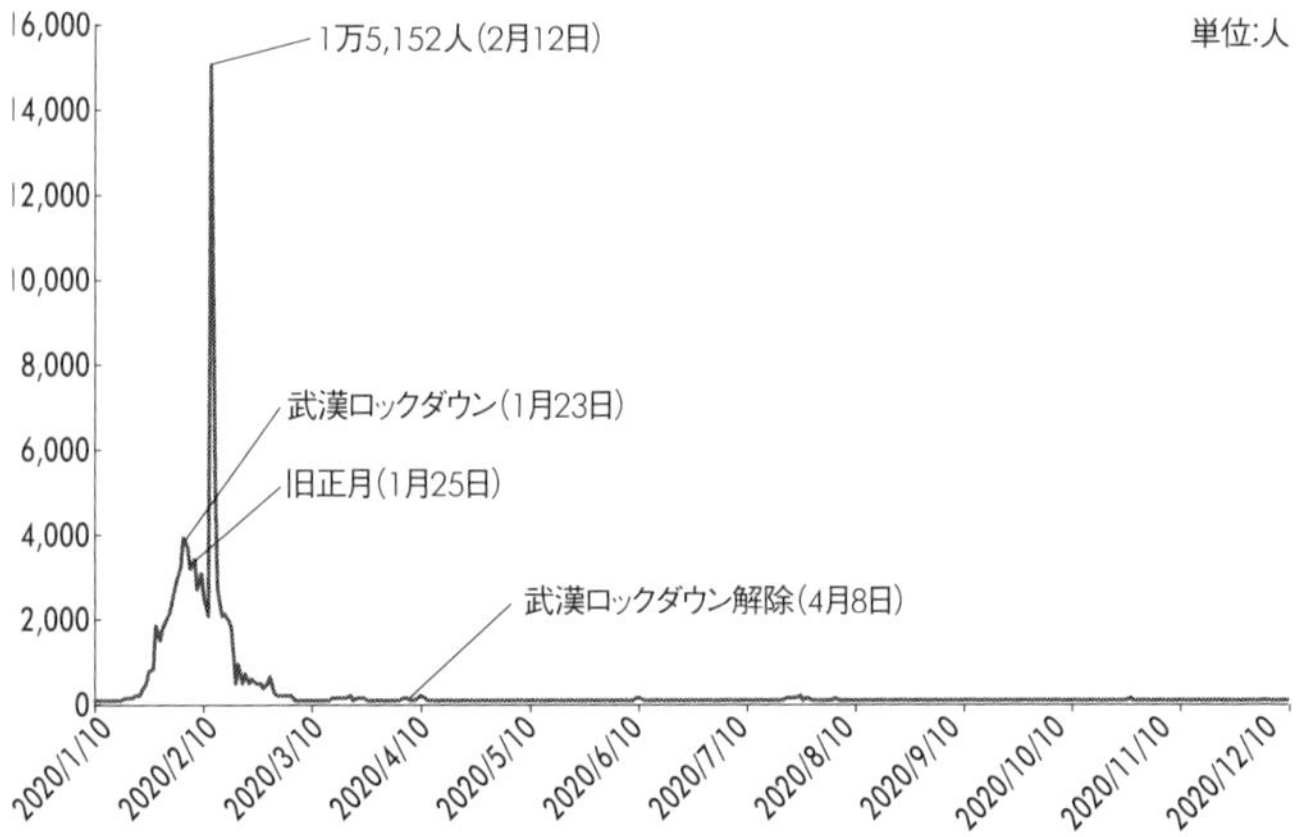

注：、湖北省当局は2020年2月12日以降、新規感染者数及び死亡者数の算出方式を改定した。従来のPCR検査に加え、ＣＴスキャンの画像診断などの臨床診断で感染が確認された例も感染者数に計上した。

の伸び率の3分の1以上に中国が寄与することで、世界経済は2021年末には4・2%の伸びと、コロナ禍前の水準に回復すると予想されている。

　感染者数が世界一多い米国では、議会予算局（CBO）の予測によると、新型コロナウイルスの流行による悪影響で、実質GDPが2020～30年に累計7兆9000億ドル（約850兆円）減少する見通しだ。米政府は巨額の経済対策に乗り出しているが、経済活動が完全に回復していない州もあり、新型コロナの打撃が長期にわたって景気を下押しする見通しだ。

ワクチンや治療薬のない未知のウイルスとの戦いの初期に中国国内では混乱が起き、さまざまな課題も浮上した。しかし、約2カ月半をかけて感染拡大の勢いを抑え込んだ。4月以降、海外からの帰国者などによる第二波とも言われる感染拡大があったものの、広がることなく抑え込まれた。一部地域で数十人程度の陽性者が発生しているが、人口当たりで見ても、世界のほかの国より低い水準で推移している。そのため、経済活動が早期に再開され、早いスピードで経済の回復を果たした。

官民一体の「デジタル・社会ガバナンス」

中国が新型コロナを短い期間で封じ込むことができたのは、挙国体制で厳しい施策を実施したことが功を奏したからだ。その一連の取り組みの中には、透明性のある情報公開の実施、感染者の追跡と感染の疑いのある人のモニタリング、健康コードといったデジタル証明書による市民の健康状態の可視化などを迅速に導入した効果が大きい。ウイルスの蔓延を防ぐために、感染者、もしくは感染の疑いのある人と健康な人との接触を避けるというのが一番重要なことだが、医療の力だけではなく、中国の場合はデジタル技術の力が威

図表1-2　中国の「デジタル・社会ガバナンス」の取り組みの概要

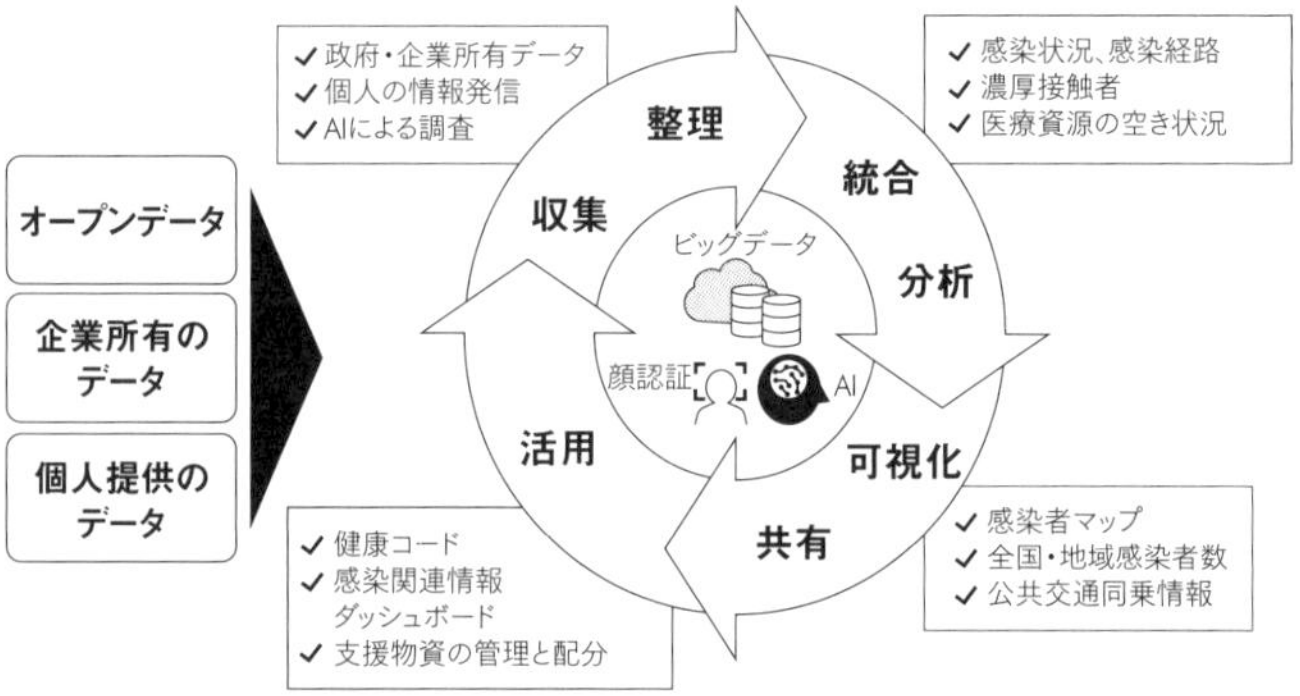

出所：NRI緊急提言「コロナ対応で進む中国のデジタル社会実装」　2020年3月26日　筆者作成

力を発揮した。

健康コードのような「ビッグデータの収集、データ分析と可視化といった最先端のデジタル技術を社会のガバナンスに活かす取り組み」を筆者は「デジタル・社会ガバナンス」と定義している。

中国では中央政府、地方政府、市町村のあいだで各種データを共有することにより、迅速な意思決定と機敏な行動を実現した。加えて、騰訊（テンセント）、アリババ、百度といったメガテックや、京東（JD.com）、華為技術（ファーウェイ）、アイフライテック（iFlytek）、北京字節跳動科技（バイトダンス）、依図科技（YITU）などの先端企業も相次いで参画し、企業の社会的責任を果たすべく、地方政府と協力して自社の先端技術を活用して各種感染症関連の情報の収集・整理・可視化を推進した。
具体的な取り組み事例を次に見てみよう。

オープンデータを活用した透明性のある情報公開

政府は、交通機関、病院などの公共部門のオープンデータを公開し、メガテック企業がそれらを地図データ、位置情報データと統合して、ソーシャルメディアの微信（WeChat）、決済アプリの支付宝（アリペイ）、百度地図などのプラットフォーム経由で、感染者情報を公開することにより、透明性のある情報公開を試みた。

感染者情報は、中国の国家および省レベルの衛生健康委員会からなる国家報告システム（National Reporting System、NRS）で収集され、毎日早朝3時に情報を更新し、患者の新規増加数、死亡例、疑い症例及び接触者の4つのデータを公表している。

また、メガテック企業が持つビッグデータ分析技術やAI技術を活用して、感染者の行動履歴、詳細な位置情報を伴う感染者マップ、感染者が乗った公共交通機関を公開することによる注意喚起も可能にした。

AIを活用した接触者の徹底追跡

無症状感染者から知らないうちに他の人に伝染することを防ぐため、中国では感染者と

図表1-3　WeChatアプリの新型コロナウイルス関連の特設サイト

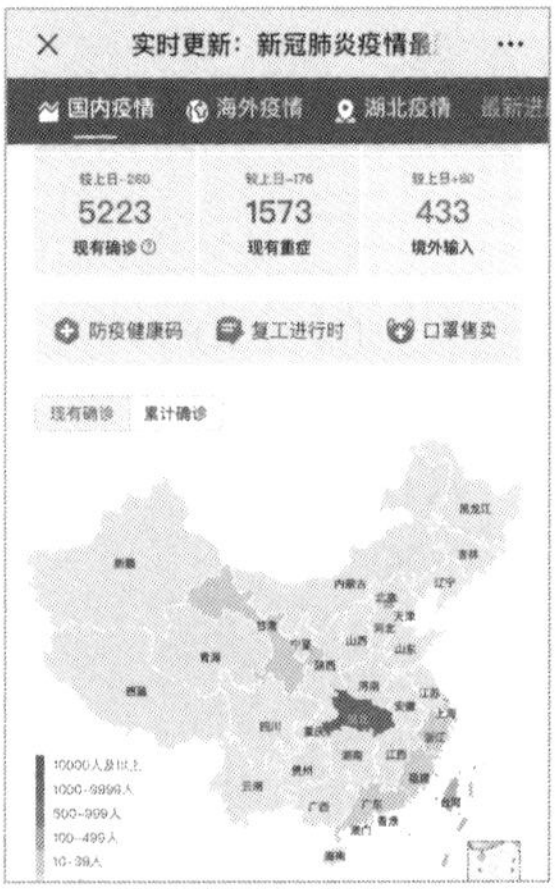

感染状況ビッグデータ

感染者と関連する公共の場所

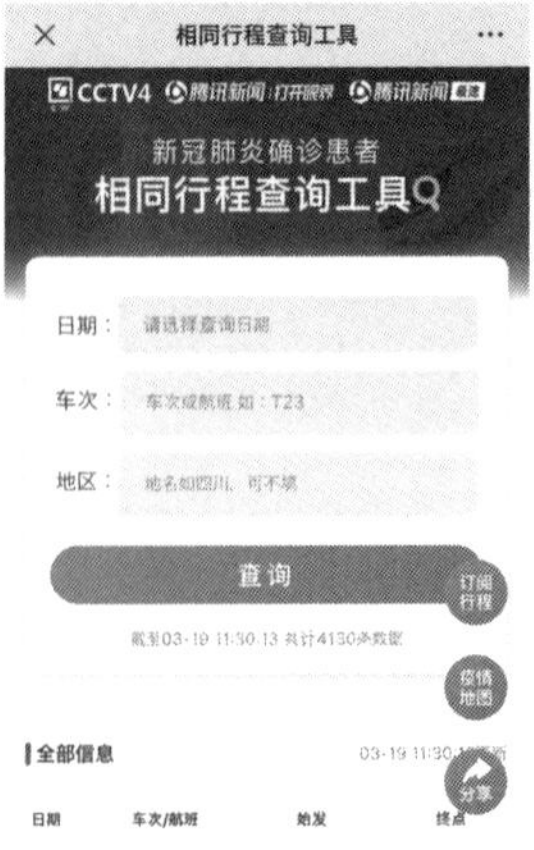

感染者が利用した
公共交通機関の検索

出所：テンセントWeChatアプリの画面

接触した人の連絡先の特定、隔離と管理を徹底的に行っている。２０２０年2月28日に発表された中国とＷＨＯ（世界保健機構）専門家チームとの共同調査報告『中国－ＷＨＯ新型コロナウイルス（COVID-19）共同視察報告』では、この措置について、「非常に緻密な施策」として紹介されている。報告書では次のような例をあげている。

「武漢には、１チームあたり最低５人の疫学者を含む１８００以上の疫学チームが、１日に数万人の接触者を追跡している。２月17日時点で、深圳《しんせん》市において確認済みの濃厚接触者は２８４２名いるが、すべて追跡できている。そのうち、２２４０人（72％）が観察期間を終え、うち88人が感染を確認された」

このような労力のかかる接触者の追跡作業には、テック企業のＡＩソリューションが活用されている。音声認識ＡＩ大手のiFlytekは自社が開発したアウトバンド（発信）型ロボットを地方自治体に提供し、健康調査から簡単な問診まで行い、追跡作業を支援した。

1月24日から3月5日までに、累計２７２５万人に電話をかけて調査を行った。湖北省の通信キャリアの協力の下、1分間で９００回線の同時通話が可能で、6時間で20万人の調査ができる。調査結果は、音声認識によって自動記録するため、少なくとも湖北省の政府職員８０００人分の仕事を代行したことになる。また、この発信ロボットは通信キャリアのコールセンターにも導入され、オペレーターに代わって質問対応や住民への注意喚起のコールを計1・34億回処理した。オペレーターが出社せずに済むため、感染拡大の防止にも貢献した。

２０２０年10月23日のiFlytekが主催する開発者大会での発表によると、発信ロボットは多くの地方政府に導入され、累計６７００万人に調査を行い、４・７万人もの発熱症状のある市民の状況を把握できた。その能力が認められ、韓国でも導入されたという。

ブロックチェーン技術を活用した支援物資の追跡

アリババ・グループの金融関連企業、アント・フィナンシャル（現アント・グループ）が浙江省健康委員会などと共同で、支援物資のマッチング・プラットフォームを開設し、医療物資の供給と配分を追跡して公開する取り組みを行った。このプラットフォームは、ブロックチェーン技術を活用し、支援物資が寄付された時点から輸送・受領までの記録をすべて参照可能にし、物資の確実な配分を支援した。

デジタル証明書による市民の健康状態の可視化

湖北省を除く中国各地の新規感染者数が減少に転じると、各地で仕事の再開に向けた動きが広まった。しかし、人々が自由に行き来することで収まりかけている感染が再び拡大することへの警戒感から、二の足を踏む地方政府も少なくなかった。このような状況の下、アント・グループの本社がある浙江省杭州市では、個人の健康状態を証明するデジタル証

図表1-4　健康コードの仕組み

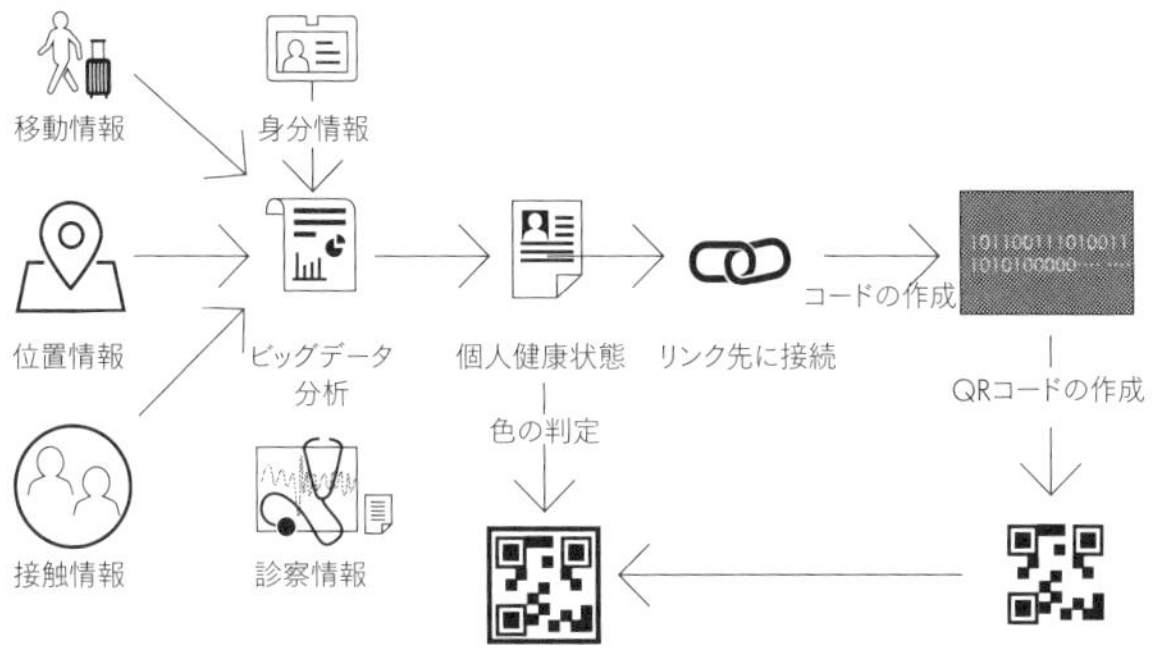

出所：中国電子技術標準化研究院情報安全研究センターの発表資料より、NRI作成

明書、いわゆる「健康コード」を提供することで感染リスクの高い人との接触を防止しながら経済活動を再開できた。その利便性から短期間で全国300以上の都市に導入された。

利用者がアリペイ・アプリで名前・国民ID・電話番号・詳細な健康状態および旅行情報を申告すると、感染リスクが緑、黄、赤の3段階で示される。利用者の自己申告に加え、政府が持っているデータとアリペイのビッグデータを照合し、外出可否を判定する仕組みだ。

健康コードは、都市間の移動、もしくは、駅や商業施設などの公共の場へ出入りする許可証として、さまざまな場面で活用された。旧正月明けに再び始まった民族大移動では、何回もの検温や健康状態の申告の手間が省かれたことで、健康コードは実質的にデジタル通行証の役割を果たし、スムーズな経済再開に大きく貢献した。

中国の新型コロナに関する厳しすぎるとも言える施策は、海外メディアから監視社会と批判されるが、感染症蔓延の非常時にこのような「デジタル・社会ガバナンス」があるからこそ迅速な対応につながり、結果的に多くの人の命が守られたと言えよう。

デジタル消費券が牽引する消費回復

コロナの感染拡大がいったん収束した後、大きな打撃を受けた経済の再起動、中小企業への支援が喫緊の課題となった。中国の2020年第1四半期の実質GDP成長率は前年同期比でマイナス6・8%となり、消費も大きく落ち込み、多くの企業が苦境に立たされた。経済の再起動のカギの一つは、消費の回復だった。

今回のコロナ禍は、2003年に発生したSARS（重症急性呼吸器症候群）以上のダメージを消費に与えた。中国国家統計局の発表データによると、消費を図る指標の一つである「社会消費財小売総額伸び率」が20年1月～2月がマイナス20・5%となり、SARSの影

図表1-5　社会消費財小売総額伸び率(%)

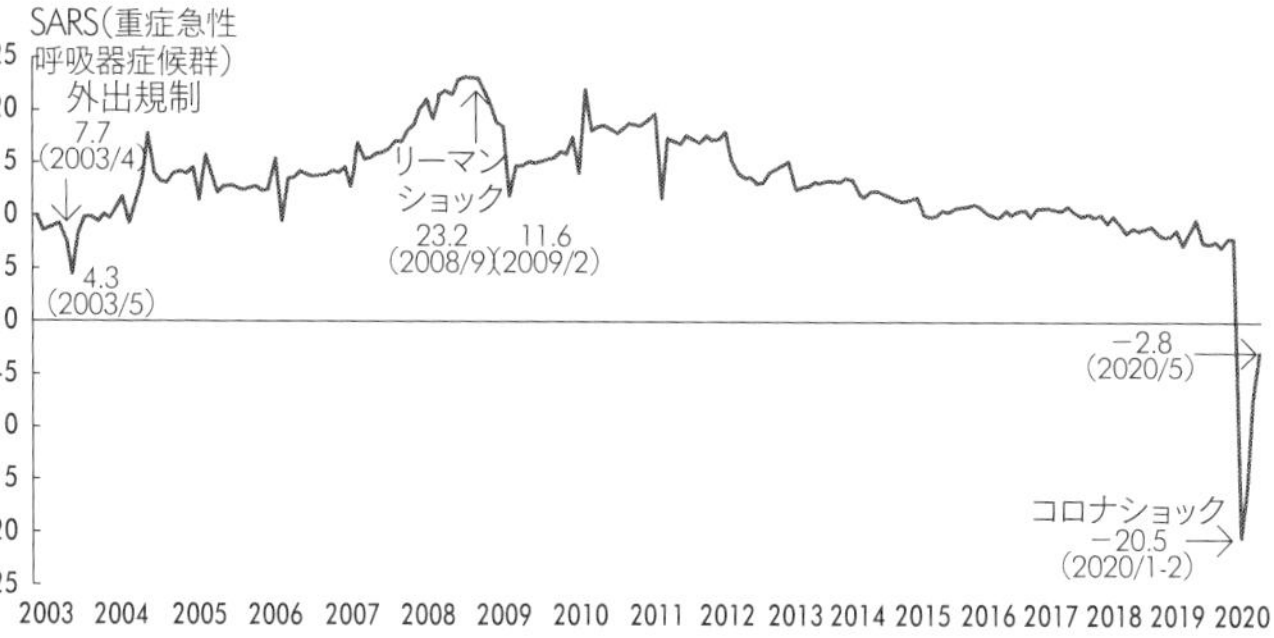

出所：中国国家統計局のデータよりNRI作成

響を受けた03年5月のプラス4・3%とは比較にならない落ち込みとなった。SARS以降の17年間はほぼ8%超の成長を続けてきただけに、衝撃的な数字だった。

　移動制限の緩和に伴い、中国では2月10日から徐々に経済が再開され、2月下旬からその動きが本格化する。しかし、3月の成長率は依然マイナス15・8%にとどまった。新型コロナによる収入減や将来への不安により、市民の財布の紐は緩むことはなかった。

　この苦境を打開する切り札の1つとして、中国政府はメガテックのモバイル決済プラットフォームと組んでデジタル消費券の配布に乗り出した。その結果、社会消費財小売総額の伸び率は5月になって前年同期比マイナス2・8%までに回復した。このV字回復は、デジタル消費券の牽引効果が大きな要因だったことは間違いない。

デジタル消費券の狙い

デジタル消費券とは、買い物したり、外食したりする際、消費金額に応じて割引ができる電子クーポン券のようなものだ。スマートフォンの決済アプリ経由で取得できる。当初、早い者勝ちか抽選のいずれかの方法で配布されることが一般的だったが、その後配布先の指定をするようになった。地方政府が補助金を出すことから、地域限定で利用されることが多い。それぞれの発行地域ごとに細かな規則の違いがあるが、使用できるのは登録された対象店舗や文化・観光、飲食業などコロナの影響が大きい業種を指定することが多い。

3月11日に山東省済寧市が最初に発行し、6月末までに全国で200以上の都市がデジタル消費券を発行した。アント・グループ、テンセント、京東、美団（Meituan）などのテック企業が発行を請け負った。決済アプリのアリペイ本社所在地である杭州市は、3月に16・8億元（約268億円）配布した。5月に上海市が130億元（約2080億円）、6月には北京市も122億元（約1952億円）を配布すると発表した。

各地で配布されるデジタル消費券の原資は、地方政府とアリババやテンセントをはじめとするメガテックが一緒に負担することが多い。メガテックはショッピング、デリバリー、娯楽など消費生活における決済インフラを提供するだけではなく、コロナ後の消費振興を支える役割をも担うようになった。

消費券のデジタル化によるメリット

非接触で効率的に配布可能

日本で消費刺激策として採用されているプレミアム付商品券と比べると、デジタル消費券にはメリットが多い。プレミアム付商品券は紙で交付されるうえ、受領対象者に所得制限を設けることがよくある。加えて、指定された窓口や場所で交付してもらう必要がある。窓口で手続きをしたり、使う際に店に商品券を渡したりする必要があり、人と人との「接触」は避けられない。一方、デジタル消費券は非接触で交付と利用ができ、配布も瞬時に終えられる。

デジタル消費券のもう一つの優位性は、「ターゲティング」にある。消費を喚起したい市民の層や、それを通じて支援したい業界や零細事業者など政策のターゲットを細かく設定できる。

また、モバイル決済の位置情報に基づく「ついで買い」を引き出すことも可能だ。例えば、コンビニで商品を購入してアリペイで決済すると、その決済完了の画面に近所の飲食店で使えるデジタル消費券が表示される。消費者がその足で飲食店に行くことになれば、ごく自然に新たな消費が喚起される。

これらの消費行動はすべてデータとして蓄積され、デジタル消費券の政策効果が簡単に計測できる。また、決済の際、自動的に政府の補助部分が適用されるため、配布後の事務処理がデジタル化される。その結果、政府の事務コストの削減と加盟店の省力化が可能となる。

消費拡大の効果が顕著

デジタル消費券は、支給された額面より多くの金額を消費しなければならない。つまりレバレッジを設けることで、消費の拡大を図る狙いがある。例えば、ある地域の消費券は、額面の3倍消費しなければならないと設定されている。つまり、デジタル消費券50元を使おうと思ったら、購入総額は150元以上になる。

杭州市は初回に200万枚ものデジタル消費券を配布した。北京大学とアント・グループ研究院は、消費券を受領した市民から10万人のサンプルを任意に抽出し、その消費動向

図表1-6　デジタル消費券の消費牽引効果

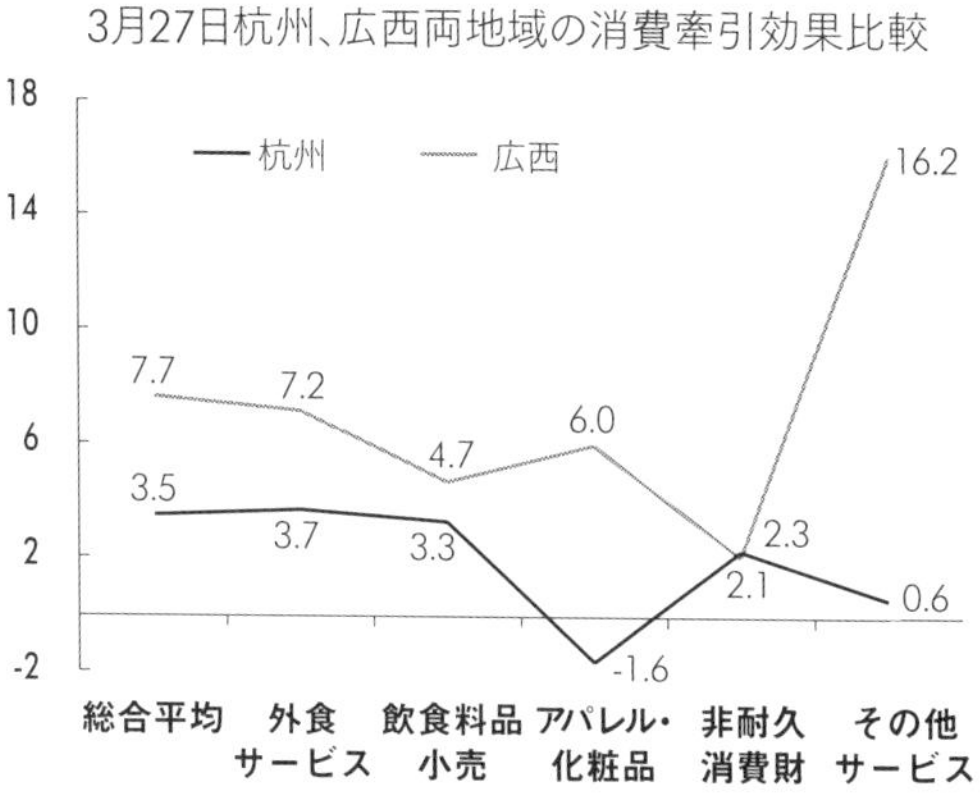

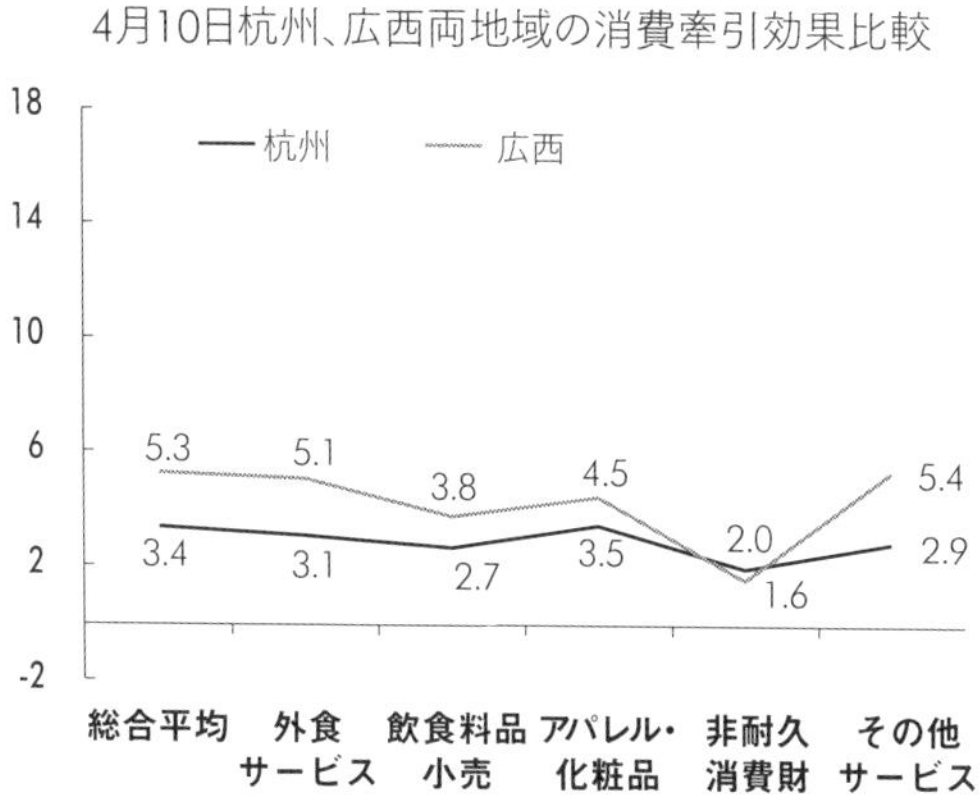

注：牽引効果＝新たに増加する消費額／デジタル消費券の利用金額

出所：北京大学光華管理学院、アント・グループ研究院「新型コロナ禍のなかでの消費回復――中国都市部のデジタル消費券の応用と効果研究」よりNRI作成

を分析した。その結果、平均して1人当たり35・1元のデジタル消費券が使用され、124・6元の消費増をもたらした。つまり消費券による消費の牽引効果（新規増加した消費額とデジタル消費券の金額の比）が3・5倍に上る。

その後、他の地域での配布結果を分析したところ、所得の低い地域ほど消費の牽引効果が大きいことが判明した。広西省で4月9日に発行したデジタル消費券の消費牽引効果は、5・3倍と杭州市より大きい。また、51歳以上の年齢層の消費促進効果が一番大きく、502・1元もの新たな消費を得られた。なお、低所得者層の消費増加効果と中高所得層の消費増加効果とで大差がないとの分析結果もあった。

杭州市商務局の発表によると、7月1日までに支給済みのデジタル消費券の政府補助金は2983万元に上り、それによる杭州市での消費金額は4・53億元に達した。デジタル消費券によって24時間で1・71億元も消費を喚起した日もある。メガテックのプラットフォームをうまく活用して、いち早く消費の回復につなげたと言える。

もちろん、メガテック側にはデジタル消費券を通じて自社のエコシステムに利用者を誘い込むという狙いも見え隠れするが、中小零細店舗や個人に迅速に消費券を届け、効果的な消費振興につながった点は評価したい。

図表1-7　中国デジタル社会実装のメカニズム

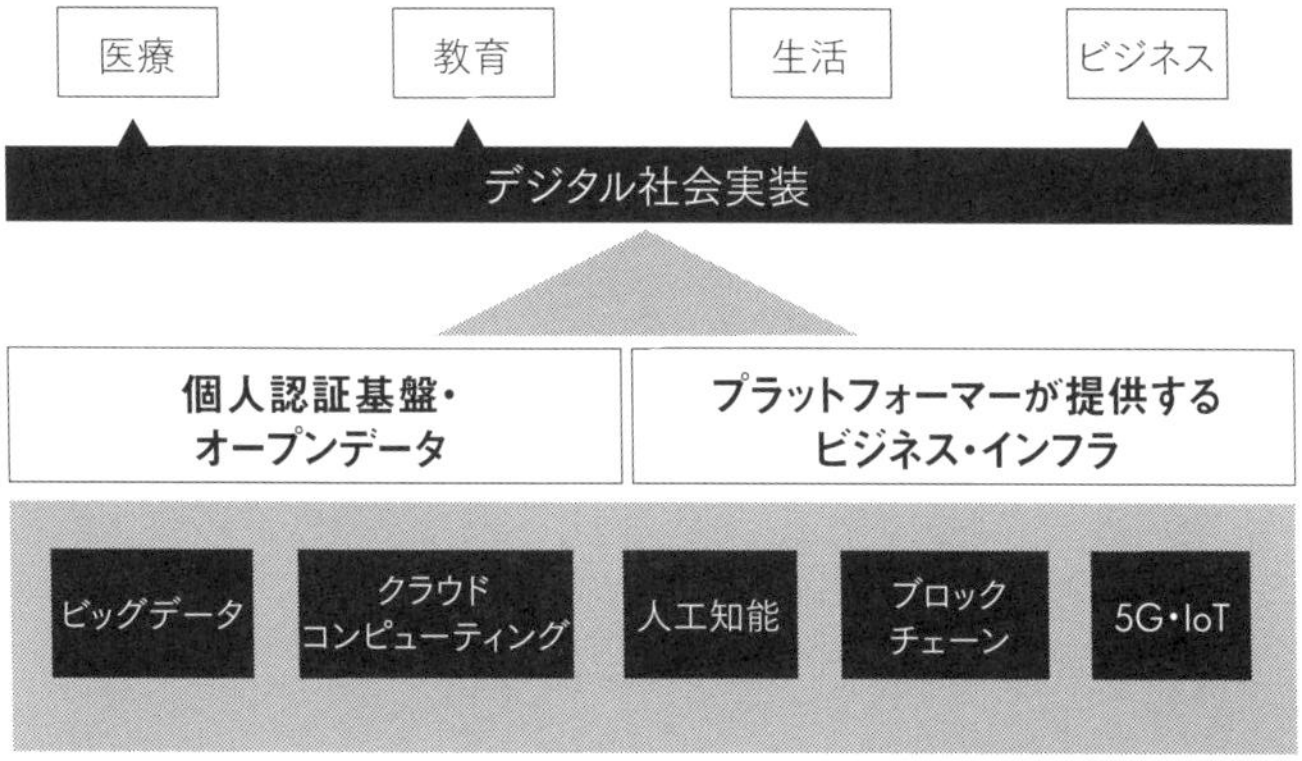

出所：NRI緊急提言「コロナ対応で進む中国のデジタル社会実装」2020年3月26日　筆者作成

迅速なデジタル社会実装が実現できた背景

このようにデジタル社会実装が迅速に実現できた背景には、コロナ以前に整備されていた国民ＩＤによる認証基盤、国民とデジタル・タッチポイント（接点）を持つプラットフォーマーが提供する決済を含むビジネス・インフラ、モバイル・インターネットをはじめとしたデジタル基盤の存在がある。

「デジタル・社会ガバナンス」を支えるデジタル基盤の存在

デジタル消費券の順調な配布は、国民ＩＤによる公的個人認証基盤と連動する決済インフラの存在が大きい。決済アプリで受領した個人を認証し、受領回数の管理、不正受領、横流しによる不正利得の防止もできる。

また、モバイル・ネットワークをはじめとしたデジタル経済を支えるインフラの整備も大きな役割を果たしている。中国のネット人口は２０２０年３月末時点で約９億４００万人に上り、その中の99・３％以上がモバイル経由でのアクセスだ。モバイル通信の費用も年々低下し、５年前と比較して90％も安くなった。

中国の１Ｇ当たりのモバイルデータ通信料金は２０１９年上半期が平均５・６元（約90円）で、２０１８年より34・４％も安くなっている。日本などの先進国と比較しても、かなり低い水準だ。

また、中国情報通信研究院とブロードバンド発展連盟が共同発表した「中国ブロードバンド発展白書（２０１９年）」によると、中国の４Ｇ利用者は12・３億世帯、光ファイバーの浸透率は91％に上り、いずれも世界１位だ。これから中国は５Ｇの時代に突入するが、電気や水と同様、データを運ぶネットワークの普及と低価格化は、デジタル経済を発展させる大きな原動力と言える。

メガテックのビジネス・インフラの存在

アリババ、テンセントのようなメガテックのプラットフォームは、中国人のほとんどが利用することから、各種情報を国民に届ける「入口」のような役割を果たしている。今回のデジタル消費券の発行では、新型コロナへの対応のため、メガテックが自社のビジネス・インフラを無償で提供している。

消費券を配布する際、アクセスが殺到してもシステムをダウンさせない信頼性は重要だ。メガテックのプラットフォームは技術的に成熟しているため、確実かつ効率的な配布が実現できた。例えば、河南省鄭州市が4月3日に発行した1回目計5000万元（約8億円）の消費券は、150秒で配布が完了した。杭州市が4月3日に発行した1・5億元（約24億円）の消費券は、配布完了まで100秒を切っている。

消費者への配布と店での利用はあくまで施策の一部にすぎず、加盟店精算、配布後の効果測定が本来一番重要な仕事だ。コロナ対策として日本でも地方自治体がプレミアム付商品券などを発行したが、その方式は事務局を設けて従来通り人手による事務処理であるため、スピードが遅く混乱も生じた。これに対してメガテックのプラットフォームを活用した中国では、プラットフォーム上で決済から精算まで完結できることから、事務処理が少なく、消費券の利用状況などのビッグデータの解析を通じて政策の有効性を検証できる。

ただ、一方で中国方式にも課題はある。地方政府が特定のプラットフォーム経由で配布することが多く、受領方法を選択できるよう公平な競争を促すことが必要だ。また、高齢者などデジタル弱者が不利益にならないよう、配布における公平性を改善することも望まれる。

政府の強いリーダーシップと行政サービスのデジタル化

情報公開や健康コードの推進には、政府が保有する患者情報などのオープンデータの活用が不可欠だ。このため、従来難しいとされた組織を超えた情報の共有について、ばらばらだったデータフォーマットの統一、組織間のデータの共有と統合などの動きが出始めた。

例えば、健康コードの推進では、各地でばらばらに開発された健康コードの互換性を図るため、2月15日に国家情報センターがテンセントと共同で健康コードの全国統一の接続インターフェース標準*を決め、全国に周知した。最初の健康コードが発行されてからわずか1週間余り後のことだ。

コロナ前に中国の各地方政府が推進してきた行政サービスのデジタル化も、政府の強いリーダーシップを後押しした。

その象徴的な事例は、中国の山東省青島市で起きた。国慶節の大型連休直後の10月11日、青島市のある病院で集団感染が発生し、数人が陽性と診断された。実は大型連休のあいだ、人気の観光地である青島市には５００万人近くの観光客が訪れ、青島市民の多くも各地に旅行に出かけていた。

「武漢の二の舞にはなるまい」

事態を重く見た青島市政府は、市民全員のＰＣＲ検査の実施を決定した。10月11日に決定を下し、当日夜に周辺都市から医療関係者２１０名が動員され、12日に検査がスタートした。16日午後には、１０８９万９１４５人のＰＣＲ検査を終えた。

幸い、結果はすべて陰性で、感染が拡大していなかったことが判明した。感染発覚から市全体の感染状況の全容把握まで、わずか5日間ほどで完了した。短期間で１０００万人以上の市民に協力を呼びかけ、検査結果を確認して感染拡大を未然に防いだ強力なリーダーシップは、欧米や日本とは違った中国式新型コロナ対策の重要な要素だ。

中国のデジタル戦略は、このコロナ対策と同様、トップダウンによって作成されたグランドデザインに沿って上意下達で地方政府の手で実行されている。次章では、改革開放以降の40年余に及ぶ中国のデジタル戦略発展史を振り返る。

＊ https://tech.qq.com/a/20200310/016327.htm 「全国一体化政務服務平台防疫健康信息コードインターフェース標準」

第 2 章
デジタル強国戦略の形成と発展

Chapter 2.

The Formation and Development of China's Digital Powerhouse Strategy

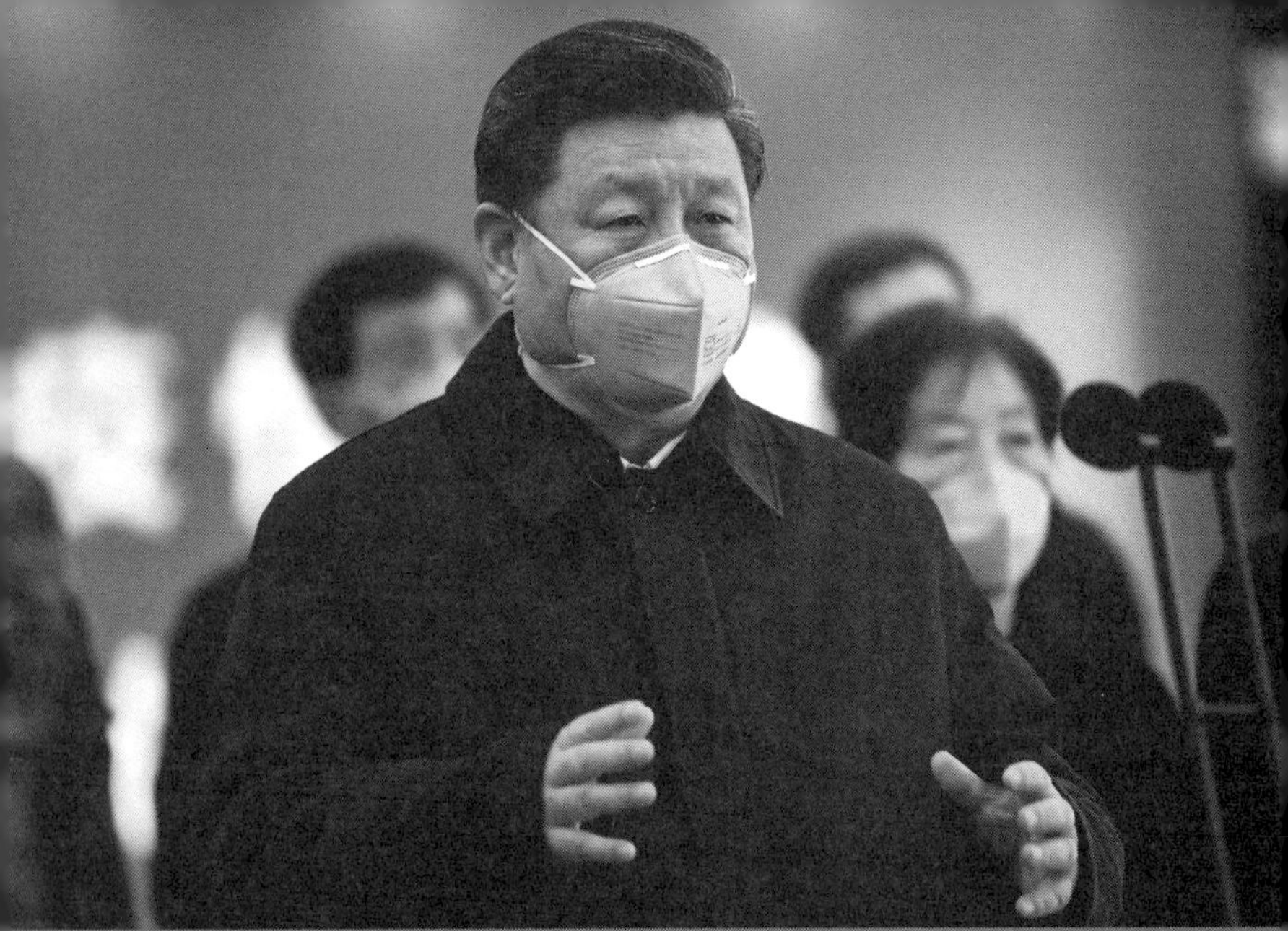

武漢入りした習近平国家主席。 2020年3月（新華社/アフロ）

改革開放を断行した鄧小平（AP/アフロ）

キッシンジャーと握手する毛沢東（AP/アフロ）

中国のデジタル戦略やデジタル経済の発展といえば、従来はネットビジネスやキャッシュレス決済、ビッグデータの活用による信用評価システムの構築、エコシステムの形成など、個別領域やパーツに焦点が当てられた。

米国が仕掛けた貿易やハイテク分野での〝新冷戦〟と言われる一連の「中国叩き」の背景に、急成長する中国の科学技術力に対する米国の強い危機感があることは大方の指摘する通りだ。

中国の経済や科学技術が本格的に発展し始めたのは、四十数年前の改革開放からだ。改革開放の当初の中国は、1日当たりの収入が2ドル未満の貧困層が全人口の9割以上を占め、その経済基盤は脆弱そのものだった。二十数年前までは、科学技術に関する国際会議で、中国の存在感は皆無に近かった。そうした「遅れた中国」があの超大国の米国から「競争相手」と見なされ、第5世代移動通信システム（5G）をはじめ、一部の分野では世界をリードするまでに発展した。

5Gネットワークに代表されるデジタル基盤、ビッグデータに代表されるデジタル資源、人工知能に代表される先端デジタル技術が中国社会に浸透する速さは、今回のコロナ禍で際立った。こうした「デジタル中国」を牽引しているのは、ファーウェイ、アリババ、テンセント、京東をはじめとする中国のテック企業だ。その目覚ましい躍進ぶりの背後に、どのような国家戦略があったのか。本章では、中国のデジタル強国戦略の発展史を振り返ってみたい。

トップダウンと専門家の活用

デジタル中国の発展は、1日にしてならず。1970年代の改革開放まで遡《さかのぼ》り、デジタル戦略のこれまでの歩みを振り返る。中国国家情報センター情報化研究部の論文*などの公開資料を参考に、その発展を大きく5つのステージに分けた。

計画経済によって発展してきた中国では、ある政策を推進しようとすると、その重要性に応じて、まず政府のトップレベルの指導者の下で政策を推進する指導グループ（いわゆる領導小組）を作る。そして指導グループを中心に政策や発展計画を取りまとめ、トップダウン方式でそれを全国に広げる、という方法を取ることが多い。このトップダウンでの政府主導が特徴だ。

デジタル戦略の推進も例外ではない。１９７８年の改革開放以来、時代に合わせてミッションを柔軟に変えるさまざまな指導グループの下、数年に一度策定される経済・社会政策の基本方針を示す「国民経済・社会発展５カ年計画」や分野特化型の発展戦略によって、一歩一歩推進してきた。

筆者が特に注目しているのは、科学技術分野の戦略策定の際、党幹部だけで決めるのではなく、科学技術に関する専門家も政策策定のタスクフォースに入れて、専門家の意見を十分反映させる点である。以下、デジタル戦略の変遷を辿ってみる。

＊「中国情報化30年若干方面回顧と思考」（李紅昇、中国信息界、２００９）、「中国情報化発展歴程和基本思路」（郭誠忠、賽迪網、２００２年）

第１段階──１９７８年〜１９９０年──

情報化インフラの整備時期

改革開放で海外に初めて目を向けた中国指導部は、新しい技術がもたらす産業革命に注目し始めた。専門家の提言の下、１９８２年10月４日、国務院は「コンピューターと大規模集積回路指導グループ」（コンピューターと大規模集積回路領導小組）を設立し、産業の構造変革、コンピューターの応用拡大及び人材育成に注力し始めた。

１９８４年、この組織は「電子振興指導グループ」（電子振興領導小組）に名称を変更し、「中国電子と情報産業発展戦略」を策定した。この戦略をもとに、郵便通信、経済情報、銀行、電気網、鉄道、天気予報などの12分野におけるシステム化が推進され、後の中国の情報化社会の礎《いしずえ》を構築した。

ほぼ同時期の１９８３年10月９日、「新産業革命対策グループ」（新産業革命対策小組）が設立された。当時の中国社会科学院院長で国務院発展研究センター長も兼任する馬洪をトップに据え、国家経済委員会副主任の朱鎔基（後の首相）、国家科学委員会副主任の呉明瑜ら

図表2-1　中国のデジタル強国戦略の歩み

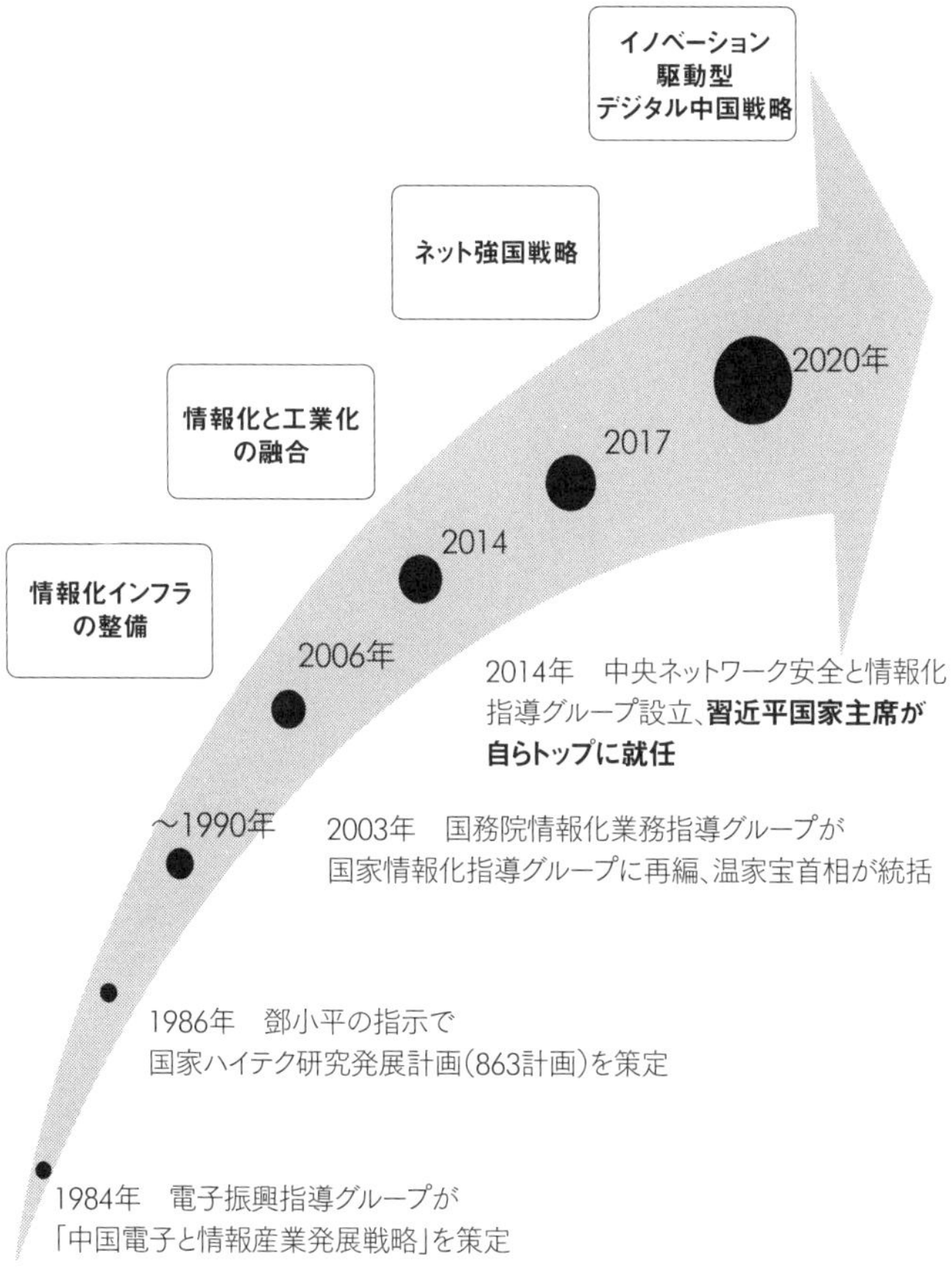

イノベーション
駆動型
デジタル中国戦略
ネット強国戦略
情報化と工業化
の融合
情報化インフラ
の整備
2020年
2017
2014
2006年
~1990年
2014年　中央ネットワーク安全と情報化
指導グループ設立、**習近平国家主席が**
自らトップに就任
2003年　国務院情報化業務指導グループが
国家情報化指導グループに再編、温家宝首相が統括
1986年　鄧小平の指示で
国家ハイテク研究発展計画(863計画)を策定
1984年　電子振興指導グループが
「中国電子と情報産業発展戦略」を策定

出所：筆者作成

錚々たる幹部が顔を揃えた。政府がいかに重視していたかが分かる。この対策グループの下で、コンピューター及び光通信に関する専門プロジェクトが立ち上げられた。

１９８６年３月３日、中国で影響力のある科学者４人（王大珩、王淦昌、楊嘉墀、陳芳允）が連名で、ハイテク研究の重要性と緊迫性に関する提言書を政府に提出した。提言書の内容を重く受け止めた鄧小平は２日後の３月５日、すぐに行動を起こすべきだと決断した。

鄧小平の指示を受け、中国政府は２００人以上の科学者を集めて約半年をかけてその内容と実施の可能性を科学的に検証した。その集大成が、同年11月18日に発表された「国家ハイテク研究発展計画」だった。後に、計画のきっかけとなった科学者らが提言し、鄧小平が決断した「１９８６年３月」に因《ちな》んで、計画は「８６３計画」と呼ばれ、中国のハイテク技術推進に重要な役割を果たした。

科学者らは当時の中国の国力を考慮して、限られたヒト、モノ、カネ、情報などの資源を有効に活用するため、分野を絞って優先的に振興することを提言した。当初、計画ではバイオ、宇宙、情報技術、レーザー、自動化、エネルギー、新材料の7分野15課題が取り上げられた。総投資額は約１００億元（約１６００億円）と言われ、そのうち情報技術と関連するプロジェクトへの投資が計画の３分の２を占めていた。この計画が情報技術発展のきっかけを作ったと言えるだろう。

「８６３計画」はその後、海洋、現代交通、現代農業が加わり、10のハイテク分野となっ

図表2-2　863計画の推進組織と役割分担

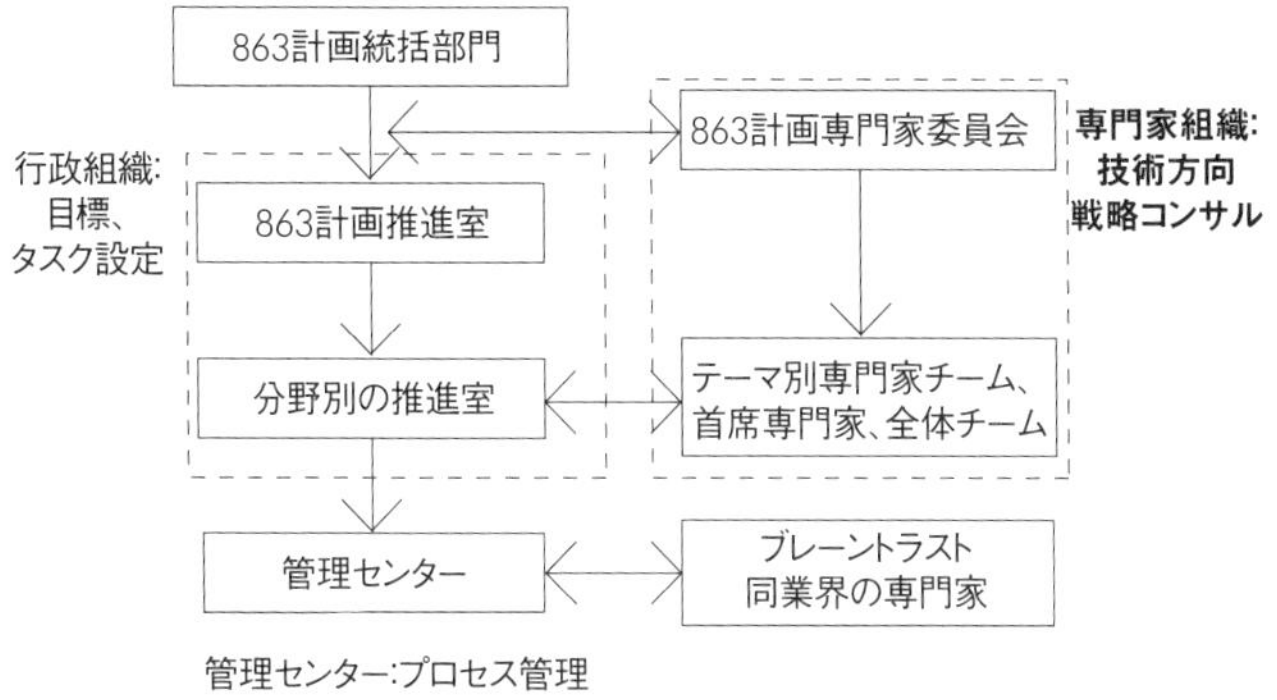

出所：中国科技部発展計画司ほか公開資料よりNRI整理、http://www.most.gov.cn/

た。図表２－２で示している通り、「８６３計画」は政府の専門担当組織と科学技術の専門家が協力して推進する体制を組んでいる。政府がバックアップ体制を敷くこの振興策は科学技術者の積極性と創造性を大いに刺激し、後に頭角を現すiFlytekなどのハイテク企業を育てる土壌となった。

海外のインターネット技術に目を向けた中国で、初めて海外と電子メールによる通信が実現したのは１９８７年９月20日のことだ。これは、北京のコンピューター応用技術研究センターＩＣＡ(Institute of Computer Applications)と、ドイツ・アカデミック・ネットワークを構築するプロジェクトＤＦＮ（Ｄｅｕｔｓｃｈｅｓ Forschungsnetz）のノードの１つであったカールスルーエ大学との間で実現した。中国からの最初のメッセージは――

"Across the Great Wall we can reach every corner in the world."（遂に長城を越え、われわれは世界のどこへでもメールを届けることが可能になった）

中国のインターネット時代の夜明けがやってきたのだ。

第2段階 ―1990年〜2000年―
インターネット化への転換時期

1993年3月、本格的な情報化に向けたプロジェクト、通称「三金プロジェクト」を始動させた。「金橋プロジェクト」「金関プロジェクト」「金カードプロジェクト」の三つのプロジェクトの略称で、国家公用経済情報インフラの構築、外国貿易・通関処理の情報化、金融システムの情報化を指す。改革開放路線を推進する上での戦略課題と認識された分野を対象としたものだった。

1993年当時、米コンピューターメーカーの中国市場への進出が加速していた。冷戦の終結と同時にココム（対共産圏禁輸）の対中国条項も緩和され、高度な情報処理機器や光ファイバーなどを含む通信技術の輸出規制が緩和された。中国における知的所有権制度の整備とあいまって米国企業の中国進出の条件が整い、マイクロソフト、ＩＢＭ、オラクル、サンマイクロ、コンパックなどのＩＴ企業が続々と中国に進出した。

ＩＣＴ産業の発展が一気に加速する。１９９４年4月20日、北京の「中関村地区教育と科学研究規範ネットワーク」（ＮＣＦＣ）が米スプリント社を介してインターネットに接続するための64Ｋの国際専用線を敷き、インターネットとのフル機能接続が実現した。これは、中国が正式にインターネットに加入したことを意味している。この年から中国のインターネットは大規模な建設段階に入り、96年には公用コンピューターのインターネットが整備されて、民間向け接続サービスが始まった。

１９９４年にアリババ・グループ創業者の馬雲（ジャック・マー）が出張で米国を訪れ、初めてインターネットに触れた。十数年後、この経験が世界で無視できないネット企業の誕生につながろうとは、このとき誰も予想できなかった。

１９９５年8月24日、マイクロソフトは画期的なオペレーティング・システム（ＯＳ）のWindows95をリリースした。初日に１００万本以上、そして最初の1年でおよそ４０００万本が売れた。Windows95にインターネット接続機能が搭載されていたことがきっかけとなり、インターネット・サービス・プロバイダ（ＩＳＰ）の急増に伴う接続料金の低廉化によって、インターネット普及への弾みがついた。

これを契機として業務用だけでなく一般家庭にもパソコンが急速に普及した。1995年はターニングポイントと言うべき年だった。中国はこの情報技術の発展を、改革開放と現代化を進めるための重要な契機と見て、第9次5カ年計画期（1996－2000年）において、電子・情報産業を国民経済の支柱産業として支援していく姿勢を一層鮮明にした。そして、一連の政策を制定し、社会の情報化プロセスを推進していった。

1996年1月、国務院副首相鄒家華を責任者に、中央省庁のトップクラス官僚二十数人によって組成された「国務院情報化業務指導グループ」（国務院情報化工作領導小組）が設立され、情報化の本格的な推進を統括する役割を担った。

翌97年4月、深圳で開催された1回目の全国情報化会議では、「国務院情報化業務指導グループ」ナンバーツーの曾培炎が「国家情報化『九五計画』と2010年長期ビジョン」をテーマに講演を行い、インターネットは国家情報のインフラ建設に組み入れられ、ネット産業の発展を通じて国民経済の情報化プロセスを推進していくという考えを示した。これにより、情報化はいままでのように一部の領域に限定せず、経済発展及び社会全般の進歩のために、組織的、計画的に推進することとなった。

1997年3月、農業、エネルギー、情報、資源環境、人口と健康、素材の六つの分野及び国民経済、社会発展、科学技術の発展に重要な分野における基礎研究の発展を推進するための国家計画である「国家重点基礎研究発展計画」をスタートした。この計画は1997年3月にスタートしたことから、〝973〟計画とも呼ばれている。前述の「863計画」と共に、国家レベルの科学技術発展計画として、中国の先端技術を大きく前進させた。

99年に情報産業部は情報化を発展させる上で重要な電気通信インフラの効率化を促進するため、郵便事業と電話事業の分離、電気通信事業の分社化など通信業界の大改革を敢行した。これによって、中国電信、チャイナモバイル、中国ユニコム、中国鉄道通信などの会社が設立された。国有企業である通信事業者の競争促進を促す構図は、現在も続いている。

第3段階―2000年～2005年―
情報化と工業化の融合を促進する時期

2001年、中国経済のグローバル化が加速し始め、世界貿易機構（WTO）加盟が目前に迫る中、3月に開催された第9期全国人民代表大会で「国民経済と社会発展に関する第

10次5カ年計画綱要についての報告」が承認された。具体的に以下のポイントが定められた。

●高速ブロードバンド情報通信網、集積回路（ＩＣ）、新型運搬ロケットなどの重要なハイテク・プロジェクトの建設を重点的にサポートし、ハイテク産業を育成する。

●ソフトウェア産業を積極的に発展させ、情報関連インフラの建設を強化する。

●企業の技術開発と生産・マーケティング、社会の公共サービス、政府の行政管理などの面においてデジタル化技術、ネットワーク化技術を広く推進し、工業化と情報化をより強く結び付ける。

この「ハイテク関連産業を発展させ、情報化によって工業化を促す」という政策により、情報化は初めて中国の国家戦略に格上げされた。

２００１年12月11日、中国はＷＴＯに正式に加盟した。経済の一層のグローバル化が進む中、２００２年に公表された「国民経済と社会発展第10次5カ年計画情報化専門計画」では、情報化の発展において電子政府の推進、ソフトウェア産業の振興、情報資源の開発と利用の強化、電子商取引の発展を加速させることなどに重点を置く、と定めている。

そして２００４年、アリババが決済サービスの支付宝（アリペイ）のサービスを開始し、中国の電子商取引が急速発展期に入った。

第4段階 ―２００６年～２０１３年―
デジタル国家戦略の形成初期

中国が進める「第11次５カ年計画」のスタート年でもある２００６年、通信サービスの普及が一段と進む中、政府は情報技術と社会・経済のあらゆる分野の融合を促進すべく、一連の関連政策を打ち出した。なかでも一番重要なのは、２００６年５月に公表した「２００６－２０２０年国家情報化発展戦略」だ。この発展戦略は、情報化へ向けて、２００６年から15年間の方向性を示している。

この中長期計画立案のプロセスは専門家の力を借り、「トップダウン」方式で進められた。２００３年、国務院に計画策定のための臨時組織が設置された。首相の温家宝が責任者を務め、国務委員の陳至立が副担当という体制の下で、製造業の発展、農業と科学技術、交通に関する科学技術など20のテーマを戦略研究ワーキンググループで議論して、これらを科学技術部がおよそ１年かけて体系的に編集した。

前述の国務院情報化業務指導グループが２００１年８月、国家情報化指導グループ（国家情報化領導小組）に再編され、トップは首相が務めるようになり、実質格上げとなった。温家宝は、２００３年からこの国家情報化指導グループのトップも務めた。「２００６－２０２０年国家情報化発展戦略」は、中国がデジタル国家をめざすために策定した最初の国家戦略と言える。

「２００６－２０２０年国家情報化発展戦略」が掲げる情報化戦略目標の概要を次に示す。

①情報化発展の２０２０年までの戦略目標

・総合情報インフラの基本的な普及をめざす
・情報技術の独自開発能力を大きく向上させる
・情報産業の構造を全体的に改善する
・情報セキュリティ保護のレベルを大幅に向上させる
・国民の経済や社会の情報化で顕著な成果をめざす
・新しい形の工業発展モデルの基本的確立をめざす
・情報化の推進に向けた国の制度・環境・政策の基本的整備をめざす
・国民の情報技術の応用能力を大きく引き上げる
・情報社会への移行の基礎づくりをする

②情報化発展の戦略的重点

・国民経済の情報化を推進

・電子政府の推進
・先進的なインターネット文化の構築
・社会の情報化を推進
・総合情報インフラを整備
・情報資源の開発と利用を強化
・情報産業の競争力向上
・国家情報安全保障制度の整備
・国民の情報技術の応用力向上と人材育成

③情報化発展の戦略的重点を進める上での6つの戦略行動計画

・国民情報技能教育育成計画
・電子商取引行動計画
・電子政府行動計画
・ネットワークメディア情報資源の開発利用計画
・デジタル・デバイド（情報格差）縮小計画
・情報コア技術の独自開発計画

この戦略は、まだ電子商取引や電子政府などの部分的な領域にフォーカスしていることが見て分かり、デジタル技術を活用して社会全体の底上げにつなげるところまでには至っていない。しかし、ネットワークをはじめとした「情報インフラの基本的な普及」を重要な戦略と位置づけ、後のデジタル中国戦略の基礎の形成に大きな役割を果たしたと言っても過言ではない。

Column

2006年と2020年の通信インフラの発展比較

2006年、中米、中ロ、中欧、日中韓などの枠組みで、情報化をめぐる国際協力がさらに強まった。同年、国際電気通信連合（ITU）で中国が推薦した趙厚麟が事務総局次長に当選し、中国が理事国に再任された。同年、香港で行なわれた「2006テレコム世界電気通信展」など一連の活動を成功させた。

これは、中国が情報化社会への仲間入りを果たしたことを意味した。後に巨大な国内ネット市場をバックに、世界の通信規格の決定などでも中国が徐々に存在感を示すようになる。第5章で取り上げる華為技術（ファーウェイ）の成功は、通信分野の標準化決定における中国の地位向上なしにはあり得なかった。

2007年10月、中国共産党第17次全国代表大会で、「現代的産業システムを発展させ、情報化と工業化の融合を大きく推し進め、規模の大きな工業から実力を持つ工業への転換を促す」といった発展戦略が確立され、産業への情報化の波がさらに押し寄せた。2009年、中国政府は第3世代移動通信システム（3G）の商用ライセンスを配布し、格安スマートフォンの出現も起爆剤となり、モバイル・インターネット時代に向けて突き進んでいく。

この年、アリババ傘下のオンライン・マーケットプレイスの天猫（Tmall）が開設され、11月11日「独身の日」に実施されたネットショッピング・イベント「ダブル11」キャンペーンで5000万元の売上を挙げた。予想以上の好成績で、電子商取引が秘める可能性に関係者が大きな期待を抱くようになる。

2011年に策定された「第12次5カ年計画」（2011～2015）では、自主イノベーション力を向上させ、科学技術とイノベーション能力を産業の高度化につなげていく戦略を打ち出した。情報化戦略については、「2006～2020 年国家情報化発展戦略」の考え方が踏襲された。「情報化水準の全面的な向上を掲げ、次世代情報インフラ構築、経済社会情報化加速、ネットワークと情報の安全保障強化を図る」というもので、特筆すべき内容はなかった。

また、地域の協調的発展と都市化の健全な発展促進も重要な政策の柱として位置づけ、地域間や都市部と農村部の発展の不均衡の是正を努める内容も盛り込まれた。

本書執筆時点で振り返ると、「2006～2020 年国家情報化発展戦略」で掲げている計画の大半は、大きな成果が得られたことが分かる。

計画を実施して3年後の2009年頃には、99・3%の郷鎮と91・5%の行政村（政

図表2-3　2006年と2020年の通信インフラの発展比較

	2006年	2020年（6月時点）
インターネットユーザー数	1.37（億人）	9.4（億人）
インターネット普及率（全国）	8.5%	67.0%
ネット普及率の地域格差	都市：16.9% 農村：2.6%	都市：72.4% 農村：52.3%
モバイルユーザー数	1700（万人）	9.32（億人）
ブロードバンドによる接続者数	9070（万人） 注： 2006年のブロードバンド接続は、専用線及びISDN方式以外で、xDSL、Cable Modem方式にて接続する方式を指す。	4.65（億人） 注： ・有線ブロードバンド接続者のみ。モバイルブロードバンド接続者を除外。 ・100Mbps以上の接続速度に達する利用者は、全体の86.8%を占める。

出所：CCNIC　中国インターネット発展状況統計報告（第19回、第46回）

令市町村）にインターネットが普及しており、96・0％の農村部の郷鎮ではブロードバンドが利用できるようになっている。ハード面のインフラ整備は着々と成果を上げているのだ。

ただし、当時は地域間、つまり都市部と農村部の「デジタル・デバイド（情報格差）」がまだ課題として存在していた。2009年末、東部沿海地域でのインターネット普及率は40・0％であったが、西部内陸地域では21・5％であった。また、ネット利用者数の72・2％が都市部で、農村部は27・8％にすぎなかった。

約10年経った2019年10月、中国情報通信研究院が発表した「中国ブロードバンド発展白書」によると、ブロードバンドの家庭普及率は、2019年6月時点で86・1％に達している。また、全国の行政村の光ファイバー及び4Gネットワークの敷設率は、いずれも98％を超えた。インターネット普及率における都市と農村の地域格差も、2006年の約6・5倍から2020年の約1・4倍に縮んでいる。

第5段階——2014年〜2016年——

デジタル国家戦略の形成初期：ネット強国

司令塔の設置

2014年2月27日、「中央ネットワーク安全と情報化指導グループ」（中央網絡安全和信息化領導小組）が設立された。トップは習近平（シー・ジンピン）国家主席が自ら務め、サブリーダーには李克強（リー・クォーチャン）首相と劉雲山中央書記処筆頭書記が就任した。情報化とサイバーセキュリティの双方を推進する役割を担うが、国のトップが直接管轄するのはデジタル国家戦略の本格的な確立を象徴する出来事と筆者は見ている。

「中央ネットワーク安全と情報化指導グループ」の設立の背景には、報道によると、主に三つの要素がある。

一つは、中国のネットビジネスの急発展だ。中国のネット人口は6・1億人を超え、そのうちモバイル・インターネットの利用者が8割を占め、5億人以上になった。2011年、アリペイが中国人民銀行から「決済業務許可証」を授与され、アリババのEC（電子商取引）における決済を担うほか、オフライン店舗におけるバーコード決済サービスを始めた。中国はモバイル決済が急激に発展する時代に突入する。

２０１３年には、モバイル決済の取引規模が２０１１年の９倍以上の９・６兆元（約１５３兆円）に拡大した。同年、アリババ・グループの天猫（Tmall）のダブル11（独身の日）のビッグセールが大成功に終わり、前年比約2倍の３６２億元を記録した。同年のアリペイの取引件数は、米ペイパル（Paypal）の３・7倍の１１３億件を記録した。スマートフォン・アプリで病院の予約からタクシーの手配、街角の屋台の支払いまで済ませることができ、インターネットは人々の生活の隅々にまで浸透しはじめた。電子商取引の取引額も10兆元（約１６０兆円）規模になり、名実ともに中国はインターネット大国に躍進した。

これに伴い、ネット上における安全性、つまりサイバーセキュリティの確保という課題が浮き彫りになった。このことが「中央ネットワーク安全と情報化指導グループ」設立のもう一つの背景だった。

急増するプライバシーの侵害、ネットと関連する犯罪やサイバー攻撃への対応が急務となったが、当時、インターネットに関する管理が複数部門で縦割りに行われ、「九つの龍が同時に治水する」（指導グループ立ち上げ時の習主席の発言）ように、逆に効率低下を招いていた。リーダーシップを発揮できる部門横断の組織が求められていた。

さらに三つ目としてインターネット発展の地域格差が依然存在し、ビジネス発展の足枷となっていた。技術面でも先進国と比べてまだ大きな差があり、イノベーションの加速が必要だった。

こうした背景から設立された「中央ネットワーク安全と情報化指導グループ」は「ネット強国」の実現をめざし、「ネットワーク・インフラの普及、自主的なイノベーション能力の増強、情報経済の全面的な発展、サイバーセキュリティの確保」という戦略を打ち出した。

「互聯網＋（インターネット・プラス）」による産業の高度化の推進

２０１５年、中国のインターネット利用者は６・８億人以上に上り、インターネット普及率が５割を超えた。ネットショッピングだけではなく、決済、配車サービス、フードデリバリー、ヘルスケア、娯楽、コンテンツ配信など、インターネットは人々の生活に深く入り込み、いままでにない形での融合が進んでいる。

２０１５年３月の政府活動報告において、李克強首相はインターネットを活用してあらゆる産業を高度化し付加価値創造を高める、つまり「互聯網＋（インターネット・プラス）」というコンセプトについて言及した。モバイル・インターネット、クラウドやビッグデータ、ＩｏＴ（Internet of Things）などを駆使した製造業の近代化、電子商取引、インターネット金融などの健全な発展の促進、およびインターネット企業の国際市場の開拓・拡大を強力に支援する方針が明らかにされた。

　インターネットを各産業と融合させ、新業態や新ビジネスの創出を図るだけではなく、産業のスマート化、雇用安定化や消費拡大という狙いもある。指導意見では、さらに2025年までにネットワーク化、スマート化、サービス化、協同化の「インターネット・プラス」の産業エコシステムの基本的な完成をめざす「10年発展目標」も明らかにした。そこで融合を推進する重点分野が次の11である。

・創業・創新
・協同製造
・現代農業
・スマートエネルギー
・金融包摂
・公共サービス
・物流
・電子商取引
・交通
・生態環境
・人工知能

とりわけ、ネットワークのさらなる普及、クラウド・コンピューティング、ＩｏＴなど次世代インフラの整備や人工知能の産業化の実現といった「インフラ建設」、公共分野でのデータのオープン化の進展といった「電子政府」推進について注目したい。

インフラ建設は、デジタル国家の発展に必要不可欠の前提条件だが、投資額も大きい。民間の力だけに頼るのでは限界があり、国が強力なリーダーシップを発揮する必要がある。また、イノベーションを創出する場合、ビッグデータの活用も不可欠だが、民間企業は自社が保有するデータを自ら開放するのは難しい。中国の場合、地方政府が率先してデータをオープンにして、政府部門のシステムをローカルではなくクラウドシステムに移行することで、クラウド上での都市横断のデータ連携基盤の構築を試みた。

イノベーションの推進を通じて、「量」から「質」へ

経済成長率の鈍化、内需拡大の必要性、人件費上昇、輸出の伸び悩みなどから、２０１５年５月、製造大国から製造強国への転換をめざす「中国製造２０２５」が発表され、最優先課題として「イノベーション能力の向上」が挙げられた。

第13次５カ年計画期間（２０１６～２０２０）初年度の２０１６年、イノベーション推進に関する一連の政策が策定された。同年３月16日、国会に相当する全国人民代表大会（全人代）で採択された今後の経済・社会政策の基本方針を示す「中華人民共和国国民経済・社

会発展第13次5カ年計画要綱」（以下、第13次5カ年計画）に、「創新（イノベーション）」が国家発展のあらゆる局面で中核に位置付けられるべきであるとされ、政策の柱に据えられた。

これは、従来の規模や「量」を追求する時代からイノベーション駆動型発展モデルへの転換を図る、つまり「質」を追求する時代に入ったことを意味する。この第13次5カ年計画には、「国家ビッグデータ戦略の実施」が盛り込まれ、ビッグデータ活用が戦略レベルに格上げされた。ビッグデータ戦略に関する主な政策は、前著『チャイナ・イノベーション　データを制する者は世界を制する』（日経ＢＰ）で詳細に記載しており、ここでの説明は割愛する。

また、政府は引き続き情報化と社会や経済のあらゆる分野の融合を図り、単に規模の大きなネット大国ではなく、イノベーションのレベルを高め、サイバーセキュリティも強化する一連の関連政策を打ち出した。なかでも一番重要なのは、２０１６年に国務院が相次いで打ち出した四つの国家戦略だ。

■5月　国家イノベーション駆動発展戦略綱要
■7月　国家情報化発展戦略綱要
■11月　第13次5カ年計画期間における国家戦略性新興産業発展計画
■12月　第13次5カ年（２０１６～２０２０）国家情報化計画

国家イノベーション駆動発展戦略綱要と国家情報化発展戦略綱要という二つの綱要が、イノベーションと情報化の両面から転換を支える構図だ。

国家イノベーション駆動発展戦略綱要の概要

国家イノベーション駆動発展戦略綱要は、2050年までを見据えたうえで、2030年までの15年間をカバーする中長期戦略になっている。テクノロジーと体制の両輪での駆動を図り、具体的に以下の三つの段階に分けて、戦略を実現しようという計画だ。

第一段階は、2020年までにイノベーション型国家の仲間入りを果たし、中国の特色ある国家イノベーション・システムを基本的に構築し、ややゆとりのある社会である小康社会の全面的建設を目標とする。

第二段階は、2030年までにイノベーション型国家の上位に食い込み、発展駆動力の根本的な転換を実現し、経済・社会の発展水準および国際競争力を大幅に向上させ、経済強国および共同富裕社会の建設のためにしっかりと基礎を固める。

第三段階は、2050年までに科学技術のイノベーション強国を建設し、世界の科学技術の中心およびイノベーションの先導者になり、繁栄した強力かつ民主的で文明的な調和の取れた社会主義現代国家を建設し、中華民族の偉大な復興という中国の夢（チャイニーズ・ドリーム）を実現する。

第13次5カ年計画と国家イノベーション駆動発展戦略綱要に沿って、2016年8月、

2020年までの短期計画「科学技術イノベーション第13次5カ年計画」が発表された。従来の科学技術5カ年計画とは異なり、本計画の名称には明確にイノベーションが加えられ、科学技術のイノベーション重視によって、社会生産力と総合的な国力の向上を図るとしている。

中長期戦略が掲げる最優先の重点分野「産業技術体系のイノベーションの推進、発展のための新たな優位性の創造」に合わせ、重大科学技術プロジェクトが計画されている。この中には、先端情報技術に関連する以下のプロジェクトがある。

- ●量子通信と量子コンピューター研究
- ●脳科学と脳を模した知能研究
- ●国家サイバーセキュリティ研究
- ●天地一体化通信網技術（衛星通信と地上通信一体化）
- ●ビッグデータ技術
- ●インテリジェント製造とロボット技術

また、この2016年、国家ハイテク研究発展計画（863計画）と国家重点基礎研究発展計画（973計画）が国家重点研究開発計画として統合された。中国科学技術部の侯建国副部長（当時）は次のように述べた。

「国家重点研究開発計画は、従来の973計画、863計画、国家科学技術支援計画、国

際科学技術協力・交流特別プロジェクト、国家発展改革委員会と中国工業情報化部が管理する産業技術研究・開発資金、関連部門が管理する公益性業界科学研究特別プロジェクトなどの内容を含む」

いままで並立していた各種のプロジェクトを一元管理し、より集中的かつ効率的な研究が進められるように整理したものだ。科学技術のイノベーションの全面的な推進は、先端デジタル技術によるイノベーション駆動型国家への転換を強く意識したものと言える。

国家情報化発展戦略綱要の概要

国家情報化発展戦略綱要は前述した「2006－2020年国家情報化発展戦略」の調整と発展であり、国家の戦略体系の重要な構成部分と位置付けられた。今後10年間の国家情報化の方向性を示すロードマップであり、指導思想、戦略目標、基本方針、及び重要な取り組みを明記した。主に以下の3つの段階的目標を設定している。

- 2020年までに先進国レベルの固定ブロードバンド家庭普及率の達成、3G／4Gによる都市部と農村部のカバー、5Gの技術開発と標準策定のブレークスルーを実現する。
- 2025年までに世界トップレベルのブロードバンド世帯普及率達成、情報化による消費額や電子商取引額を倍増させる。通信における重要な技術をすべて自国で確保する。
- 2050年までにネットワーク強国の地位を確保し、世界の情報化の促進に貢献する。

あわせてビッグデータの重要性とともに、情報リソースの計画・構築・管理の強化も指摘している。

また、同綱要の実行計画として位置づけられる第13次5カ年（２０１６～２０２０）国家情報化計画はいくつか具体的な指標を通じ、２０２０年までに情報化発展のために取り組むガイドラインを示した。例えば、ブロードバンド加入者に占めるＦＴＴＨ契約率を56％から80％に、固定ブロードバンド家庭普及率を40％から70％に引き上げるなどだ。

さらに綱要と関連して、２０１６年12月に国家インターネット情報弁公室によって国家サイバー空間セキュリティ戦略も策定され、サイバーセキュリティに関する取り組み方針が示された。

具体的には、サイバー空間主権の維持、国家セキュリティの防護、重要情報インフラの保護、ネット文化の発展推進、サイバーテロ及び違法犯罪の取り締まり、インターネット・ガバナンス体系の整備、サイバーセキュリティ基盤の強化、サイバー空間の防衛能力の向上、サイバー空間における国際協力の強化の九つの重点取り組み事項が明示されている。

第13次5カ年計画期間における国家戦略性新興産業発展計画の概要

この発展計画は、戦略性産業の発展促進政策として２０１６年12月に国務院によって発表された。２０２０年までの次世代情報技術やデジタル・クリエイティブ分野を含む戦略性新興産業の発展目標、重点取り組み事項、政策措置などを示したものである。
目標として、2020年までに戦略性新興産業の付加価値が国内総生産（GDP）に占める比率を2015年時点の約8％から15％に高めるとしている。次世代情報技術分野では、ブロードバンド中国戦略の推進などネット強国インフラの構築、「インターネット・プラス」の推進、国家ビッグデータ戦略の実施、情報技術コア産業の強化、人工知能（AI）の向上、及びネット経済の管理方式の整備に取り組むこととしている。

次世代情報技術分野の産業規模は、2020年までに12兆元（約192兆円）以上をめざす。この発展計画と関連して、2016年12月に情報化を管轄する工業情報化部によって戦略性新興産業の一つでもあるビッグデータ産業に関する「ビッグデータ産業発展計画（2016〜2020）」が策定された。

ここまで矢継ぎ早に一連の政策が打ち出されたことは、かつてなかったことだ。2016年までにインターネットの発展により、ネットショッピング、O2O（Online to Offline）、シェアリング・エコノミーなど生活のデジタル化が進み、ネット先進国に近づいた。中国のネット人口は7・3億人を超えて世界最大規模になり、移動通信システムでは5Gで世界をリードするまでになっている。

これまでの中国はあくまで先進国の追随者として、巨大な市場を提供する代わりに、先進国の先進技術をうまく応用して経済の発展を図ろうとしてきた。

２０１６年後半の一連の政策から読み取れるのは、中国が「ネット強国」から、人工知能、ビッグデータ技術、インテリジェント製造、ロボット技術などを利用して産業・社会のデジタル化を促進する「イノベーション駆動型国家」に戦略の重心を徐々に変えつつあることだ。

第６段階 ―２０１７年～現在― デジタル国家戦略の確立段階：イノベーション駆動型デジタル中国

人工知能の発展を国家戦略へ

イノベーション駆動型国家実現のため、人工知能をはじめとした先端デジタル技術の発展を重視する動きが強くなった。２０１７年3月の全国人民代表大会（全人代）での政府活動報告で、李首相は「人工知能技術の研究開発、成果の橋渡し及び関連産業の創出を加速する」と述べ、初めて人工知能（ＡＩ）というキーワードに触れた。以後、同報告には毎年

ＡＩに関する記述が盛り込まれるようになる。

ＡＩは２０１６年までは国家計画遂行のための個別分野と位置づけられていたが、この政府活動報告以降、経済成長や国際競争力の強化など国家戦略を推進するエンジンとして位置付けられ、国家戦略レベルに格上げされた。

実はこの全人代の約2カ月前、人工知能産業の重要な国際会議の一つ、国際人工知能協会の大会日程が中国の旧正月休みと重なっていたため、わざわざ会期が変更された。人工知能産業における存在感が小さかった10年前とは様変わりして、中国抜きにＡＩを語れなくなっている象徴的な出来事だった。

同年7月、科学技術部、発展改革委員会及び中国工程院などが共同で「次世代人工知能発展計画」を策定した。人工知能は製造業だけでなく、交通や医療、教育といったさまざまな分野の成長に大きく寄与する技術として捉え、新規産業創出や産業発展を実現するための中核技術であり、中国経済にとっての新たな成長分野であると定義された。

「次世代人工知能発展計画」では、ＡＩを中核としたイノベーションが、あらゆる産業の成長や国民生活の向上、公共インフラの改善などに寄与するとされており、ＡＩ活用を前提とした国づくりが示されている。「国家レベルで人工知能の戦略的開発を主導しなければならない」という理念の下、次の5年ごとのロードマップを策定した。

■２０２０年までに、ＡＩの技術水準及び応用全体が世界の先進国と並び、ＡＩ産業を新たに重要な成長分野とし、ＡＩ技術の活用を民生改善の新たな手段とすることをめざす。
■２０２５年までに、ＡＩの基礎理論で重大なブレークスルーを実現し、一部技術及び応用が世界トップ水準に到達することをめざす。ＡＩが産業の高度化と経済構造転換の主要な原動力となり、スマート社会の建設が進展することをめざす。
■２０３０年までに、ＡＩ理論、ハードウェア製造、ソフトウェア開発、技術及び応用のすべての分野で世界のトップ水準に到達し、中国が世界のＡＩイノベーションの中心地になることをめざす。

次世代人工知能発展計画には、中小企業のＡＩ導入に対する税制優遇政策や、スタートアップのＡＩサービス開発に対する研究開発支援など、ＡＩを積極的に推進する民間企業への支援政策が盛り込まれた。加えて、プライバシーや知的財産保護、セキュリティ対策、安全管理基準などでも法規制が整備される予定で、ＡＩ技術の利用と普及を加速させるために政府がさまざまな制度対応を行う点も注目される。

国家レベルの推進体制

次世代人工知能発展計画を発表した数カ月後、国家レベルの推進体制が立ち上げられた。２０１７年11月、「次世代ＡＩ発展計画推進室」が設置され、次世代人工知能発展計画の遂行とＡＩを活用したイノベーションの実現をめざすことになった。次世代ＡＩ発展計画推進室は、科学技術部を中心に国家発展改革委員会、財政部、教育部、工業情報化部、交通部、農業部など15部門で構成される。

同時に、次世代ＡＩ戦略諮問委員会設立も発表された。中国科学アカデミーや工学アカデミー、中国科学協会などのＡＩ専門家や学者、ＡＩ分野のリーディング・カンパニー関係者を含む専門家27人で構成される。

この次世代ＡＩ発展計画推進室によって、次世代人工知能発展計画において最初に実現すべき４つの重点分野が定められ、分野ごとに牽引企業を選定した。４分野と担当企業は以下の通り。

▼自動運転：百度
▼スマートシティ：アリババ
▼医療分野：テンセント
▼音声認識：アイフライテック（iFlytek）

民間企業がＡＩ発展の主体となって各産業における新規サービスを創出し、政府は成長したリーディング・カンパニーに政策や規制対応などの面から支援を行う官民一体型のイノベーション創出が特徴だ。

政府は重点産業で全面的に民間企業を支援するため、ビジネスが創出されやすくなるように法規制で柔軟に対応し、新技術とその実用化を後押ししている。例えば、一時的に規制の適用を緩和し、政府の認定を受けた実証を行える「規制のサンドボックス制度」を導入して、地方政府の判断で自動運転の公道での走行実験を許可して実証実験をしやすくするなど、法改正が必要な日本と比較してＡＩを活用したイノベーションが生まれやすい環境となっている。

地方政府による具体的な推進策の策定と推進

中国では中央政府が国全体の政策、戦略、計画などを策定し、地方政府がそれを踏まえて各地における具体的な政策や実施方法などを策定する。地方政府は各地の研究機関や先端技術企業との横断的パートナーシップを確立し、地域のＡＩイノベーション・エコシステムを構築して研究開発を後押しする。従って、地方政府が果たす役割は大きい。

北京、上海、広州、深圳といったレベル１の大都市だけでなく、他の地域でもイノベーションを成功させるための取り組みが積極的に行われている。注目される都市として、アリババの本拠地・杭州市、ＡＩ音声認識大手iFlytekの本拠地・安徽省合肥市などがある。

Column

先端AI産業集積地「声谷（スピーチ・バレー）」の形成と発展

ここで安徽省を例に、地方政府のAI推進戦略を取り上げる。

安徽省の省都・合肥市は上海から西に約500キロにある。上海から飛行機で1時間、高速鉄道を使えば3時間ほどで着く。合肥市には北京市の清華大学と並ぶ理系名門大学の中国科学技術大学があり、中国全土から優秀な学生が集まる。その卒業生を何とか合肥市に引き留めるために、大学生に対する起業支援に積極的な地方政府として知られている。同大学の学生による起業の代表が、中国四大AIプラットフォームの1つを担うiFlytekだ。

iFlytekが成長したのは、資金面、人材面、事業環境面で安徽省政府や地元合肥市政府から支援を受けたことが大きい。iFlytekは1999年に設立して半年も経たずに研究費が底を尽き、合肥市が拠出した3000万元のおかげで倒産を免れた。翌年、国家ハイテク研究計画「863計画」の研究成果産業化基地の認定を受け、政策面で地元政府から強力なバックアップを受けた。

iFlytekのような人工知能企業を育成するために、米国のシリコンバレーを模した音声認識関連産業の集積を図る「声谷（スピーチ・バレー）構想」が地方政府主導で2012年から検討された。

翌2013年12月、国務院工業情報化部、安徽省政府促進安徽省音声産業発展指導グループの管轄の下、政府系投資ファンド「安徽省情報産業投資持株有限会社」（安徽省信息産業投資控股有限会社）が設立され、当該プロジェクトの推進にあたった。

2015年5月、このプロジェクトは国家レベルのプロジェクトに格上げされ、9月に安徽省戦略的新興産業集積発展基地に認定されたことで、50億元の発展基金のほか、毎年4億元の予算支援を受けることになった。予算支援は2017年から毎年8億元と倍増した。合肥市はじめ地方政府は、資金面を含め、声谷の入居企業に多方面から支援を行っている。その一部を紹介する。

【研究開発の支援】

例えば、スタートアップが科学研究の成果を実用化する際、必要に応じて、その設備投資の30％（最大3000万元まで）を助成する。

【声谷が共同で利用できる基礎技術プラットフォームの開発支援】

声谷の企業共同利用型プラットフォームを開発する企業に投資総額の30％（最大3000万元まで）を補助する。

図表2-4　声谷(スピーチ・バレー)の音声認識

AI産業エコシステム

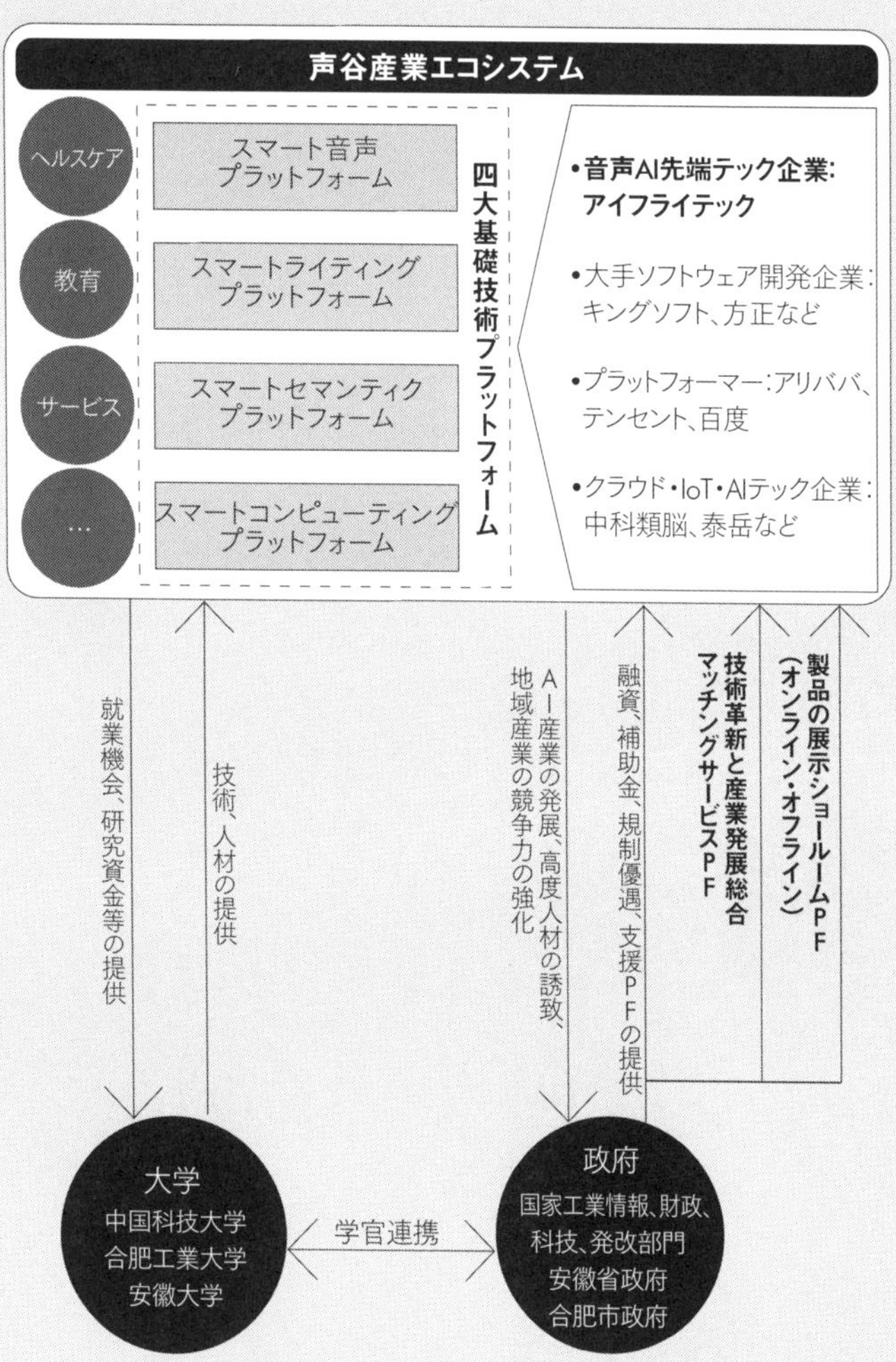

注：「PF」はプラットフォームの略称
出所：声谷のHPなどの公開情報より筆者作成

【知的財産の創造への奨励】

優秀な特許、発明、ソフトウェア著作権を取得した企業に奨励金を支給する。

【声谷入居企業の製品プロモーション支援】

産業関連の展示イベントへの参加に際し、会場使用料などの費用の50％（最高100万元まで）を補助する。

【その他の支援策】

企業がオフィスの賃貸を支援するほか、合肥市の公共賃貸住宅と人材用のアパートの斡旋も行い、企業が高度人材を呼び込むことを支援する。

声谷産業集積基地のバックアップで、iFlytekはいまや世界トップクラスの音声認識企業に成長した。ソフトウェアだけではなく、スマート家電やウェアラブル・デバイス、スマート音声翻訳機など、IoT技術やハードウェアも含む各種製品を声谷に入居している異業種パートナー企業と協業することによって、短期間で多くの製品を世に送り出せた。

2019年時点で声谷には既に805社以上のハイテク企業が入居し、810億元規模の産業集積基地に成長した。2020年5月に公表された合肥市の政府活動報告では、2020年内を目途に、この約2キロ平方メートルの産業基地に1000社以上のAI関連企業を呼び込み、産業規模も1000億元に育て上げる計画を打ち出し

図表2-5　安徽省が策定した主なAI関連政策

（出所）安徽省政府のホームページ、公開資料から筆者作成。

時期	政策
2015年12月	「インターネット＋」を加速し、AI技術を生かした「中国声谷」建設、ロボット、スマート・デバイスを重点的に推進。
2016年9月	「インターネット＋」でスマート農業・スマート設備活用の普及を促進。
2017年1月	「製造業とインターネットの融合と発展の高度化」に関する実施意見を発表。スマート設備の応用・普及の推進、企業間の協働製造と業界を超えた融合、関連人材の育成などが主な内容。
8月	「AI産業発展計画（2017-2025）」で、AI基幹産業の規模80億元、関連産業の規模300億元を目標に掲げる。
11月	中国声谷建設の支援策に関する実施細則。「中国声谷産業発展特別基金」（規模：50億元）設立。
12月	「スマート音声及びAI産業基地（中国声谷）発展計画」（2018年～2025年）に、「中国声谷」を国内最大かつ最先端、世界トップレベルの技術を持つスマート音声AI産業集積開発基地に建設することを盛り込む。
2018年4月	「インターネット＋先進的製造業」のさらなる発展に関する産業インターネットの実施意見。次世代情報技術と完全に融合したスマート製造システムの構築が主な内容。
5月	「次世代AI産業の発展計画（2018-2030）」に、「AI＋」の実施計画、合肥市・次世代AI産業集積開発基地の建設推進など重点８項目を盛り込む。
7月	ロボット産業の発展を支援する政策。ロボット産業に関する10の促進策を打ち出し、最大500万元の補助金を支給。
8月	合肥ハイテク区がAI産業政策の発展を支援する政策。AI産業発展のための専門基金を設立。
2019年4月	合肥市が次世代AI産業を発展させるための政策。「戦略的新興産業の主要製品とサービスの指導項目」やAI産業分野での国や地方の要件に沿ったものを重点的に支援。
9月	次世代のAI産業基地建設実施計画で次世代AI産業基地の育成を推進するための「グランドデザイン、ビジョン、重点領域、重点タスク、ロードマップ及び保障措置」などを詳細に示す。
2020年3月	AI産業の革新と発展を支援するための政策に関する通知。ＡＩ産業への支援策をさらに強化。

た。

声谷構想は人工知能産業を中核産業と位置付けた安徽省のさまざまな推進戦略の中で最も成功したものだ。2015年12月の〝インターネット・プラス〟行動を加速させる一連の政策が功を奏したと言える。これらの政策は、産業基地の建設、イノベーション能力の創出、モデル企業の育成、資金面・政策面の支援策を通じ、多方面で人工知能産業の発展を後押しした。その政策の一覧を図表2－5に示す。

「デジタル中国」国家戦略の発展

【情報格差も配慮するデジタル中国】

２０１６年に杭州で開催された「G20杭州サミット」では、G20として初めてデジタル経済関連の３つのタスクフォース（デジタル経済、イノベーション、新産業革命）が設けられたほか、成果文書「デジタル経済発展及び協調イニシアティブ」が取りまとめられた。

２０１７年4月、ドイツ・デュッセルドルフでG20として初めてのデジタル大臣会合が開催された。デジタル化によってもたらされる機会を活用するため、G20各国が協力して取り組むべき事項として、①デジタル・デバイド（情報格差）の解消をめざしたグローバルなデジタル化、②ベスト・プラクティスの共有を通じた成長のための製造のデジタル化、③情報の自由な流通の促進とプライバシー・消費者保護の促進によるデジタル世界における信頼の強化――などを内容とする大臣宣言が取りまとめられた。

グローバルでもデジタル経済発展の機運が高まるなか、２０１７年10月に開催された中国共産党第19回全国代表大会（19大）の報告書に、初めて「デジタル中国」の建設が書き込まれた。

「ネット強国、デジタル中国、スマート社会を建設し、インターネット、ビッグデータ、人工知能の実体経済との深い融合を図り、デジタル経済、シェアリング・エコノミーの発展を推進し、新たな成長エンジンと推進力を形成する」

この全体構想のもとで、デジタル経済の発展につながる5G、AI、IoT、クラウドなどのデジタル基盤、データの安全保障、個人情報保護などに関するガバナンス制度やルールの策定といったデジタル・ガバナンスのもと、デジタル経済、デジタル政府、デジタル社会の一体的発展が一層加速された。

デジタル中国の推進の過程で、デジタル・デバイドを解消すべく、2019年5月16日、中国共産党中央弁公庁と国務院弁公庁はデジタル農村発展戦略綱要を発表した。農業と農村社会の情報化、デジタル化を推進することで農村部の発展と農家の所得向上につなげ、都市部との均衡を保つ発展を心掛けている。当面の目標として、2020年までに農村でのブロードバンド普及をめざした。

【新型インフラ建設構想】

5G、AI、IoT、産業インターネットなどのデジタル経済と密接に関連するインフラがデジタル中国の発展のカギとなることを認識した中国政府は、2018年12月に開催された中央経済工作会議で、初めてこれらデジタル基盤を「新型インフラ」と定義した。

2020年には新型コロナの影響による経済減速の中、3月4日に中国共産党中央政治局常務委員会が感染症抑制と今後の経済復興に関する会議を開き、「5Gネットワーク、データセンターなどの新型インフラ建設を加速させる」と指示した。2018年当初に比べ

図表2-6　中国の「新型インフラ」の全体像

出所：人民網など公開情報よりNRI作成

ると、新型インフラの定義がより明確になってきた。

鉄道、高速道路、空港など伝統的なインフラと区別して、ハイテク、スマート化、デジタル化という特徴を持つ、デジタル経済を支える次世代デジタル・インフラへの投資が浮上してきた。

具体的には、情報インフラ、融合インフラ、イノベーション・インフラの三つに分けられる。5G、超高圧送電網、データセンター、人工知能、産業インターネット、インターシティ高速鉄道網とライトレール、電気自動車の充電ステーションの7つの分野が重点分野とされた。

中国電子情報産業発展研究院傘下のCCIDシンクタンクの試算によると、2025年までに実施される予定の各分野別投資規模は以下の通り。

①5G　2・5兆元
②産業インターネット　6500億元
③AI　2200億元
④データセンター　1・5兆元
⑤スマート交通インフラ（インターシティ高速鉄道網とライトレール）　4・5兆元
⑥スマートエネルギーインフラ（充電ステーションなど）　900億元
⑦重点技術インフラ（超高圧送電網など）　5000億元

全部合わせると、約10兆元近くの経済刺激策となる。中国情報通信研究院の試算では、２０２５年までに５００万基の５Ｇ基地局が建設される見込みで、５Ｇの商用化は２０２０－２０２５年のあいだに10・６兆元ものＧＤＰを創出し、３００万人の雇用を生み出すという。従来のインフラ投資は地方政府主導だったが、地方債務が増大するリスクがあるため、次世代デジタル・インフラ投資では、民間企業の力も借りて官民共同で取り組むのが特徴だ。

構想が発表されて半年ほど経った２０２０年9月末現在、新型インフラの建設は急速に進み、既に69万基もの５Ｇの基地局が建設された。それによって接続される端末数は累計１・６億台に達した。予定より大幅に前倒しされて達成された。この５Ｇネットワークの急速な普及は、自動運転をはじめとしたデジタル社会実装の推進にもつながる。

「新型インフラ」の通信ネットワーク・インフラの構成部分となっている「衛星インターネット」では、中国独自の全地球測位システム（ＧＰＳ）「北斗衛星測位システム（BDS、BeiDou Navigation Satellite System）」が整備されている。２０２０年６月に55基目となる北斗測位衛星が打ち上げられ、システムが完成した。これにより、中国の「北斗」は米国のＧＰＳ、ロシアのGLONASS、欧州のGalileoと並んで世界の四大衛星測位システムの一角を占め、ＧＰＳ同様、世界中で誰でも無料で利用可能となっている。

中国情報通信研究院が発表した「北斗システムの測位技術および産業発展白書（２０１９

年）」によると、5G、IoT、モバイル・インターネット、クラウド・コンピューティング、エッジコンピューティング、AIなどの先端技術を衛星測位技術と融合させることで、北斗システムは既にスマートシティ、ウェアラブル・デバイス、スマート製造、自動運転など多くの分野で実用化されている。

「すべてがインターネットにつながる時代」のインフラとして、位置測定の米国依存の脱却を実現した北斗システムは、今後も活用分野を広げていくと見込まれている。

デジタル中国戦略のマイルストーンとなる第14次5カ年計画と2035年までの長期目標

2020年秋、世界中の関心が米大統領選に集中しているなか、北京で中国共産党第19期中央委員会第5回全体会議（5中全会）が10月26日から29日まで開かれていた。この5中全会で「国民経済と社会発展の第14次5カ年計画と2035年までの長期目標」に関する草案が採択され、2021～25年にかけての経済運営方針の骨格が固まった。

国営新華社を通じて11月3日に発表された約2万字の記事から、15部分と60項目で構成されるこの草案の全容が分かる。その特徴は以下の四つにまとめられる。

【網羅的】

2035年までの長期目標として、経済力、科学技術力、総合国力を大幅に引き上げることを掲げた。国内総生産（GDP）と1人当たり所得を2倍に引き上げ、中レベルの先進国の水準に到達すると同時に、コア技術で大きなブレークスルーを実現する、イノベーション型国家の上位に入ることなど、国の発展に必要な政策を網羅的に盛り込んだ。

【持続可能性】

新型コロナの影響、自国優先主義の台頭などによってグローバル経済が全般的に減速する中、国際情勢の不確実性がさらに増している。複雑な国際環境及び国内の課題を踏まえて、経済の持続可能な発展を促す政策の策定が求められる。

米中対立の常態化を念頭に、主要目標においてはイノベーションの重要性が強調されるとともに、サプライチェーンの現代化を含む現代産業システムの発展の加速のほか、経済分野も含む広義の国家安全保障の強化が盛り込まれた。

とりわけ、科学技術の自立強化を国家発展戦略の柱として、半導体や人工知能（AI）を戦略的な重点科学分野に位置づけ、外国からの制裁に影響されない独自のサプライチェーン（供給網）構築をめざす。例えば、次世代の情報通信の鍵を握る最先端の量子コンピューター関連の研究開発に重点的に取り組むなど、基礎研究にさらに力を入れる。

【実現可能性】

いままでの5カ年計画と同様、第14次5カ年計画で策定された目標は実現可能なものを挙げる従来の方針を踏襲している。各目標とロードマップは単に政治的スローガンではなく、実現するための組織や人材、プロセスと数値目標など、それぞれ緻密な検証作業が実施されたうえで策定されている。

今回の計画策定も例外ではなかった。２０１９年末から中央政府主導の下、策定プロジェクトが着手された。２０２０年３月、習近平国家主席を座長に、李克強首相、中央政治局常務委員の王滬寧、韓正の各氏を副座長に、正式に策定グループが設立された。

3月30日、第14次5カ年計画に関する意見招請に関する通知が出され、その後、各関係省庁は専門家を招集し、13次5カ年計画の達成状況、課題及び今後に向けた提言についてヒアリングを重ねた。このような会議は1、2回で終わらず、掘り下げることが必要な課題が出てくると、当該省庁の担当者が自ら検討会議を追加で開催し、場合によっては地方や企業に出向くこともある。

新型コロナ感染拡大期間中も、こういった会議は中断されることなく、オンライン、または万全な感染対策措置を取ったうえオフラインで実施された。担当者に任せるだけではなく、トップも自ら関わる。習近平主席が出席した会議は、報道されただけでも、7月21日の企業家座談会、7月28日の共産党以外の関係者の座談会、8月20日の長江デルタ地域一体化発展のための座談会、8月24日の経済社会分野の専門家座談会、9月11日の科学者座談会、9月17日の一般代表の座談会、教育・文化・衛生分野の専門家座談会などがある。

策定過程の中で、筆者が一番注目したのは初めてネット上で広く国民の意見を募集した

図表2-7　第13次5カ年計画の目標の達成度（情報化関連を中心に）

項目	2020年の目標	2019年の達成状況	達成率(%)
GDP（兆元）	92.7※1	89.2※1	96
R&D投資の対GDP比（%）	2.5	2.19	88
労働生産率（万元/人）	12	11.5	96
農村貧困人口の貧困脱出（5年累計）（万人）	5575	5024	90
1万人当たり発明特許保有数量（件）	12	12.5	104
科学技術の経済成長への貢献率（%）	60	58.5	98
固定ブロードバンド家庭普及率（%） **※2016年計画策定時：40%**	70	86.1	123
モバイルブロードバンドユーザー普及率（%） **※2016年計画策定時：57%**	80	93.6	117
ブロードバンド加入者に占めるFTTH契約率（%） **※2016年計画策定時：56%**	**80**	**93.5% (2020年6月時点)**	**117**
基本行政サービスのオンライン実施率 **※2016年計画策定時：57%**	**80**	**100%**※2	**125**

注
※1の単位は2015年の固定価格からの算出。
※2全国すべての省において、省レベル、市レベル、県レベルの公共サービスのオンライン化を実現できた。約5・2万種類ものサービスのオンライン実施が可能となっている。

出所：第13次5カ年（2016-2020）国家情報化計画、国家統計局、CCNIC　中国インターネット発展状況統計報告（第46回）中国ブロードバンド発展白書（2019）工業情報部発表2020年第3四半期データよりNRI作成

ことだ。8月16日から29日まで、各種サイトで14次5カ年計画に関する意見募集コーナーが開設され、ネットから寄せられた意見が100万件を超えた。これらは1000項目の提言に集約され、政策に反映されたという。まさに「デジタル中国」を象徴するエピソードだ。

【グローバルな視点】

従来の5カ年計画にはなかったグローバルな視点が強く意識されていることにも注目したい。国際協力や対外開放という従来の方針に加え、科学技術やイノベーションで世界的な競争力を有する能力の育成を強調している。また、グローバルなルールや標準化制定でも、欧米先進国の決定を待つ、または追随するという受け身な姿勢から、とりわけ新しい分野でのガバナンスに自ら積極的に役割を果たしていく方針を打ち出している。

この第14次5カ年計画と2035年までの長期目標では、「製造強国」、「品質強国」、「ネット強国」、「デジタル中国」の建設といったキーワードが示され、デジタル中国戦略の重要なマイルストーンであると言える。

第19期中央委員会第5回全体会議のコミュニケでは、新型コロナウイルスなどを踏まえた国際情勢に関する認識、第13次5カ年計画（2016〜2020年）の目標達成状況の評価、中国の発展の現状と課題もまとめられた。デジタル中国に関連する目標について図表2−7にまとめた。目標の大半は、2019年に前倒しで達成できたことが分かる。

デジタル中国戦略のアーキテクチャー

金融や税務など国家の基幹となるインフラの情報化から、インターネットとの融合による消費・産業の高度化、最近の人工知能やブロックチェーン技術といった先端技術を活用したイノベーション駆動型のデジタル中国という段階に至って、デジタル中国という戦略が本格的に姿を現した。

とりわけ政府主導のスマートシティ、大手プラットフォーマー、FinTech企業が牽引するデジタル経済を推進力に、ビッグデータの蓄積と活用を行い、消費生活だけではなく、産業との融合も一層進んだ。

図表2－8に示す通り、データやデジタルサービスの安心安全な活用を促進するために、個人情報保護やデータのセキュリティ保護に関する法規制とルールが整備され、寡占化を呈する電子商取引やFinTechなど新しい産業への規制も強化されつつある。

情報のサイロ化を打破すべく、システム間、企業間、部門間、地域間のデータのオープン化及び流動化の制度や仕組みも着々と構築されている。昨今、世界から注目される「デジタル人民元」も広い意味では、決済をはじめとした金融サービスに関するビッグデータの情報基盤になる見込みだ。

このように中国政府は積極的かつ明確な政策を推し進め、その政策のもとで1978年からわずか四十数年で先進国との差を縮め、通常ならもっと長くかかるはずのところを短時間で追いついた。

米トランプ政権が次々と打ち出した中国企業に対する制裁措置によって、中国はWin－Winの妄想を捨て、基礎から科学技術を発展させる必要性に目覚めた。いままでの基礎研究を軽視した方針を是正するため、第14次5カ年計画と2035年までの長期目標では、イノベーション駆動型発展を最優先に取り組む事項とした。これからも中国はイノベーション駆動型デジタル中国を着実に発展させていくだろう。

図表2-8 デジタル中国戦略のアーキテクチャー

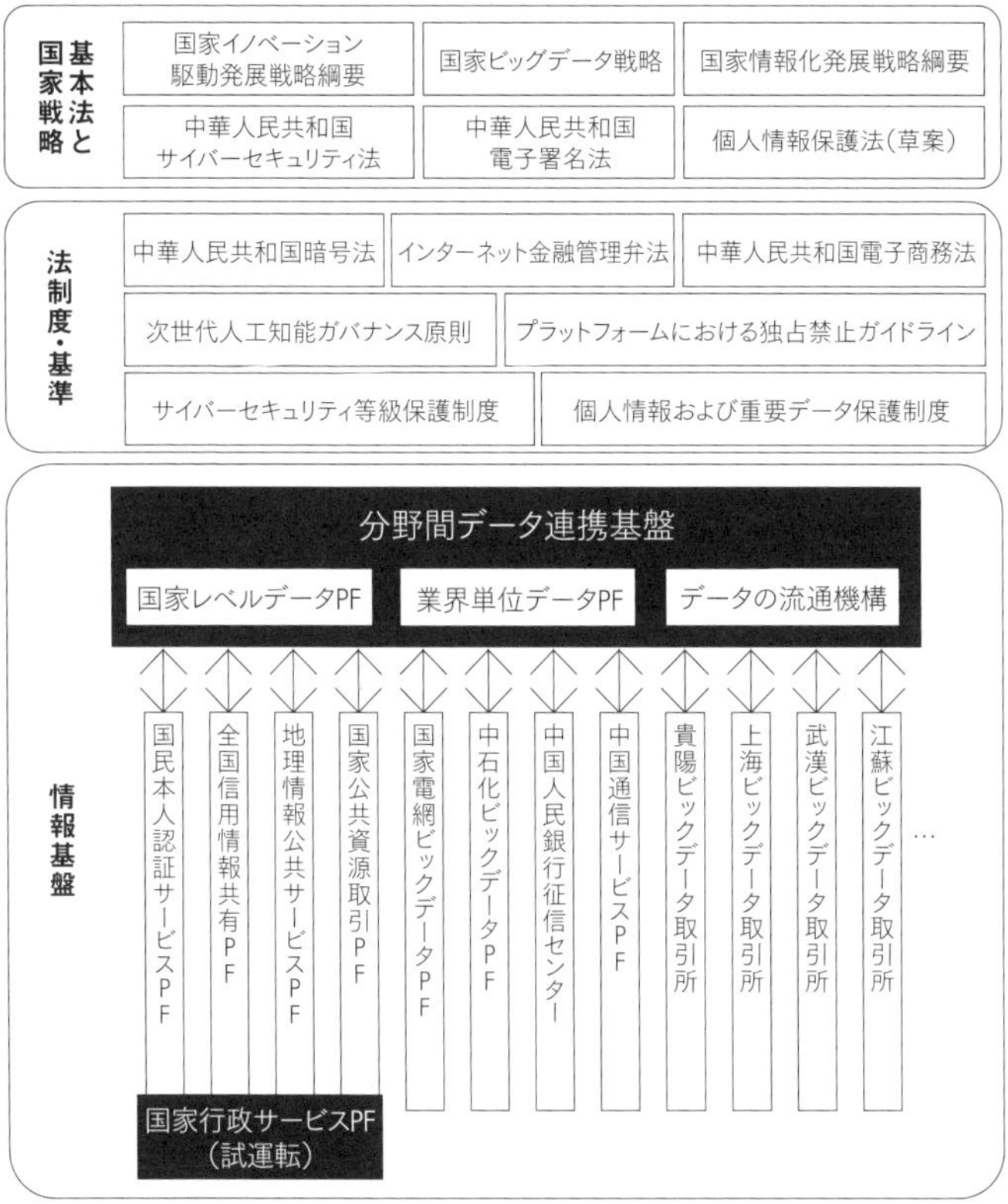

注:「PF」はプラットフォーム 出所:筆者作成

第 3 章

Tech or Fin
——岐路に立つアント・グループ

Chapter 3.

Tech or Fin :
The Ant Group at a Crossroads

今後が注目される馬雲。 2019年11月（アフロ）

上場延期されたアント・グループ。2020年11月4日（Featurechina /アフロ）

アント・グループ上場延期の衝撃

２０２０年11月3日、アリババ・グループ傘下のフィンテック大手のアント・グループ（螞蟻集団、旧称アント・フィナンシャル）の上海、香港株式市場への上場が突如延期と発表され、衝撃が広がった。予定通り上場すると、推定３４５億ドル（約3兆６０００億円）規模の資金調達額となり、新規株式公開（ＩＰＯ）記録を塗りかえる見込みだった。

アリババ・グループが２０１４年9月19日にニューヨーク証券取引所（ＮＹＳＥ）に上場したとき、調達額は２５０億ドル（約2兆７０００億円）に達し、当時の世界記録となった。このアリババ・グループの記録は、現在でも世界2位の記録だ。

アント・グループが上場すれば、その企業価値評価額は３１３０億ドル（約32兆７０００億円）となる見込みで、米国の名門銀行ＪＰモルガン・チェースや中国の銀行最大手の工商銀行の時価総額を超えるほど巨額だった。

香港だけで１５５万人の個人投資家がＩＰＯ株の抽選を申請し、割当枠の３９０倍もの申し込みが殺到したという。それぐらいアント・グループへの期待は高かった。それだけに、上場予定の11月5日の2日前という直前の中止について、衝撃も大きかった。

中止の理由に対してさまざまな憶測が飛び交ったが、規制当局の中国証券監督管理委員会（証監会）は、アント・グループの主力事業である小額貸付の関連規制強化が、アント・グループの業務構造と収益モデルに重大な影響を与える可能性があると判断し、投資家の合法的権益と市場の公平性と公正性を適切に守るという原則に従って、上場延期を決定したと説明した。

上場延期の引き金になった少額貸付関連規制とは、11月2日午後8時半、金融規制当局の中国銀行保険管理監督委員会と中国人民銀行が共同で発表した「ネット少額貸付業務管理暫定弁法（意見招請版）」のことだ。

アント・グループは２０２０年６月、ＩＰＯに先立ち、社名をアント・フィナンシャル（浙江螞蟻小微金融服務集団股份）から、アント・テクノロジー（螞蟻科技集団股份）へと変更し、略称をアント・グループにしている。金融と一線を画し、革新的なテック企業として自社のポジショニングを内外に示す意図があった。証監会の今回の決定は、一見金融規制と無縁のテクノロジー企業アント・グループを金融機関とみなして規制をかけたものと言える。

Tech or Fin

確かに、これまでアント・グループは財務情報が非公開だったため、個人や店舗向けの決済サービスを提供するFinTech企業のイメージが強かった。アント・グループが上場準備のために2020年夏に公表した目論見書では自社をテック企業に位置づけ、その特徴を以下のように示した。

- 収入の6割は、技術サービスから得ている
- 支出の4割は、テクノロジーのイノベーションに投入
- 経営層の3割と社員の6割が技術畑出身
- 特許及び先端技術を多数保有している——自社開発の分散型リレーショナル・データベース管理システムOceanBaseの処理性能は、2019年データベースの性能測定では世界で最も権威あるTPC－Cベンチマークテストで第1位に選ばれた。さらに特許数は2・6万件に上り、そのうちブロックチェーンの特許申請数は世界1位だ。

ただし、目論見書で開示されているアント・グループの事業概要と財務データからは、金

融サービスの企業としての色彩がより鮮明に浮かび上がる。事業構造を見ると、アリペイ・ユーザー向けの決済と生活サービスを中核として、デジタル金融プラットフォームと企業向けＩＴサービスを加えた3事業が柱となっている。

２０２０年1月から6月までのアント・グループの売上構造をみると、クレジット・テック、資産運用テック、保険テックを含む「デジタルFinTech業務」が決済関連及びＩＴサービスを上回り、売上の63・４％を占める。

とりわけ、個人や零細事業者向けの信用貸付サービス（クレジット・テック）は収入の４割近くを占め、主要な収益源となっている。信用貸付サービスのうち、２０１４年にスタートした消費者向けリボ払い「花唄」（Huabei）と短期無担保融資の「借唄」（Jiebei）は、中国国内で最も広く利用されている消費者金融商品となっている。２０１９年６月から２０２０年6月まで1年間で、約5億人にクレジットサービスを提供している。

また、国内の多くの公募ファンド、銀行、保険会社と提携し、資産運用商品「余額宝」をはじめ、債券型・エクイティ型・混合型公募ファンド、仕組預金、金ＥＴＦ、投資信託など６０００種類以上の資産運用商品を提供している。２０２０年６月末時点の資産管理規模は４・1兆元（約65・6兆円）に達し、中国最大のオンライン資産運用プラットフォームとなっている。

また、アント・グループは約90社の保険会社と提携し、２０００種類以上の保険商品を

図表3-1　アント・グループの事業の柱

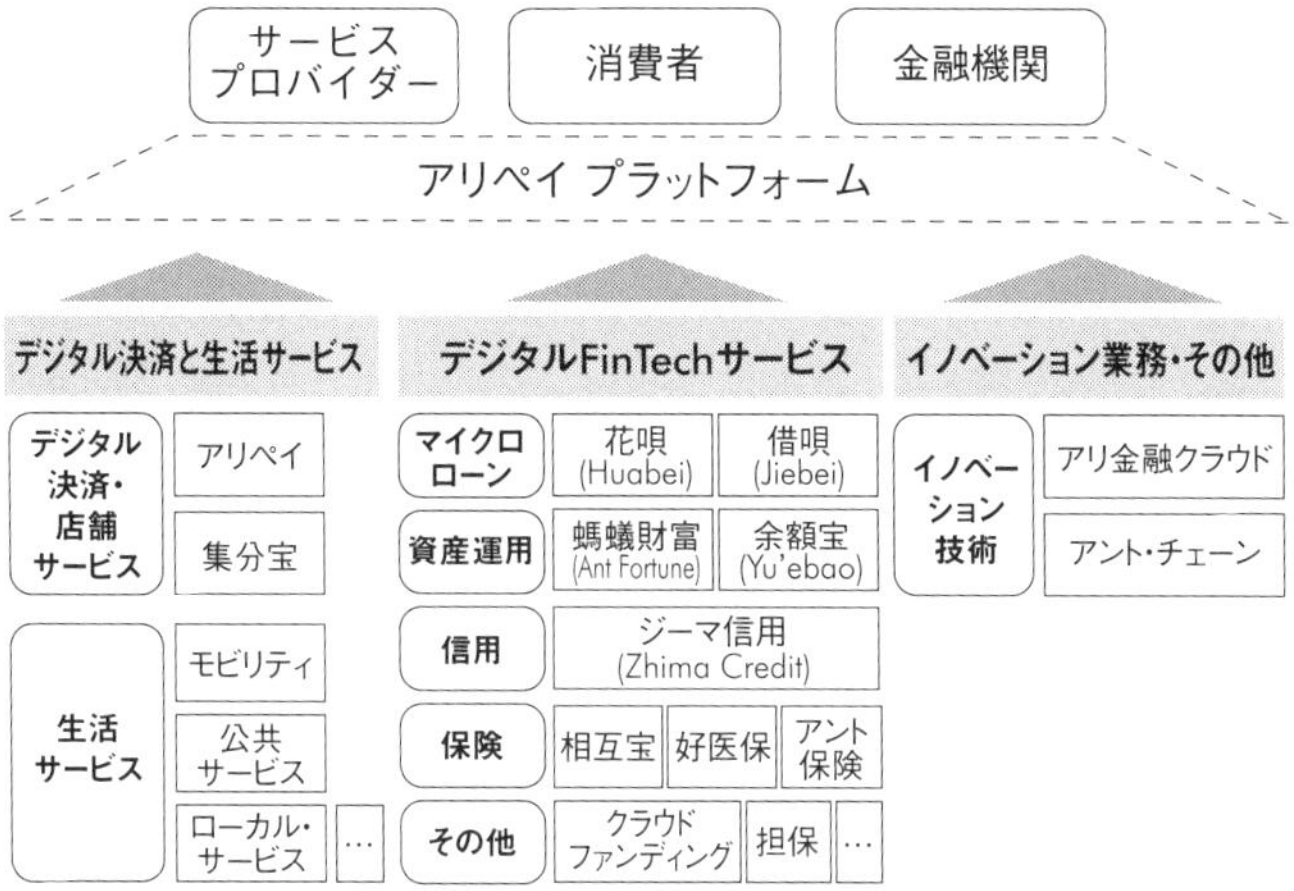

出所：アント・グループの上場目論見書よりNRI作成

提供している。自社開発の「相互宝」P2P互助サービスを含め、5・7億人がこのプラットフォーム経由で保険サービスに加入した。契約保険費用や支払った分担金（割当金）は520億元に上る。

規制当局が急ブレーキをかけた真相

信用貸付サービスのビジネスモデル

今回、規制当局が問題視しているのは、アント・グループが銀行など金融機関と共同で提供している信用貸付サービスだ。この信用貸付サービスの原資の大半は銀行から拠出されているが、アント・グループは金融機関に与信審査や債権回収に関わるクレジット・テックを提供することで、金利収入から技術サービス料を受け取る。銀行と収益を分け合う方式であるが、リスク・コントロールは原則、金融機関が担っている。

この技術サービス料は、顧客獲得のための販売チャネルの構築、グループで蓄積した利用者の取引履歴や属性情報などを含むビッグデータの解析能力、そして瞬時に与信枠や金利を算出するAIアルゴリズム、AIによる債権回収といった先端技術の提供によって得ている。具体的には、次の四つの能力が含まれている。

【スマートBIシステム】

スマートBIシステム（スマート・ビジネス・インテリジェンス・システム）が適格なアリペイ・アプリの利用者を識別し、与信枠を与える。当該利用者が初めて融資を申請する際、信用度を分析し、数秒以内に与信の判断結果を通知する。

【銀行の金融商品との動的マッチング技術】

アント・グループが利用者のデータ及び自社開発のアルゴリズムに基づき、常に顧客とその信用状況を分析している。与信枠は最新の状況によって動的に変動し、提携する金融機関の商品の特性を踏まえ、金融機関と融資のニーズのある利用者の最適なマッチングを実施する。これまで、数十億件もの融資マッチングを成功させてきた。アント・グループ

図表3-2　アント・グループの収入構造

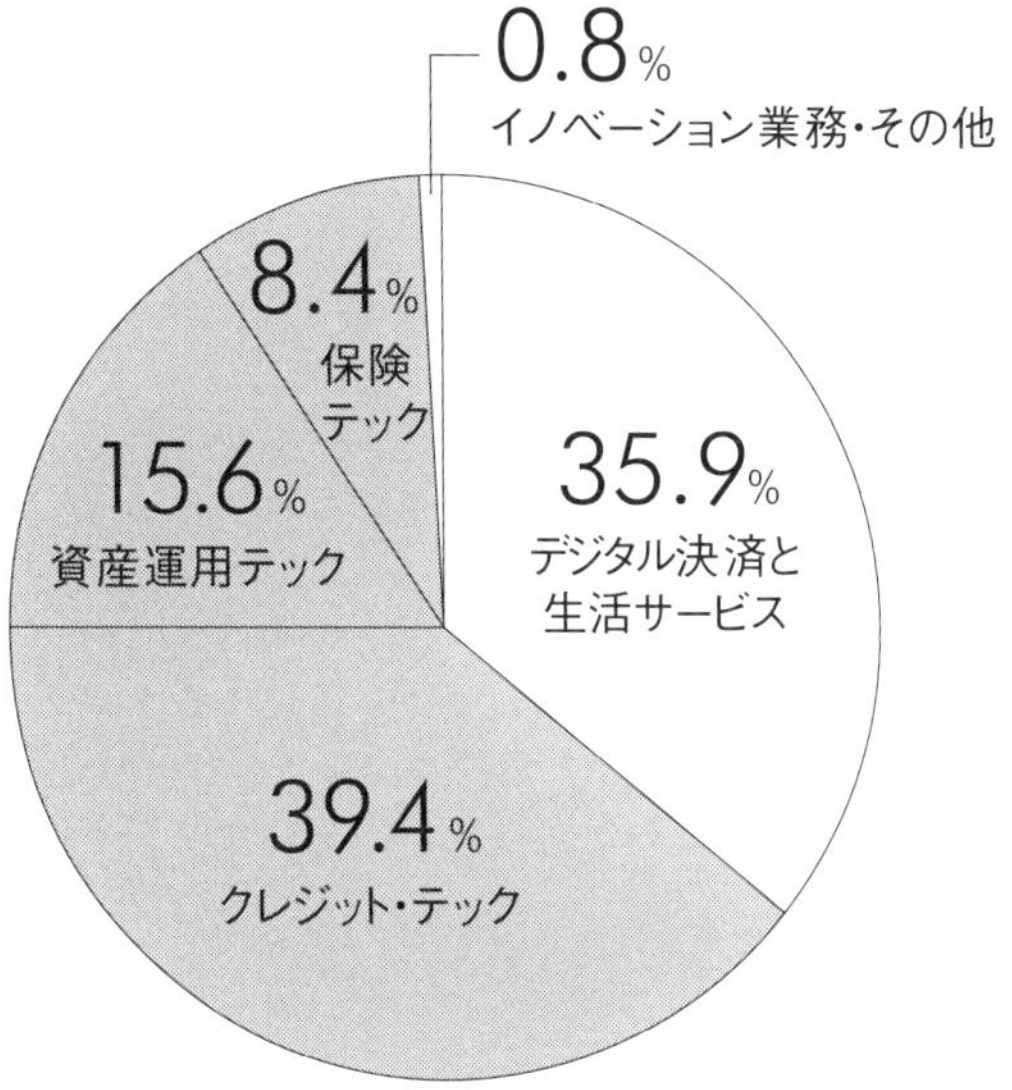

デジタルFinTechサービスの売上は
全体の63.4%を占める

出所:アント・グループの上場目論見書よりNRI作成、データは2020年6月30日時点のもの。

はその過程で蓄積していた大量の履歴を活用し、自社のスマートＢＩシステムとＡＩアルゴリズムなどを最適化させ、判断の精度を向上させている。

【スマート・リスクコントロール】

利用者のさまざまな場面でのリアルタイムのデータに基づき、アント・グループが多面的な顧客分析並びに動的信用リスク評価システムを構築した。支出情報、資産、負債情報、職業、行動特性、財務安定性など１００を超える軸で構成されるリスクの評価モデル及び10年以上不正との攻防で培ったオンライン不正防止モデルシステムが融資の実施とモニタリングの各プロセスを支える。

利用者の許可を得るという前提で、提携金融機関にマッチングした利用者の本人認証情報を提供し、金融機関の本人認証（ＫＹＣ）を支援する。また、アント・グループの与信評価パラメータも個人情報を除いた形で金融機関に提供し、金融機関の与信を支援する。

図表３－３では約１００行の資金提供元の金融機関との役割分担と融資業務フローを示しているが、アント・グループの目論見書の説明によると、利用者の与信判断及びリスク判断は金融機関が担うこととなっている。

【スマート債権回収】

融資の返済は、アリペイ・アプリ経由で自動化された便利な返済プロセスを金融機関に提供している。デフォルト設定では、十分な資金があるかどうかに応じて、アリペイ・ア

図表3-3 クレジット・テック・サービスにおける
アント・グループと銀行の役割分担

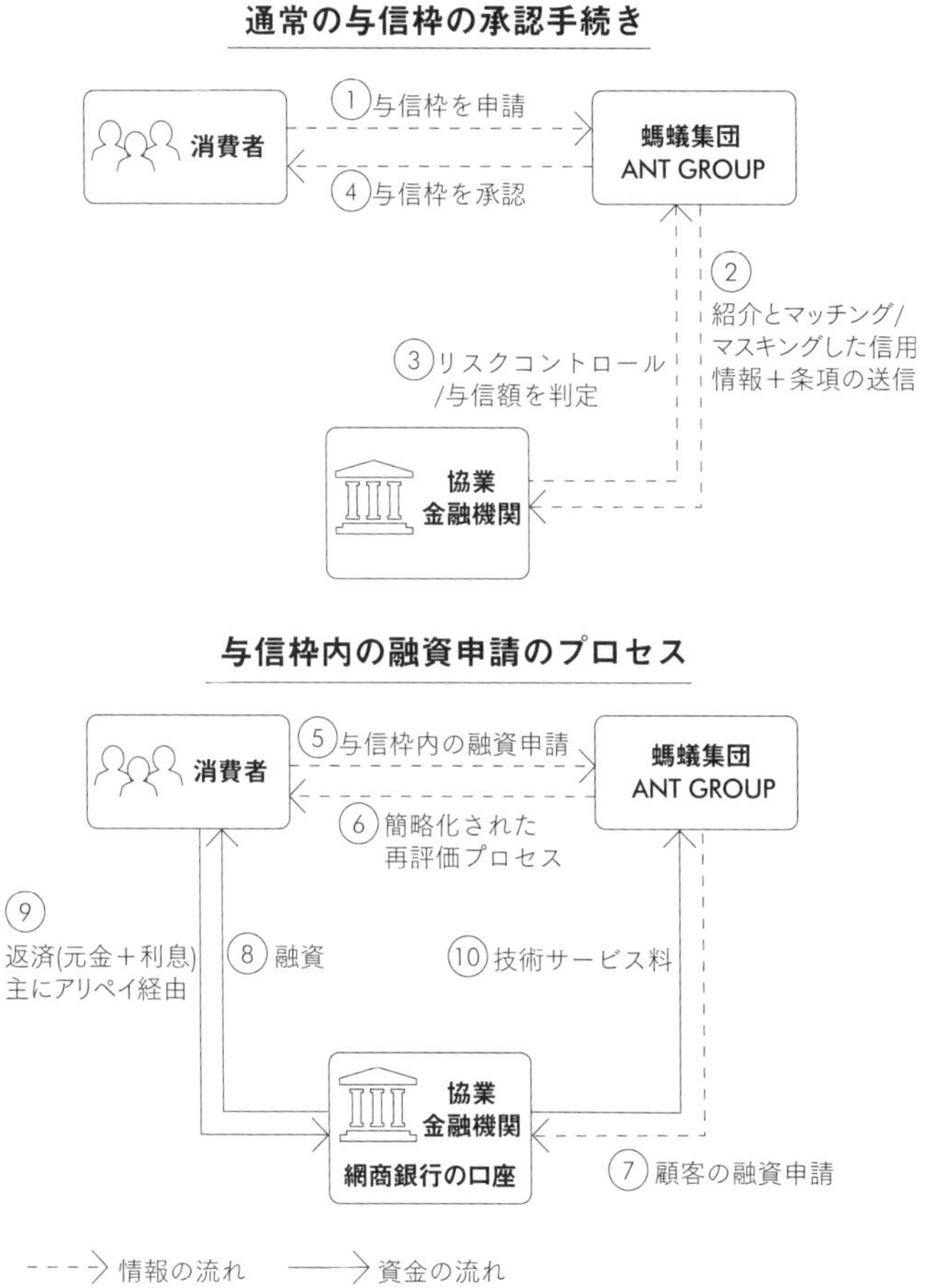

出所：アント・グループの上場目論見書

プリは自動的に以下の順番で消費者の口座から返済額を回収する。アリペイ口座の残高、アリペイ口座に連動したデビットカード、余額宝の残高の順だ。また、利用者は自分の好みに応じて、いつでも自由に返済順序を変更できる。期限を過ぎても返済されない場合、アリペイ・アプリで通知やショートメッセージ、人工知能による電話催促が自動的に行われる。

与信残高約32兆円

金融機関が原資の大半を拠出し、かつ技術サービス料を支払ってまでアント・グループと提携してサービス提供したい背景には、10億人の利用者を抱えるアリペイ・サービスの存在がある。年間１１８兆元（約１８８０兆円）に上るアリペイの決済取引額は、中国のモバイル決済市場のシェアの半分以上を占め、独占的な地位に君臨している。

個人や零細事業者とのデジタル・タッチポイント（接点）によって販促コストを限界まで削減できるほか、利用者の関連データの分析から、利用者の信用力を数値化できるジーマ信用（芝麻信用、Sesame Credit）スコアもある。さらに、この信用スコアは、アリババ・グループのサービス利用やプラットフォームへの出店などにおいて、信用を守るように促すという牽制機能が働く効果もある。

モバイル決済市場での優位性から、アント・グループは金融機関が与信判断できない中小零細企業や信用情報のない個人を対象に、新たな市場を生み出せるようになった。２０２０年６月末時点で、信用貸付サービスの与信残高は２・１兆元（約32兆円）に拡大した。日本のメガバンクの三菱ＵＦＪ銀行の約３分の１、地銀最大手の横浜銀行の３倍の規模だ。

問われるリスク

目論見書では、パンデミックなどによる経済環境の急変はあったが、総じて不良率に大きな変化がないと記されている。しかし、規模の急拡大に伴い、不良率が少しずつ上がっていることは否定できない。

個人向け信用貸付サービスの場合、２０１９年12月31日時点の「返済期日が30日以上過ぎた不良債権（Ｄ３０＋）」と「90日以上過ぎた不良債権（Ｄ９０＋）」の比率は、それぞれ１・56％と１・05％だったのに対し、２０２０年７月末時点では、それぞれ２・97％と２・15％に増加した。

中小零細企業向け信用貸付サービスも同様の増加傾向がみられる。２０１９年12月末時点の「返済期日が30日以上過ぎた不良債権（Ｄ３０＋）」と「90日以上過ぎた不良債権（Ｄ９０＋）」の比率は、それぞれ２・03％と１・57％だったに対し、２０２０年７月末時点では、それぞれ増加した。ただし、このデータは２０２０年６月末までの１年間に

2000万社の中小零細企業にサービスを提供した結果であり、増加率はまだ緩やかな範囲と言える。

しかし、2020年下期に入り、世界で再びコロナ感染拡大による実体経済の不安定な状況が続いているなか、事業規模に対して大きすぎる融資残高を抱えるリスクを危惧し、金融規制当局が規制強化に乗り出した。

11月2日に「ネット少額貸付業務管理暫定弁法（意見招請版）」という規制が発表された。アント・グループのような金融機関と共同で信用貸付サービスを行う事業者に対し、融資金額の3分の1の資金拠出を求めるなど厳しい要求を突き付けた。

いままでアント・グループは融資する原資の数パーセントしか拠出していない。もし、規制を遵守するなら、アントは新たに与信残高を裏付けるための多額の資本増強や、全国で事業を展開するための免許申請を余儀なくされる可能性が出てきた。その結果、収益率の低下だけではなく、ビジネスモデルのフィージビリティ（実現可能性）にも大きな影響が出る恐れが出てきた。

以上を総合すると、アント・グループの上場延期の本質は、巨大テクノロジー企業の業務の境界線への後追い規制だ。上場による業績の圧力から過度な拡張に走ることを防ぐための「発車前のブレーキ」とも言える。

また、アント・グループは中国の決済インフラをも担うほど成長したが、その事業の根

図表3-4　信用貸付サービスの不良率推移

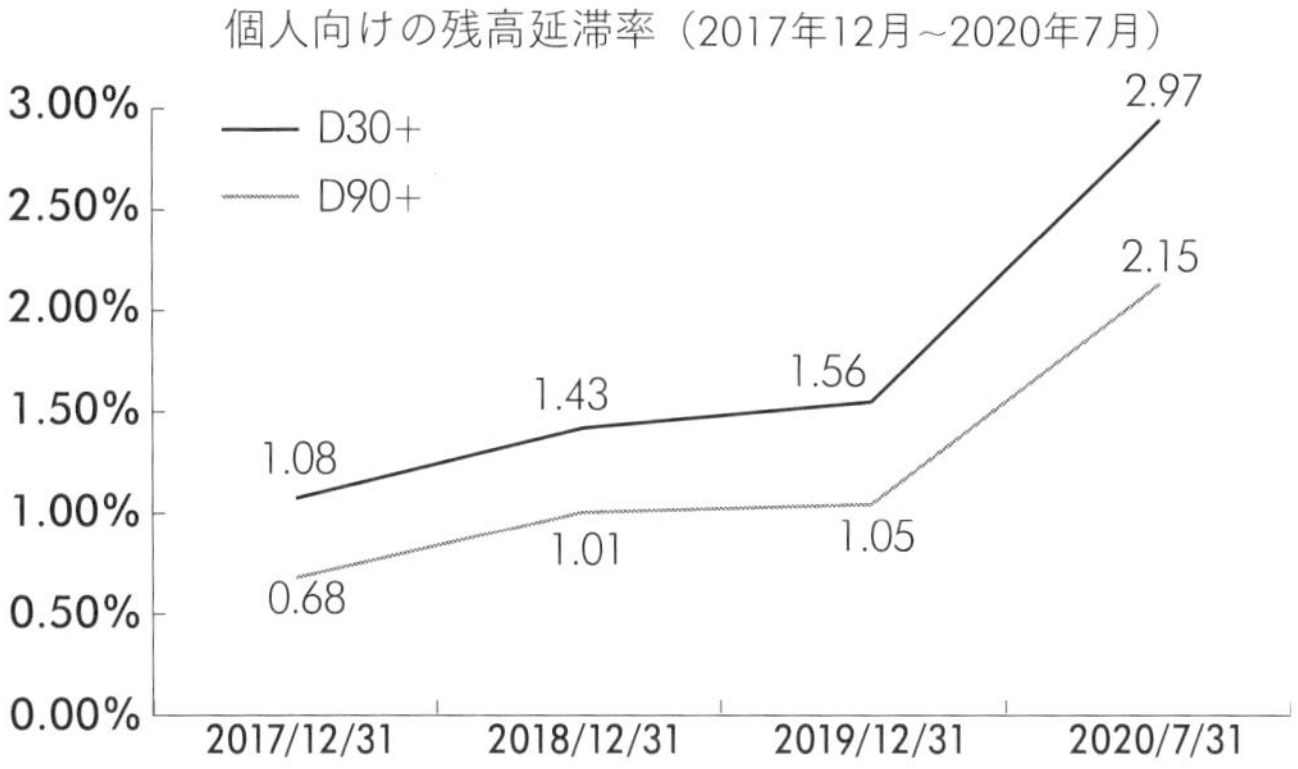

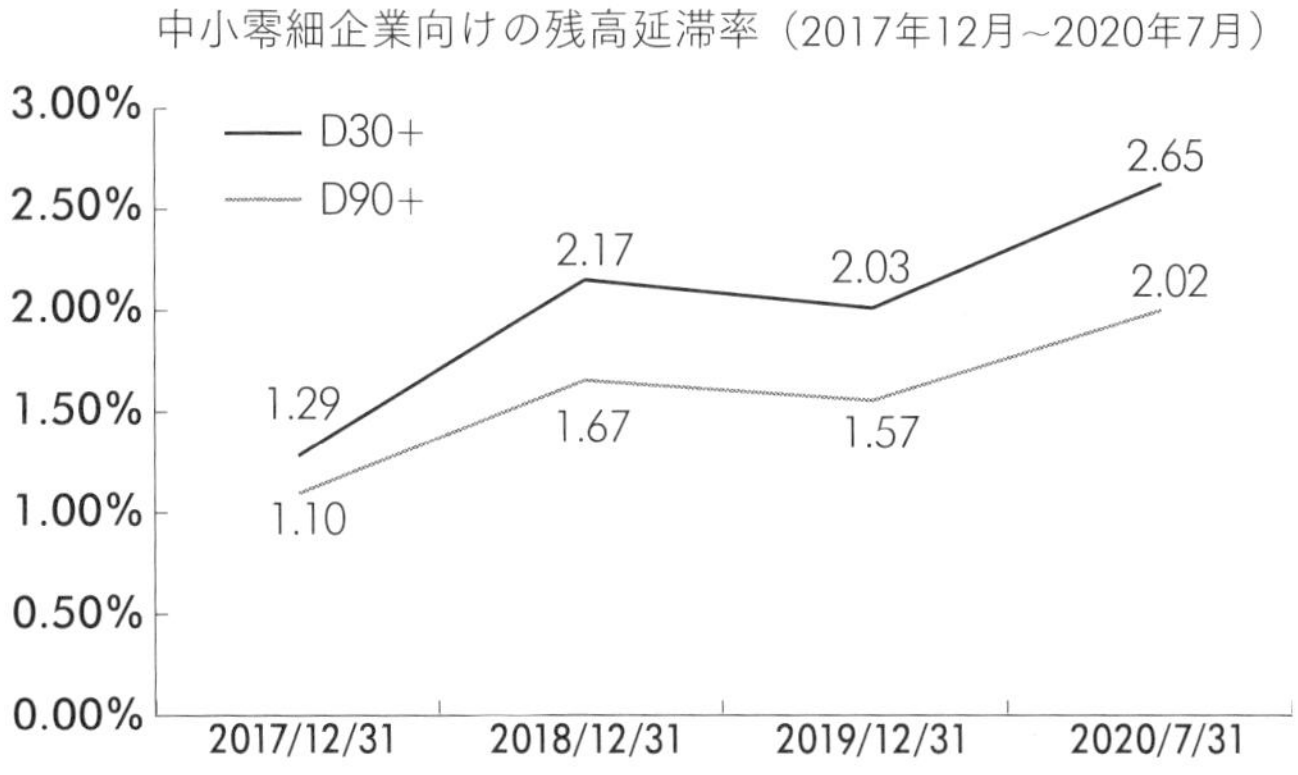

注：残高延滞率は、指定された日の時点で30日以上または90日以上延滞している融資の元金残高（書面による借入控除後）を、プラットフォームによって成約された融資の総元金残高（書面による借入控除後）で割ったものと定義されている。

出所：アント・グループ目論見書

幹が金融事業であるなら、他の金融機関と同様に厳格な規制を受けるべきとの意見が今回の規制につながった。

とはいえ、金融機関の側にはアント・グループ頼みという弱みがある。アント・グループと共同で金融サービスを展開するのは、金融機関単独では顧客との接点や生活サービスも含めたエコシステムを構築できないからだ。その結果、いままで信用情報のない多くの個人や中小零細企業は、他の金融機関からは容易には金融サービスを受けられなかったのだ。

アント・グループはこれまで、安価なデジタル決済サービスの普及と維持に巨費を投入してきた。その決済サービスから発展したプラットフォームのおかげで、多くの利用者が安心かつ便利な生活と公共サービスを享受できるようになった。

金融機関と共同で展開するサービスはあくまでその付加価値サービスの一環であり、アント・グループの競争力の源泉は金融ではなく、テクノロジーと、テクノロジーを活用した既存のビジネスモデルへの変革力であると筆者は見ている。

アント・グループの強さの秘密その1

テクノロジーを活用した変革力

２０１９年にアント・グループが研究開発に投入した費用は１０６・05億元に上り、前年比で53・６％増えた。収入に占める割合も８・８％に達している。２０２０年６月時点で、アント・グループの社員のうち、技術者は１万６４６人で、社員の64％を占める。

アント・グループが起こした一番有名な変革は、決済革命を引き起こしたアリペイ・サービスと、中国のFinTechの起爆剤となった「余額宝」だ。アリペイと余額宝のビジネスモデルや発展経緯の詳細は、前著『チャイナ・イノベーション』に詳細に記したので、ここでは割愛する。

最近、アント・グループのサービスに加わった保険テックサービス「相互宝」を例に挙げよう。

中国では未整備な医療保険制度もあって、重大な疾病を患う場合、医療費の負担によって中低所得者が破産に追い込まれるという深刻な問題が存在する。このような社会背景の下で、「０元で加入、先に保障を受けて後で支払う」というコンセプトで、２０１８年10月16日にアント・グループの前身アント・フィナンシャル（Ant Financial）と信美人寿相互保険会社が共同で発売した「相互保」という保険商品が人気を呼んだ。

相互保はジーマ信用のスコアが６５０点以上の人が健康条件を満たせば、無料（０元）で加入できる。40歳未満と40歳から59歳までの二つの年齢層に分けられ、悪性腫瘍など１００種類の重大な疾病に罹《かか》った場合、それぞれ30万元と10万元を上限に医療費の補助が得られる。

保険金は後日全員で分担する。最低３３０万人の加入が必要となる。加入方法も至って簡単で、条件を満たすアリペイ会員がアプリから数ステップの手続きを踏むだけで参加可能だ。加入手続きの手軽さと破格の保険金設定が、ネット上で大きな話題を呼んだ。発売してわずか９日間で加入者数が１０００万人を突破した。これは中規模の生保の年間顧客獲得数に匹敵する。営業費用をほとんどかけずに加入者を一気に獲得した手法は、余額宝を彷彿とさせる。

発売して約1カ月後、当局の規制によって信美人寿はこの商品から撤退した。同時に、アント・フィナンシャルは相互保を「相互宝」と改名し、重大疾病保障のＰ２Ｐ互助サービスとして存続させた。その際、サービス規約も次のように改訂した。

図表3-5　相互宝のビジネスモデルと伝統的な保険ビジネスの比較

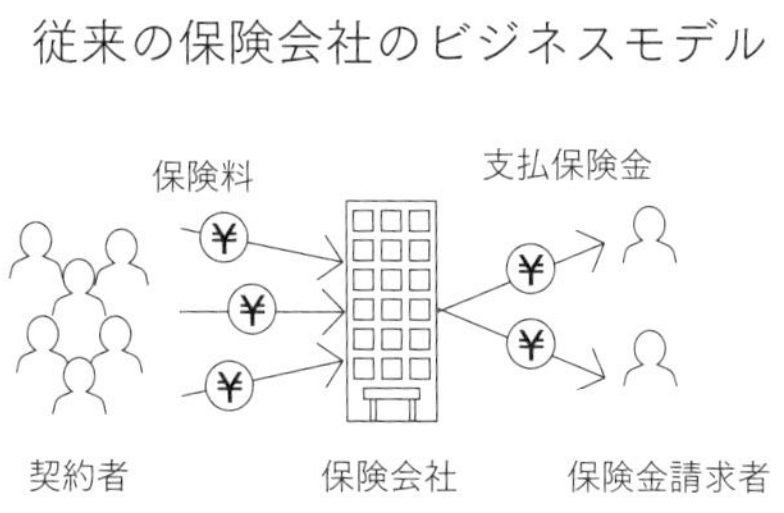
保険会社の利益＝保険料-事業費-支払保険金

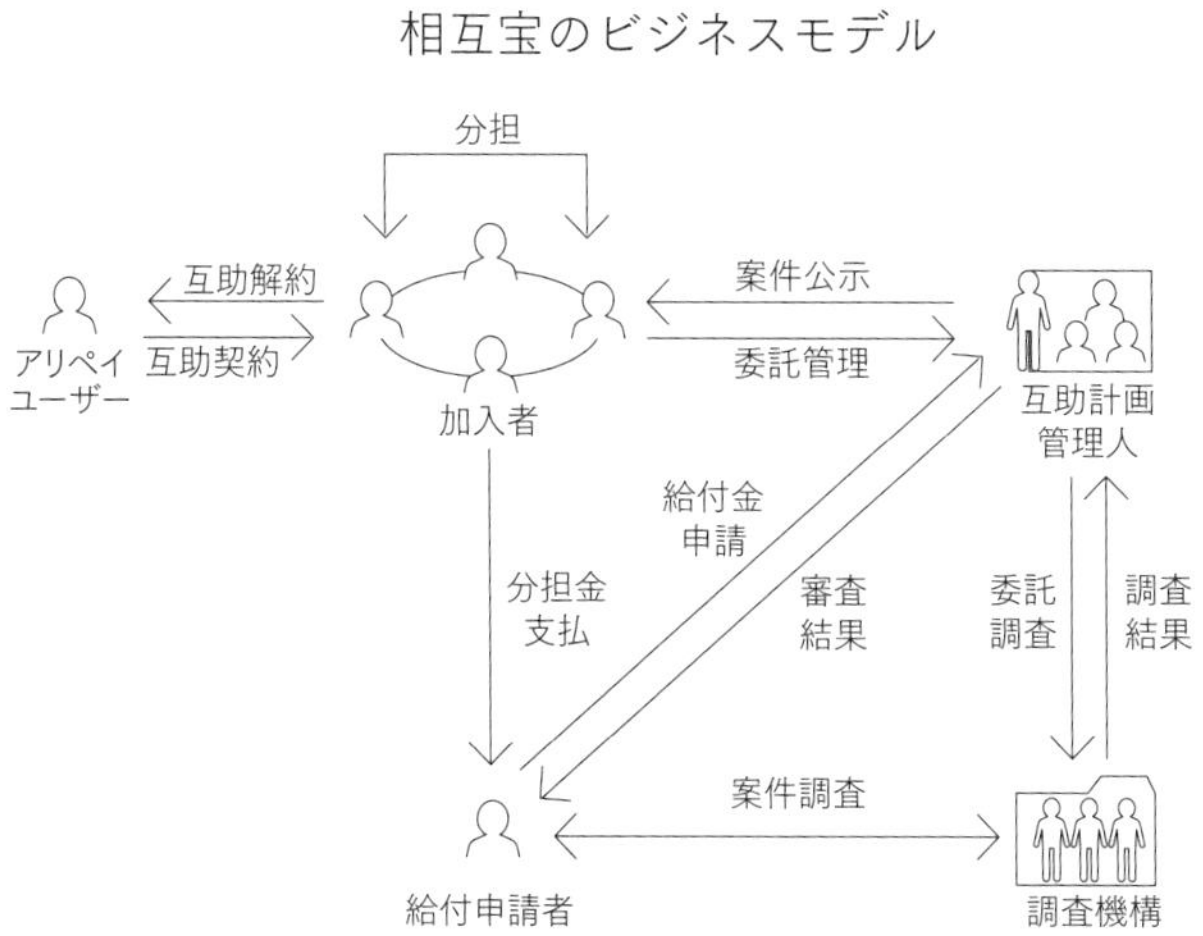

アント・グループの取り分＝支払給付金の総額の8%

出所：アント・グループ研究院「ネット互助業界白書（2020）」を参考にNRI作成

「各加入者の分担金は年間188元を上限とし、それを超える部分はアント・フィナンシャルが全額を負担する。運営会社の管理費も当初の10%から8%へと低減する。契約期間中、もし加入者数が当初前提条件としていた330万人より少なくなった場合も、すぐに解散せず、少なくとも1年間は継続する」

図表3－5で分かるように、伝統的な保険会社のビジネスモデルと違って、保険金の支払いが多ければ多いほど、運営企業のアント・グループが得られる運営費用が多くなる。つまり運営企業と加入者の利害が一致している。

2020年11月時点での相互宝の加入者数は1億845万人を超え、月当たりの分担金は約8元前後となっている。保険商品と違い、保障の支払いに関する厳格な義務を課されていないが、定額の掛け金を前払いする医療保険と比べて負担コストが少ない点、分担金によって人を助けられるというモチベーションが多くの加入者を引きつけた。

アント・グループは先端技術を活用し、四つのポイントでサービスを設計し、これが成功すると、従来の保険会社のビジネスモデルを根本から覆すインパクトがあった。

●把握しているビッグデータ及び信用スコアによって虚偽申告への牽制が働く
●ブロックチェーン技術を活用して保険金の支払結果の公示を行い、透明性を確保することで信用力を向上させることができる
●膨大なユーザー基盤と便利な決済サービスによって、営業コストや保険金支払いなどの

事務コストを極限まで低減できる

●ＡＩ技術によるリスク分析やカスタマーサポートを行うことで、リスクの低減や業務の効率化につながる

ブロックチェーン技術の改竄不可・トレーサビリティなどの特徴を活用して、業務の効率化や透明性のある信用システムの構築につながった。従来の保険金請求は、大変複雑で時間のかかるプロセスだった。申請者に各種書類証明を出させる必要があるほか、保険会社は提出された書類に基づいて、事実確認しなければならない。相互宝の場合、加入証書、支払った事案及び金額などの記録がブロックチェーン上でタイムスタンプ付きで保存されているため、その信憑性と透明性が担保され、審査の時間短縮だけでなく、事後の監査も容易に実施できる。

アント・グループの強さの秘密その２

〝ＢＡＳＩＣ〟技術で前人未踏のチャレンジ

アント・グループに関する報道は、アリペイ・アプリをはじめとした消費者向けサービスに目が行きがちだが、実はクラウド上で構築されている、いわゆる〝ＢＡＳＩＣ〟という五つのコア技術がアント・グループの技術革新の中核である。

〝ＢＡＳＩＣ〟は、Blockchain（ブロックチェーン）、ＡＩ（人工知能）、Security（セキュリティ）、ＩｏＴ、Cloud Computing（クラウド・コンピューティング）の頭文字の略語だ。アント・グループが展開している金融関連サービスで、消費者と金融機関を「つなぎ」、「リスク・コントロール」と「信用創造」の実現を可能にしているのが〝ＢＡＳＩＣ〟だ。

例えば、ブロックチェーン技術ではアント・チェーンＢａａＳ（Blockchain as a Service）を外部に提供し、２０１９年度から商用化して収入を得ている。２０２０年６月末までの１年間で、日別で１億回のデータ（特許、売掛債権など）の書き込みがあり、商流ファイナンスやデジタル・アセットの流通における応用を実現した。代表的な事例として、香港・フィリピン間の海外送金、浙江省の健康保険関連の自動精算、著作権の登録と権利確認がある。

２０２０年7月31日までにアント・グループが取得したブロックチェーン関連特許件数は５８３件で、審査が通過して認定待ちの特許数は３０３件。その他、申請中の特許が５３１７件に上り、件数としては世界1位だ。

人工知能を活用したインテリジェントなリスク・コントロール・システムのAlphaRiskが不正検知やリスク評価に応用され、安全で信頼できるプラットフォームの構築に大きな役割を果たした。AlphaRiskはリスク・コントロール・モデルの自己学習および自己進化分析プロセスを通じた同社の高度なリスク計算アーキテクチャーに基づいており、膨大な決済トランザクションに対してリアルタイムで複雑なリスク管理を行っている。

AlphaRiskは人間の介入なしに、不正アクセスを自動的に分析し、迅速に対策を講じる。２０２０年6月末までの12カ月間では、AlphaRiskによってアント・グループは不正取引による損失率を１０００万分の０・６以下に抑えることができた。これは５０００億米ドルを超える大手決済機関の中でも、最高レベルの堅牢性を意味している。

プラットフォーマーのインフラ化とデジタル人民元

アント・グループの上場延期という衝撃には、深層原因としてもう一つ、プラットフォーマーのインフラ化への規制当局側の危惧が挙げられる。

アリペイ・サービスは当初、単にEコマースにおける買い手と売り手の信頼問題を解決するためのエスクロー（第三者預託）サービスとして2004年にスタートした。金融機関が見向きもしない手数料の安いサービスでもあった。

しかし、消費者と加盟店の課題や悩みを一つ一つ丁寧に対応していくうちに、アリペイ・アプリが国民のお財布となり、10億人以上の利用者と8000万店以上の店舗（月次アクティブ店舗数）及び2000社以上の金融機関とつなぐプラットフォームに成長した。いまや、1000種類以上の生活サービスをカバーし、市民のモビリティ、都市生活、公共サービスを支えている。ここには、膨大なデータが日々蓄積されている。

前著『チャイナ・イノベーション』で、アリババ・グループ創業者の馬雲が2014年の講演で語った次の言葉を紹介した。

「時代はＩＴからＤＴ（データ・テクノロジー）へと移行し始めた。データはガソリンと同じように、経済活動の動力源となる」

数年経った今、この言葉は現実となり、データが中国のデジタル経済発展の必要不可欠なインフラとなったと同時に、膨大なデータを蓄積したアリババやテンセント、アントといった巨大プラットフォーマー企業が、電気やネットワークを提供するインフラ企業同様、巨大な影響力を持つようになった。

中国人民銀行が法定デジタル通貨であるデジタル人民元の実用化を急ピッチで進める背景には、既存の金融システムの外にある民間プラットフォーマーに膨大なデータが蓄積されていることへのリスク対策と、民間企業同士が競争上互いにデータを開放しない「データの独占」による非効率を解消したいという狙いがある。

デジタル人民元が正式に運用されれば、アリペイはじめ決済事業者に大きな影響を与えることは間違いない。その運用方法によっては大量のデータを把握できなくなり、データを競争力の源泉とするアリペイ・アプリのビジネスモデルが存続できなくなる恐れもある。

デジタル人民元の詳細は第7章で説明するが、アリババやテンセント、アントのようなインフラ化したプラットフォーマーを取り巻く環境が数年前と様変わりしたのは明らかだ。

「銀行が変えなければ、われわれで銀行を変えよう」という馬雲の有名な言葉に多くの人が共感し、アント・グループが既存の金融サービスの間隙を突いたディスラプター（革新的破壊者）として人々から大きな支持を得てきた。金融ビジネスの本質がデータビジネスとなったいま、「データは誰のものか？」が改めて問われている。

プライバシー保護と公平な競争の担保、金融とテクノロジーの境界線の再定義、規制に対応する形でのビジネスモデルの見直しなど、突きつけられている課題のどれをとっても、アント・グループの今後の道乗りは平坦とは言えない。しかし、これまでの革新的な姿勢を失うことなく、イノベーターであり続けてほしい。

第 4 章
巨大プラットフォーマーの次の一手

Chapter 4.

The Next Step of Giant Platforms

清華大学のオンライン授業。2020年2月（ロイター/アフロ）

北京市内のスターバックス。2020年9月（AP/アフロ）

「We live in AT」――プラットフォーマーのインフラ化

「We live in AT」

ATとは、アリババとテンセントの頭文字。もはやアリババとテンセントという二大プラットフォーマーのサービスなしに中国国民の生活は成り立たない。

消費、生活、コミュニケーションから、仕事、教育、新型コロナの接触アプリ「健康コード」といった公共サービスまで、アリババとテンセントが構築したプラットフォームが利用されている。電気、ガス、道路、ネットワーク抜きで生きていけないと同様、もはや中国国民はウィーチャット（WeChat）もアリペイも手放すことができない。

2020年8月、トランプ米大統領が国家安全上のリスクになっていることを理由に、バイトダンスのTikTok、テンセントのWeChat事業と関わる取引を米国居住者が行うことを禁止する大統領令に署名した。

WeChat利用の実質禁止措置は、利用によって蓄積された個人や仕事上のデータをすべて失うことになり、米国内の利用者から強い反発を受けた。中国系弁護士を中心に「禁止は米国市民の自由な言論権を損なっている」として禁止の撤回を求める訴訟が起こされた。その結果、サンフランシスコ連邦地裁は、全国的な禁止を一時的に停止した。安全保障上の脅威を取り除く行政措置を、司法が停止する異例の展開となった。

この禁止令は、アップルにも影響を与えた。WeChatがアップストアからダウンロードできなくなることが現実となった場合、中国国内のiPhoneユーザーはWeChatを使うためにiPhoneから他のデバイスに乗り換えてしまうからだ。それぐらいWeChatは人々の生活に深く入り込み、必要不可欠なツールとなっているのだ。

3億人のリモートワーク、1億2000万人のオンライン授業

新型コロナとの戦いの中でも、プラットフォーマー2社は大きな役割を果たしている。自社のビジネス・インフラを無償で社会に提供し、企業がリモートワーク、学校がオンライン授業に容易に切り替えられるように手助けしたのだ。

テンセントは300人が同時参加できる会議システムTencent Meetingを無償公開し、多くの企業のリモートワークを支援した。1日当たりアクティブ・ユーザー数が1000万

を超える日もあった。1月29日から2月6日までの間はアクセスが殺到したため、連日Tencent Meetingの基盤となるクラウドシステムの拡張を行い、1日当たり平均1万5000台のサーバーを追加投入した。投入されたサーバーは合計10万台に上った。

アリババは統合型コラボレーション・ツールDingTalk（釘釘）を企業や学校などに無償公開した。そのダウンロード回数は11億を超えた。旧正月明け初日の2月10日、学生5000万人、教師60万人がDingTalkを利用して、オンライン授業を行った。

新型コロナによる外出自粛期間の1月末から2月上旬にかけて、1800万社以上の3億人強がリモートワークを行ったというデータがある。オンライン授業は、全国14万校290万クラス、都市と地方の差がほぼなく、すべての地域の学生1億2000万人をカバーした。*

Tencent MeetingやDingTalkは、従来のアリババやテンセントが得意としていた消費者向けサービス（2C）というより、事業者向けサービス（2B）に分類できる。ネット人口の伸びが鈍化するのに伴い、危機感を抱いたアリババとテンセントは従来の消費者向けサービ

＊リモートワークのデータは、調査会社iiMedia Researchの報告書「2020年中国新春遠隔勤務業界ホットトピック報告」。オンライン授業のデータは、人民日報日本語版2020年3月16日記事「国連が全世界の学生に推奨した釘釘　続々ツッコミが入るのはなぜ？」。

スだけではなく、企業向けサービスにも注力している。

アリババの中期戦略がめざす"One New Eco-System"

２０２０年９月、アリババ・グループ会長兼ＣＥＯの張勇（ダニエル・チャン）は、「２０２０年投資家大会」の席上、「国内需要、クラウド・コンピューティングとビッグデータ、グローバル化という３つの成長エンジンによって、アリババには今後３～５年間に11の戦略上重要なビジネス・チャンスがある」と語った。

張勇が示した戦略的なビジネス・チャンスは以下の通り。

（１）デジタルユーザー数のさらなる増加

（２）アリババのデジタル・エコノミー内でユーザーが購買できる製品のカテゴリー、総額の増加

★（３）消費者分析を通して供給を新たに拡大し、さらに供給側の能力を上げる

★（４）オンラインとオフラインのそれぞれの小売事業者に対して、デジタル技術を利用してデジタル革新と改善を行う

（５）アリペイをデジタル決済の完結（digital check out）からデジタルライフの出発点（digital check in）へとアップグレードさせる

★（６）アリババ・ビジネス・オペレーティング・システム（ＡＢＯＳ）によって消費者向け製品を扱う企業がエンド・ツー・エンドのデジタル経営を実現できるよう支援

★（７）物流産業チェーン全体の構成要素のデジタル化とスマート運用

★（８）すべての企業が従来のＩＴインフラをクラウドに置き換える

★（９）企業はクラウド上の共同オフィスに全面的に移行

★（10）小売、金融、公共サービス、交通、医療などいくつかの業種で「クラウド＋ビッグデータ＋スマート・アプリケーション」を確立

（11）アリババのデジタル・エコロジーをグローバル市場向けに展開

張勇が挙げるエコシステムのユーザー数、根幹となるＥＣ事業のさらなる成長、アリペイの消費者への入口という役割のさらなる強化は、世間によく知られた戦略だ。

筆者が注目するのは、その11の戦略的チャンスの半分以上（★印）が、企業のデジタル革新やエンド・ツー・エンドのデジタル経営への支援を戦略的チャンスと捉えていることだ。

その重要な支援策の一つは、２０１９年1月11日にアリババのONE Business（ワン・ビジネス）カンファレンスで発表された「アリババ・ビジネス・オペレーティングシステム」構想だ。

アリババのビジネスＯＳは、アリババが培ってきたブランド、商品、セールス、マーケティング、チャネル、製造、サービス、金融、物流サプライチェーン、組織マネジメント、情報技術といった11ものビジネス要素を統合したビジネス・インフラである。

効率のいい新製品開発、新規顧客の獲得、組織能力の活性化（新組織）の三つの「刷新」を促進し、エコシステムに入っているパートナー企業のデジタル・トランスフォーメーション、つまりビジネスのオンライン化とデジタル化を支援する。

パートナー企業はアリババのエコシステムに蓄積されたデータを通じて、オンラインとオフラインの双方から多角的に顧客を理解することが可能となる。

アリババのビジネスＯＳのイメージを図表４－１に示す。

スターバックスのデジタル変革と米国への逆輸入

このONE Business大会で、アリババは「A１００戦略パートナーシップ・プログラム」を同時発表した。１００社のデジタル変革を支援する計画である。

上海を拠点とする１９７６年創業の老舗アパレルブランド、波司登（BOSIDENG）もこの

図表4-1　アリババのビジネスOS(ABOS) の概念図

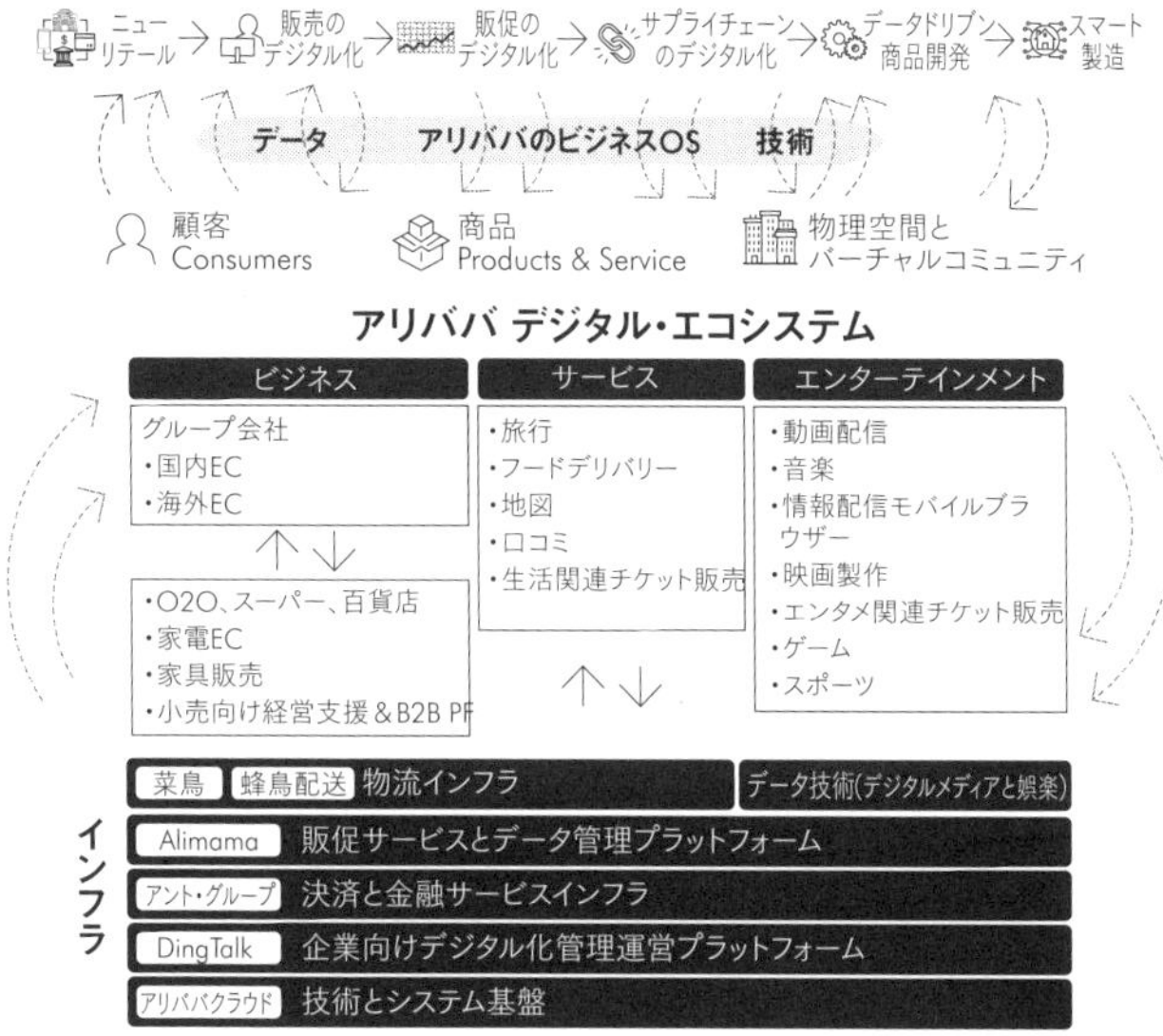

出所:「一点財経」掲載記事「なぜアリババはビジネスOSを作れるのか」、アリババの発表資料などを参考にNRI作成。

戦略パートナーの1社だ。BOSIDENG社の売上の大半は季節性の強いダウンジャケット事業によるもので、売れ残りによる在庫処分が大きな課題だった。

BOSIDENG社はアリババのビジネスOSを活用して、従来各地域に散在していた倉庫や店舗の在庫データ、オンラインショップの在庫データを統合し、オンラインショップとオフライン店舗の注文データ、販売データとの関連付けに取り組んだ。

その結果、BOSIDENG社の欠品ロスは21%減少し、完売率も前年同期比10%アップした。アリババとの提携を通じてBOSIDENG社は消費トレンドをより的確に把握できるようになった結果、それに基づく商品開発が可能となり、発売からわずか5分で完売した商品も生まれた。

米国生まれのコーヒーショップ・チェーン、スターバックスは、成長著しい中国市場を重視し、20年前に中国市場に進出した。厳選されたコーヒー豆のみを使用したコーヒーを提供することで、中国でも多くのファンを獲得した。中国国内に3600店舗以上を展開し、700万人以上の会員をもつトップチェーンとして君臨してきた。

同社は商品や居心地のよい空間へのこだわりという創業以来の強みを活かし、米国のビジネスモデルをそのまま中国に持ち込んでいた。そのため、従来はデジタル化に積極的ではなかった。

ところが、近年になって状況が一変する。成長市場を狙って新規参入が相次ぎ、市場は瞬く間に戦国時代に突入した。ケンタッキーフライドチキンは、２０１９年の1年間で1億３０００万杯のコーヒーを販売した。中国マクドナルドは今後3年間、傘下のコーヒー専門ブランド「マックカフェ」の店舗を中国全土で４０００店以上に増やす計画だ。

加えて、新興の瑞幸コーヒー（Luckin Coffee、ラッキンコーヒー）も低価格戦略とスマホアプリを活用した待ち時間短縮戦略で参戦、「2杯注文すると1杯無料」のデジタル・クーポンが絶大な人気を得て、あっという間に店舗数でスターバックスを上回った。

競争激化に直面して、デジタル変革に消極的だったスターバックスもついに重い腰を上げ、２０１８年8月、アリババと戦略提携してそのデジタル・エコシステムへの参加を決断した。

提携直後、コーヒーのデリバリー・サービス「専星送（STARBUCKS DELIVERS）」をリリースした。アリババ傘下のフードデリバリー・サービス「餓了麼（Ele.me、ウーラマ）」を通じ、3カ月かけて中国全土の30都市２０００店舗でデリバリー・サービスを展開できるようになった。コーヒーからフラペチーノ、軽食類まで、店舗で取り揃えているものはほとんど注文可能で、しかも30分以内に届けてくれる。

また、同年10月16日にはアリババのオフラインスーパー「盒馬（フーマー）鮮生」の店舗内に「外送星厨」の営業スポットが設置された。盒馬のキッチンシステムと配送網を活用することで、スターバックスの店舗のカバー範囲を周辺3キロ圏内に広げた。双方の会員システムやポイントシステムの連携も進め、個人の嗜好に合わせたカスタマイズコーヒーの提供による顧客体験の向上や、ポイント相互交換による相乗効果も生まれた。

スターバックスはアリババとの戦略提携に踏み切ったことで、販売チャネル・販売方法のオンライン・オフライン融合が実現できただけではない。それだけでは、アリババのビジネスOSの過小評価となるだろう。

アリババ・グループの18万ブランドを擁するオンライン・ショッピング・サービスのC2C「タオバオ」やB2C「Tmall」をはじめ、モバイル決済からデジタル生活サービスに成長したユーザー数7億人超の「アリペイ」、MAU（月間アクティブ・ユーザー）5・3億人の地図情報サービス「高徳地図」、国内フードデリバリー市場でシェア5割の「ウーラマ」などから、データに基づく消費者分析を提供してもらえるのが、アリババと提携する企業にとって大きなメリットだ。

アリババのエコシステム内には、多様で多岐にわたるサービスが備わっている。消費者がエコシステム内にいる時間が長くなればなるほど、利用頻度も高まる。ビデオ配信のYouku、ウーラマ、高徳地図などアリババのサービスやプラットフォームを5つ以上利用している消費者は、1カ月に27日間はエコシステム内にいるという。

こういった消費者分析を活用して、スターバックスは中国市場向けの新たな戦略を打ち出した。オフライン店舗は「コーヒー」を売るのではなく、多様な消費者ニーズを満たす

「サービス」を売る店に転換するのだ。

忙しいビジネスマン向けにテイクアウト専門店を増やし、新しく居心地の良い空間「体験」を売る店をデザインする。上海にオープンした世界最大店舗「スターバックス リザーブ ロースタリー上海」は、アリババのAR（拡張現実）テクノロジーを活用した仕掛けを導入した。店内でARアプリを起動させると、コーヒーの歴史、コーヒーの作り方、焙煎の仕方などをビジュアルに楽しみながら、学ぶこともできる。ショッピングコーナーでは、オフィシャルショップと連動する形でオンラインでの買い物も楽しめるようになっている。オンラインとオフラインの境界線がなくなったと実感できる。

スターバックスはアリババとの提携が予想以上に大きな成果を挙げたことから、同様の試みを米国でもUberEatsを提携相手として展開したいと考えているという。筆者は前著『チャイナ・イノベーション』で、デジタル変革が進む中国を東南アジア諸国が学んでいくと説明したが、中国の決済アプリの機能を海外の決済アプリが真似しているように、米国や日本など先進国も中国のデジタル変革を学ぶ段階に入ったようだ。

パパママストアをデジタル技術で活性化

アリババのデジタル・エコシステムは、思わぬところに影響を及ぼしている。それは、生活圏内にある個人経営の零細小売店、地域のパパママストアだ。中国全土に零細小売店は600万店以上あり、7割は中小都市や農村部に点在し、利用者は10億人以上いる。

取り扱う商品はさまざまで、食品や飲料、日用雑貨、文具、化粧品など全般を扱う雑貨店のほか、野菜や果物の店、肥料や農機具などの農業用品店、酒・タバコなど特定の商品を主に販売する店もある。

こうした店は店内が薄暗く、商品の品揃えも限られる。eコマースが発達するにつれて消費者の足は遠のく一方だ。加えて、スーパーなど大型店舗やコンビニの進出、経営者の高齢化によって経営難の店が増えている。

このような零細小売店に対して、アリババは自社が持つ膨大なデータとブランドへの影響力、物流システムなどを使って仕入れから商品陳列、在庫管理、販促まで、デジタル化を武器に店舗運営の効率化を支援することに乗り出した。

そのために開発したのが、零細小売店と日用消費財ブランドをつなぐB2Bプラットフォーム「LST（零售通：Ling Shou Tong）」である。物流、マーケティングなどの機能を通じ、ビッグデータを活用した予測をベースに効果的な店舗運営を可能にする。つまり、「コンビニと同様の運営システム」を安価に提供するものだ。

個人の商店主がLSTを利用するのは簡単だ。まず自分のスマホでLSTのアプリをダウンロードする。携帯電話番号など必要事項を記入して登録し、次に自分の店舗を入力する。アプリで規定のフォーマットに沿って営業許可証の写真、自分自身の顔写真、店舗の外見写真を撮影してアップロードし、さらに営業形態や店舗面積など必要事項を記入して送ると、早ければ翌日、遅くとも数日のうちに審査結果が返信されてくる。審査に通れば、LSTを使うことができる。

買物と同じ感覚で、プラットフォーム経由で消費財ブランドから商品を仕入れることができる。LSTはアリババのビッグデータと連動した店舗周辺の顧客分析に基づき、店舗に最適な商品構成のレコメンドを行い、適切な売価の提案も行う。

品揃えの提案は、見込み顧客によって「中高年」「オフィス街ホワイトカラー」「小学生と文具」など約40種類がある。提案に従って商品構成を変更したところ、売上が30％以上伸びた事例もあった。

コンビニのフランチャイズ加盟金は30万元～60万元（約480万円～960万円）と高額だ。

それに対し、ＬＳＴへの加盟では２０００元（約3万２０００円）でＰＯＳ機を購入し、２万～３万元（約30万円～45万円）で陳列改善指導を受けるだけで済む。それだけでもコンビニの70％の機能を実現できるという。

従来、１店舗あたり平均30社の取引先から仕入れる必要があったが、ＬＳＴに一本化することで事務的負荷も軽減できる。また、「ウーラマ」と連携した近隣への商品配達サービスも提供でき、販売機会の増大にもつながる。

消費財ブランドや代理店にとっては、これまで手が届かなかった全国津々浦々の数百万店に販路を拡大するチャンスだ。ある日系食品メーカーの例では、商品を卸していた中国国内の店舗は１０００店舗に過ぎなかったが、ＬＳＴの利用を始めてから一気に４０００店舗に拡大した。ＬＳＴ導入後、売上も前月比で5倍増えたという。

零細小売店側にはＬＳＴの利用によって商品の選択肢が大幅に広がり、仕入れの自由度が格段に増すというメリットがある。２０１６年にスタートしたＬＳＴ事業は、４年で加盟店が１５０万店に急成長した。

このように、アリババはデジタル変革の波で置き去りにされている小規模店舗との共存共栄の道を切り開いた。

アリババの壮大な「Five New」戦略

アリババのデジタル変革は得意とするリテール分野に留まらず、2016年には「Five New」戦略（図表4－2参照）を打ち出した。リテール分野からスタートしたそのデジタル変革は、製造業、金融、技術、データ基盤を視野に入れるほど壮大だ。

2018年グローバル投資者大会で、アリババ・グループ総帥の馬雲は「Five New」戦略の実現を通して2020年までにアリババ・エコシステムにおける流通取引総額（GMV）を1兆ドルにまで伸ばし、米国、中国、欧州、日本に次ぐ世界第5位の経済プラットフォームになることをめざすと意気込んだ。

加えて、「2036年までに世界で1億人の雇用を創出し、20億人の消費者にサービスを提供し、1000万社の中小企業がアリババのプラットフォーム上でビジネスができるようにする」と壮大なビジョンを掲げた。

アリババの発表によると、2020年3月31日までの12カ月間のGMVは7兆5300億元（約120兆円）に達し、数年前に設定した1兆ドルの目標を予定通り突破した。

ただ、その「Five New」戦略には懸念もある。供給から販売、それらを支えるデータ基盤、ファイナンスなどすべてをグループ内に抱え込む「垂直統合」の発想は、既存の業界構造を破壊する力を秘めている。その結果、アリババが至るところに「敵」を作ってしまう可能性も生まれてくる。当然といえば当然だが、後に既得権を持つ者との軋轢《あつれき》が強まり、この戦略は厳しい局面を迎えることになる。

スマート製造"Made in INTERNET"

「Five New」戦略が提唱された当初、「ニュー・マニュファクチャリング」以外の戦略は、世間に広く知られていた。しかし、ニュー・リテールやニュー・テクノロジーでは相次いで成果が上がるなか、「ニュー・マニュファクチャリング」だけは数年経っても一向に目立った動きがなかった。馬雲がめざしたエンドユーザーのニーズに沿って工場が柔軟に対応する新しい製造モデル「C2M（Customer to Manufactory）」は、そう簡単ではなかった。

C2Mは、メーカーやブランドが自社で企画・生産した商品を流通業者や通販サイトを介さずに直接消費者に販売するD2C（Direct to Consumer）とは少し違う。メーカーの自社販

図表4-2　アリババの「Five New」戦略

・顧客起点で、オンラインとオフラインが融合される
ニューリテール
ニューファイナンス
・データによって構築される信用システムがフィナンシャル・インクルージョンの実現を可能に
・人工知能、量子コンピューティング、チップテクノロジー、ビジュアルコンピューティング、自然言語処理(NLP)、自動運転、ブロックチェーン、5Gなどの最先端技術が革新的な変化をもたらす
ニューテクノロジー
ニューエネルギー(データ)
・データは、水、電気と同様に、新たなエネルギー源となる
・従来の標準化と規模化のモデルからパーソナライゼーション化とスマート化へと転換する
ニューマニュファクチャリング
3D
・未来、全てのビジネス要素や社会要素がデータ化とインテリジェンス化の時代に

出所：公開資料などを参考にNRI作成

売データだけでなく、他社の販売データも持つアリババがビッグデータに基づいて消費者のニーズを分析し、メーカーの企画機能を支援する仕組みも組み込まれている。

しかも、メーカーの生産プロセスとの連携をデジタルで実現することをめざしている。

２０２０年９月、ベールに包まれていたニュー・マニュファクチャリングがようやく姿を現した。新しい製造モデルを初めて採用したデジタル工場「迅犀（シュンシー）デジタル工場」（Xunxi Digital Factory）が、アパレル業界を最初のターゲットにして立ち上げられたのだ。

従来の大量生産・大量消費を前提とするアパレル工場のデジタル化を推進し、リアルタイムにキャッチした消費者の嗜好変化に迅速に対応できるように、パーソナライズされた商品の生産を可能にする仕組みだ。つまり、「ファッションのオンデマンド生産（Enable on-demand fashion production）」である。

なぜアパレル業界を最初のターゲットにしたかと言えば、アパレルはアリババのｅコマース事業の重要な顧客で、売上の約４割を占める。ところが、多くの企業の生産サイクルは長く、同質化競争から抜け出せないまま、マイナス成長が続いている。

加えて、消費者ニーズが多様化し、購入の多頻度化が進んだことで、トレンドの変化についていけずに大量の在庫が生まれ、廃棄ロスにつながっていた。ｅコマースによって消費者がスマホから簡単に検索でき、常に安いものを求めるようになっているため、価格競争に陥りやすい。

こういったビジネス環境の変化により、企業が先に生産してから販売する従来型のM２Cモデルは、もはや持続できない。産業全体のデジタル化を推進することで、消費者にとって魅力的な商品を豊富に提供し、企業の業績向上につなげると、結果的にアリババのエコシステムも繁栄する。

アリババは迅犀デジタル工場を立ち上げ、二十数名のトップレベルの技術者を派遣した。プロジェクト責任者は、フランスに本社を置くスポーツブランド「デカトロン（Decathlon）」社アジア太平洋地区サプライチェーン責任者やユニクロのグローバル・サプライチェーン・生産の責任者を歴任した人物で、アリババの本気度が分かる。

伝統的なアパレル企業と比較したこのデジタル工場のイノベーション・ポイントを図表４－３にまとめた。

アリババのデジタル・エコシステムに蓄積している膨大な販売データに基づき、消費者ニーズをＡＩを使って分析・予測し、ＩｏＴ、ＭＥＳ（Manufacturing Execution System：製造実行システム）などの技術を統合して、データ分析に基づいたフレキシブルな生産を実現する。具体的に、以下５つの強みがある。

▼需要分析ブレイン

アリババのＥＣサイトに蓄積された消費者の需要をビッグデータや自然言語処理などの技術を生かして分析し、消費トレンドを予測し、大量生産モデルからオンデマンド生産モデルへシフトする。

▼デジタル化プロセス

トレンドの予測結果に基づき3Dシミュレーションやナレッジ・グラフなどの技術を生かしてデジタル化デザインを実現し、商品の開発期間を短縮することによって市場への俊敏なレスポンスを実現する。

▼自動スケジューリング

ビッグデータ、トータルプランニング、デザイン・シミュレーションなどの技術を生かして、オーダーとタスクをリアルタイムにマッチング・スケジューリングすることにより、作業停滞や作業中断を防止する。

▼オンデマンド供給網

データ分析に基づき、自動的に入出庫・配送・配置を行い、フレキシブルな調達・在庫管理・供給を実現する。

▼柔軟な生産態勢

自社開発のマネジメント・オペレーション・システム及びIoTとAI技術を生かして、生産ラインの迅速な変更を可能にし、小ロットのオーダーにも効率的に対応する。

迅犀デジタル工場は設立からまだ3年しか経っていないが、既に200社以上のアパレ

図表4－3　アリババの迅犀デジタル工場のイノベーション・ポイント

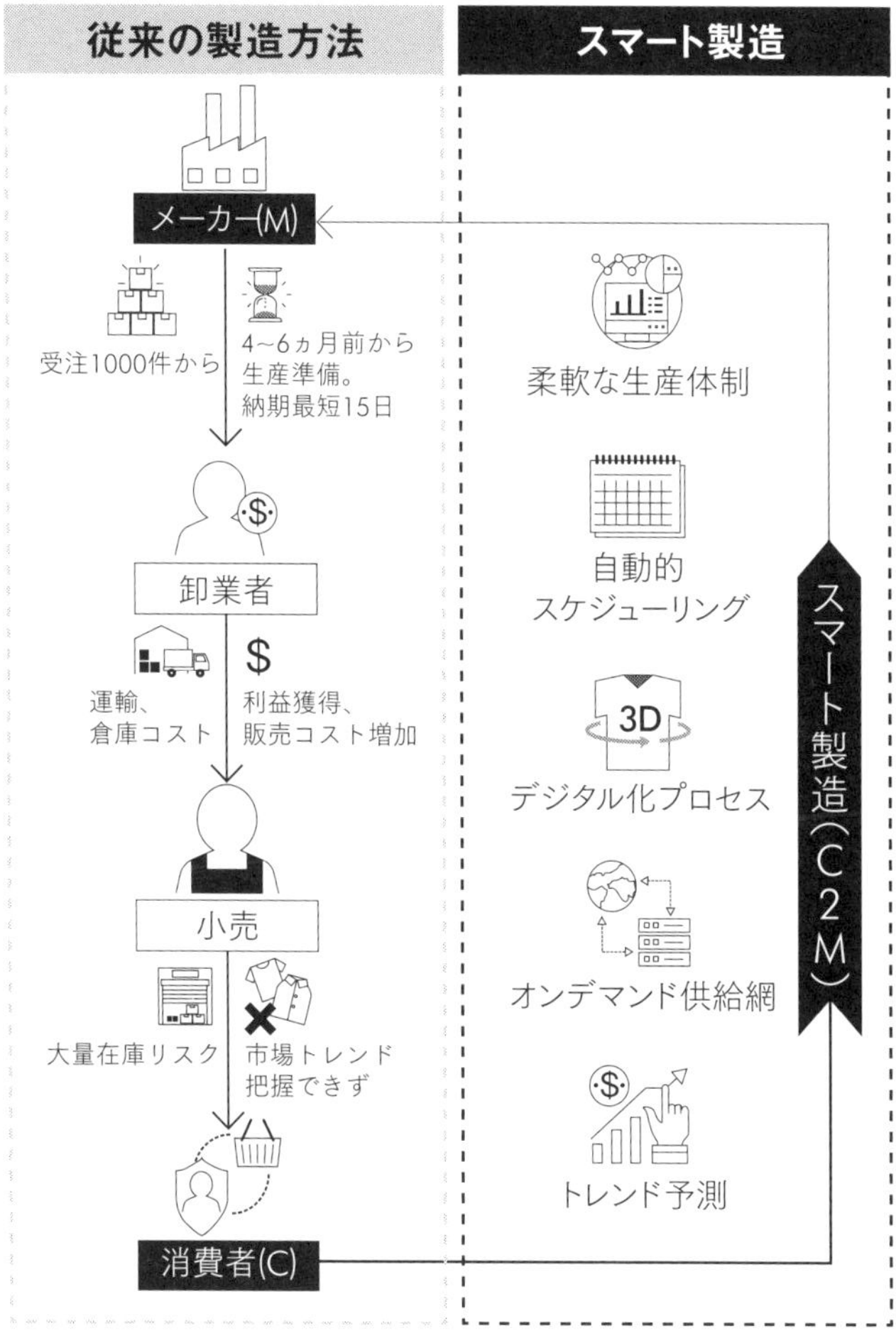

出所：NRI

ル企業にサービスを提供している。しかし、現時点ではまだ黒字化に至っていない。その理由は大きく二つある。

一つは、工場の設備投資が高額であることだ。

従来のスマート工場は生産の自動化を実現するため、あらかじめ順送りの生産プロセスを設計して、その設計に従って物理的設備を配置して生産ラインを構築すれば良かった。これは、効率よく単一製品を大量生産するのには向いているが、違う製品の生産に切り替える際に大きな変更が生じる。

これに対してアリババのデジタル工場では、生産設備などの物理要素を積み木のようにパーツ化にして、ソフトウェア上でプロセスを定義して、必要なパーツを組み合わせ、同じ空間内で見えない無数の生産ラインを定義して、同時に稼働させる。以下のような技術や設備を導入して、これを実現している。

- ＲＦＩＤタグ（非接触タグ）によって、すべての原材料をＩＤ化する（布１枚単位で）
- センサーを設置し、すべての物や人の状態や位置を検知できるようにする
- 自動で運搬するシステムを導入し、必要な物を作業員のもとに自動的に配送する
- より効率よく物を運搬するため、従来のコンベアやＡＧＥ（自動運搬車）以外に、工場の上部に独自の「クモの巣吊り型運搬システム」を設置する

このように、アリババのデジタル工場は従来のスマート工場とは一線を画し、さまざま

な設備や自動化技術を導入することにより、「プログラミング可能な生産ライン」を実現している。それに伴い、コスト高となる。

もう一つ、高額となる理由は人件費負担だ。初めての試みであるため、アリババの専門家だけではなく、アパレル業界や製造業の専門家との協業が必要だ。従来のやり方にこだわらない発想が求められ、ゼロからの模索が続く。業界初のソフトウェアやアルゴリズムの開発、既存の生産関連ソフトウェアの改修に時間がかかるほか、ＡＩ技術者などトップ技術者を投入する必要がある。

当時アリババ・グループ取締役会長だった馬雲は、「２０１７年世界モノのインターネット（ＩｏＴ）サミット」で次のような見方を示した。

「小売業で起きた変革に続き、次の革命は〝新しい製造〟を中心に起きる。今後、〝Made in USA〟や〝Made in China〟にとって代わり、〝Made in INTERNET〟時代に突入するかもしれない。未来の製造業の本質は、製造業ではなく顧客の体験を良くするサービス業となる。未来の製造業は、スマート製造に対応できないなら失敗するから、新しい時代の準備をしなければならない」

アリババがめざしているのは、5分で同じ商品を２０００個製造するのではなく、２０００個の異なる商品を5分で製造することだ。馬雲の予想からまだ3年しか経っていないが、「ニュー・マニュファクチャリング」実現までの道のりは長く、まだスタート地点に立ったばかりだ。

２０２０年11月、米大統領選挙の開票日の翌々日、トランプとバイデンの得票数推移をプリントしたファッション商品が中国のＥＣサイトに出品され、ネット上で話題となった。消費者ニーズを敏感にキャッチし、短時間でそれを商品に反映して世に送り出す。この馬雲の構想は、既に現実になりつつある。

テンセントの２Ｃから２Ｂへの転身

ｅコマースからフードデリバリーのような生活サービス、スマート製造工場まで自ら展開し、自社事業との結びつきが強める「密結合」のアリババとは異なり、テンセントはWeChatなどのＳＮＳサービスで構築した消費者との「デジタル接点」をパートナー企業にも公開し、企業と企業、企業と消費者をつなぐ「コネクター」に徹し、パートナー企業と緩やかに連携する「疎結合」を特徴とする。

これまでテンセントが提携してきた中国版UberのDiDi、ＥＣの京東、口コミサイトの大衆点評（のちの美団）などのサービスについて、個々の事業者に運営の自主性を任せるオー

図表4－4　テンセントの主要な事業の概要

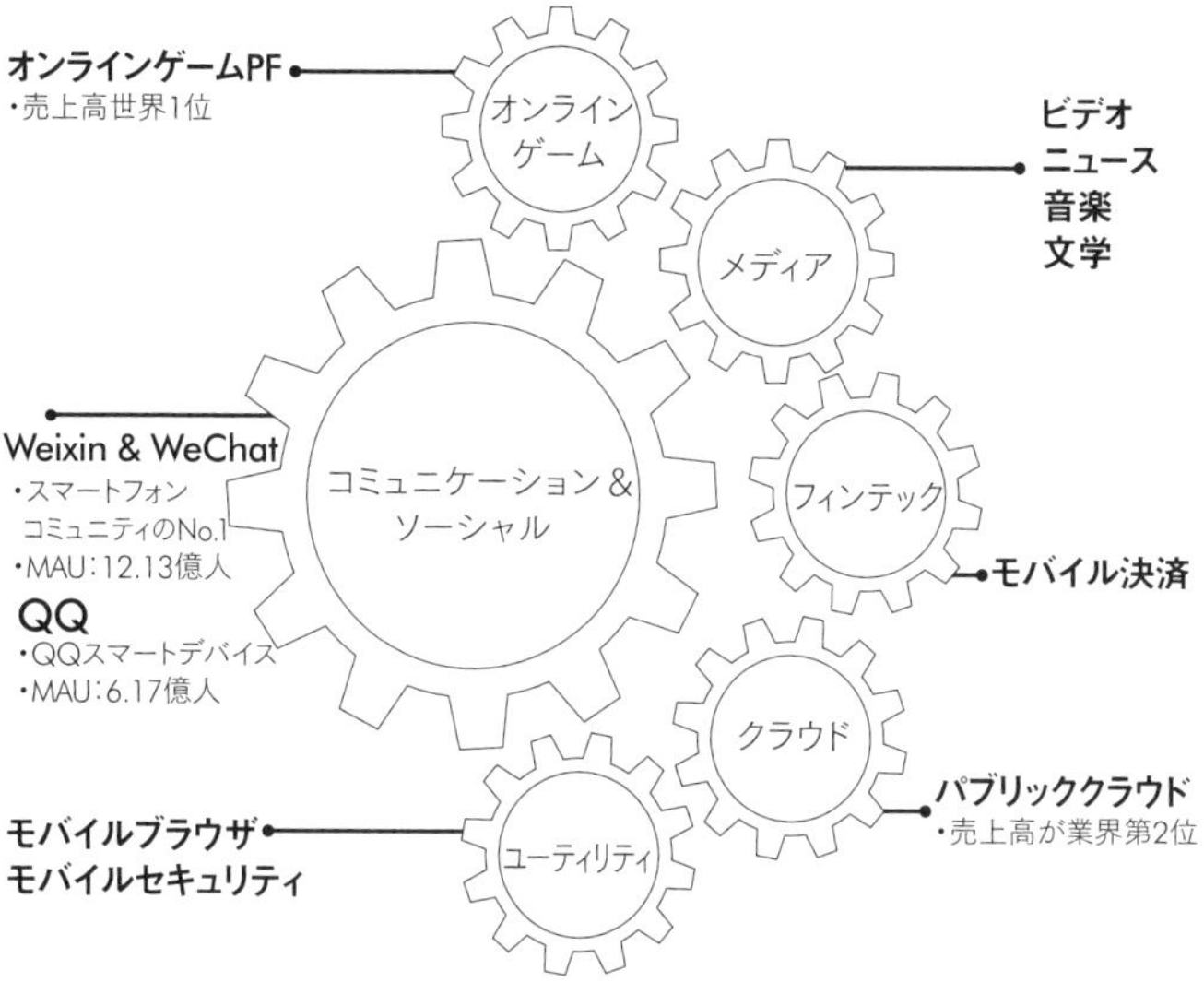

出所：テンセント2020年3Q企業紹介資料
https://www.tencent.com/attachments/3Q20CorporateOverview.pdf

プン戦略を取っている。

２０２０年９月末時点のテンセント発表の事業概要を図表４－４に示した。WeChat、QQ、ゲーム、メディアなどの消費者向け事業が根幹を担い、経営の原点はB２C（消費者向け）にある。創業時からのインスタント・メッセージ無料サービス「QQ」のMAU（月間アクティブ・ユーザー数）は若者を中心に依然として６億人を超え、２０１１年サービス開始のSNSアプリ「WeChat」のMAUは12億人を超える。国民の誰もが使うサービスとなっている。

しかし、中国のネット人口の成長率が頭打ちとなり、サービスの浸透が限界に近づくにつれ、テンセントも戦略の転換を迫られた。

アリババの野心的とも言える「Five New」戦略とは対照的に、テンセントは「産業のデジタル化」（中国語表記は「産業インターネット」）という、産業全体のデジタル化と企業のデジタル・トランスフォーメーション促進を支援する戦略を打ち出した。

それに合わせて設立20周年に当たる２０１８年９月30日、法人向け事業の集約を柱とする大掛かりな組織再編「９３０変革」を実行した。

テンセントは、これまでに２回ほど大きな組織再編を実施した。１回目は、事業の多角化にともなう部門間調整を円滑にするためにビジネスユニット制を採用し、２回目には事業部を再編してモバイル・インターネットと関連する商品・サービスを強化した。

今回の「９３０変革」の本質は、従来は「商品・サービス」を中心に編成されていた組織を、「顧客」中心に再編したことだ。再編に伴い、企業向け事業を統合した「クラウド・スマートインダストリー事業群」（ＣＳＩＧ：Cloud & Smart Industries Group）が新設された。

テンセントクラウド、ＡＩ、スマート・リテーリング、教育、医療、セキュリティ、自動運転、コネクテッドカー、ＬＢＳ（位置情報に基づくサービス）などのソリューションを統合した。人員が５０００人の大組織で、従業員数４万人のテンセントの中でも存在感が大きい。

このクラウド・スマートインダストリー事業群を牽引しているのは、テンセントのクラウド事業を担う「テンセントクラウド（Tencent Cloud）」に他ならない。いまやアリババに次ぐ中国第2位のクラウド事業者に成長したが、社内の枠を超えて他社、あるいは社会へのサービス提供、つまり2Bへの転身は、必ずしも順風満帆ではなかった。

テンセントクラウド事業は、アリババより2年遅く2013年に立ち上げられた。いままでの消費者向け事業は、テンセントが商品サービスをしっかりと設計し、顧客体験を良くすれば、その膨大なユーザー基盤に乗じて広がることはほぼ確実だった。しかし、企業向けはそう簡単ではない。

1回当たりの契約金額が消費者向けサービスの数千倍から数万倍になり、意思決定の主体が個人から会社に変わる。意思決定の仕組みやプロセスがより複雑になる。商品さえ良ければ売れるというテンセントの強みが通用しなくなり、発注企業のニーズを理解して、それに応じてカスタマイズされた提案が求められる。

企業のビジネスに俊敏性を提供

転機は2014年に訪れた。出資しているタクシー配車サービス滴滴出行（DiDi）は、アリババが出資する競合他社とのキャンペーン合戦によって利用者が急増した。当初、10%増と予想したが、それをはるかに上回る500%ものアクセスが殺到し、設立2年足らずのスタートアップDiDiのシステムは崩壊寸前となった。

万一、システムがダウンすれば、せっかく獲得した利用者が競合他社に流れてしまう。DiDiの窮地を知ったテンセントは直ちにベテラン技術者チームを派遣し、サーバ1000台を緊急調達した。7日間不眠不休で対応した結果、DiDiのシステムはダウンを免れ、安定して稼働を続けた。

後日、DiDiからテンセント宛に感謝状が届いた。

「兄弟」

ただ2文字だけが記されていた。

テンセントクラウドの支援があったから、いまのDiDiがある。そう言っても過言ではなかった。
この出来事をきっかけに、テンセントは自身のクラウド・コンピューティングをはじめとした能力をパートナー企業に提供するようになる。「命の半分をパートナーに差し出す」覚悟で、企業のデジタル・トランスフォーメーション、産業や社会全体のデジタル化を促進することに大きな意義を見いだしていく。

中国社会に定着したWeChatを経由して個人間で送りあう「デジタルお年玉」(微信紅包)は、2014年にテンセントが開発した。それが大人気となり、2015年の旧正月の大晦日午前零時から19時のあいだには、約2000万人が4億回のお年玉をやりとりした。ピーク時の1分間には10・1億回のアクセスがあった。

テンセントは、このデジタルお年玉の機能を企業と消費者をつなぐサービスである「公式アカウント」の加入企業に開放し、企業がもっと多くの消費者とつながるインフラとする計画を進めた。

大手生命保険会社の泰康保険も参加した1社だ。それまで消費者との接点が少なく、デジタルお年玉キャンペーンへの参加を通じ、自社が直接アクセスできる会員を増やしたいというニーズがあった。だが、このキャンペーンに参加すると全国から急増するアクセスに、自社システムは到底耐えられないと泰康保険は不安を感じていた。

これに対し、テンセントクラウドはキャンペーンと連動するシステムをわずか40日で構築し、殺到するアクセスを自社のクラウドサービスで吸収できるように設計し、キャンペーンを無事乗り切った。

泰康保険にはデジタルお年玉キャンペーンに参加したことで予想以上の反響があり、その効果は歴然としていた。旧正月の数日間で1438万人の公式アカウント会員を獲得できた。当日、泰康保険のエンタープライズシステムは、次の試練を無事乗り切っている。

- データベースへのアクセス数が通常の30倍
- ピーク時のショートメッセージ数が通常の33倍
- トランザクション処理（CDN）が通常の200倍

一般的なクラウドサービスは単なるインフラの提供で、このような大規模なキャンペーンへの対応は難しい点もある。クラウドサービスを通じ、ユーザー企業にビジネス機会を逃さない俊敏さを発揮させたこうした事例は、当時まだ稀だった。

中小ITベンダーと共創し、金融機関の非接触型営業を支援

企業のデジタル変革を支援するに当たり、テンセントもすべて自社で賄うのではなく、多くのパートナー企業と共同で提供するオープン戦略を取っている。その一例が、スタートアップ「飛虎互動科技」（Feihu Interactive Technology）や「法大大」（Fadada.com）と共同で金融機関向けバーチャル支店ソリューションを開発し、コロナ禍における金融機関の非接触型営業を支援したことだ。

新型コロナの影響で中国でも一時期外出自粛となったが、その間、資金難に陥る中小零細企業への融資業務をいかに継続するかは、多くの銀行を悩ませた課題だ。

テンセントはパートナー企業2社と共同で銀行の窓口業務をバーチャル化するサービス「Video Branch」を開発した。このサービスにより、従来なら銀行に出向いて対面で行う各種手続きをオンラインに移行し、ビデオ通話を通じて行員と手続きを進める。

本人認証がオンラインで実施できるだけではなく、セキュリティが確保される前提で、電子署名によって契約までスムーズに終えられる。さらに、三者通話など行員の上司や専門

家によるフォローも可能で、音声・映像の記録機能によるコンプライアンス面の考慮もなされている。スマートフォンの操作に不慣れな人も、行員と同じ画面を見ながら、手続きを進めることができ、ストレスなくサービスを受けられる。

2020年2月の感染拡大期間に、武漢市のある湖北省の農村商業銀行（事業規模が比較的小さい地方銀行）がこのサービスを最初に導入することとなり、構想からシステムリリース、1件目の遠隔対応による融資の実行まで、わずか2週間しかかからなかった。

飛虎互動科技CEOは、テンセントとの協業を以下のように振り返った。

2019年年初め、テンセント金融クラウドと銀行向けサービスを検討したのち、同年8月、テンセントが主催するSaaSアクセラレータープログラム第1期に参加し、1500社以上の参加企業から協業相手として選ばれた。

その後、テンセントから資金、技術、顧客開拓などで全面的な支援を受けた。技術面では、テンセントが提供する通信ミドルウェアのバックボーン・ネットワークや、音声や映像を無遅延で転送する技術、OCR技術、音声AI技術などを活用し、サービスの顧客体験を格段に改善することができた。さらに、自社にはないが、オンラインで手続きが完結するには不可欠の電子契約技術をテンセントのパートナー企業「法大大」と組むことで開発せずに済み、短期間で実現できた。

金融機関はセキュリティに厳しい業界で、通常無名のスタートアップと契約することは

図表4－5　テンセントの「産業のデジタル化」戦略

出所：NRI

ない。テンセントがＡＩ、ビッグデータ分析技術で培った金融リスク・コントロール・ソリューションがセットで提供されているため、スタートアップとしても金融機関との信頼関係が構築しやすい。２０２０年９月までの半年間で大手銀行を含む数十を超える金融機関にサービスを提供した。

　一般的にクラウドと言っても、さまざまなレイヤーがある。ハードウェアなどのインフラ層の機能をクラウドによって提供するＩａａＳ（Infrastructure as a Service）については、各社とも基本的にサービス内容に大差がなく、差別化しにくい。それがデータベースなどのミドルウェア層の機能をクラウドサービスで提供するＰａａＳ（Platform as a

Service）やアプリケーション層の機能をクラウドサービスで提供するＳａａＳ（Software as a Service）になると、各社の相違が出やすい。

金融機関向けのバーチャル支店ソリューションのように、他社サービスと協業しながら、ＳａａＳ型サービスとしてセットでエンドユーザーに提供できることは、テンセントクラウドの強みと言えよう。

社会課題の解決に乗り出す――デジタル社会実装の牽引

企業のデジタル変革だけではなく、テンセントはその能力を活かして、社会課題の解決にも乗り出す。例えば、市民とのデジタル接点を活かして、行政サービスのオンライン化に取り組み、広東省のための行政アプリDigital Guangdongを開発した。市民が１０００以上の行政サービスをオンラインで受けることができるようになり、生活の利便性が大きく向上した。

また、コロナ禍にあって市民のデジタル健康証明書「健康コード」、マスクのオンライン予約やＰＣＲ検査結果のオンライン確認など、数々の機能やサービスを迅速に開発し、導入した。

この「健康コード」は２０２０年12月までに９億人以上に使われ、累計２００億回スキャンされ、デジタル技術を通じて感染収束に貢献した。テンセント版「健康コード」アプリは、50日間で33回バージョンアップされたという。コロナ禍で使い勝手の改善や政府の要望に次々と対応し、「超スピード開発だった」と開発メンバーは振り返る。

「学校の先生が10秒でオンライン授業を開始できるサービスを開発せよ」

こんな会社からの指令で旧正月の翌日出勤し、仕様の要望をもらったテンセントの担当者は、わずか２日間でアプリ初版をリリースした。

62年の歴史がある広州で毎年開催される輸出入商品展示会という大型イベントが、コロナの影響で急遽オンラインでの開催に決定した。そのシステム構築を任されたテンセントは社内22の部署から１０００人以上を動員し、わずか２カ月でシステムを構築した。

この全世界数万社のバイヤーと中国の出店企業をつなぐプラットフォームは、テンセントの世界各地にある１３００もの接続ポイントを活用し、培ったクラウド技術、24時間ライブ配信技術、同時通訳技術など各種技術が投入された。10日間の会期中、２万６０００社が数万のオンライン商談ルームを利用し、世界のバイヤー向けに24時間無休で１８０万以上の商品が展示された。

社会インフラとなったアリババとテンセント

アリババとテンセントは出資や買収を通じ、巨大なエコシステムを構築した。アリババが出資している上場企業の株価時価総額とユニコーン企業の評価額に自社の時価総額を加えると、その累計は10兆元（約160兆円）を超える。

アリババの投資先は、主に消費生活と関係が深い電子商取引と流通、メディアとエンターテインメント、企業サービス、ヘルスケア、物流の5分野に集中している。2014年から2020年の年次レポートで公開しているアリババのこの5分野の代表的な企業への投資総額は、3294億元（約5・2兆円）を超える。

これに対して、出資などを通じて緩やかな関係を築くことが得意なテンセントは、出資している上場企業時価総額、ユニコーン企業の評価額に自社の時価総額を合わせた累計が11兆元（約176兆円）を超える。投資先は、消費者との接点構築に重要な生活サービスを中心に、エンタメ、企業サービスなど幅広い。2015年から2019年の年次レポートで公開している主要な投資プロジェクトの合計金額は、3888億元（約6・2兆円）に上る。

図表4−6　アリババの投資先(上場企業)の概要

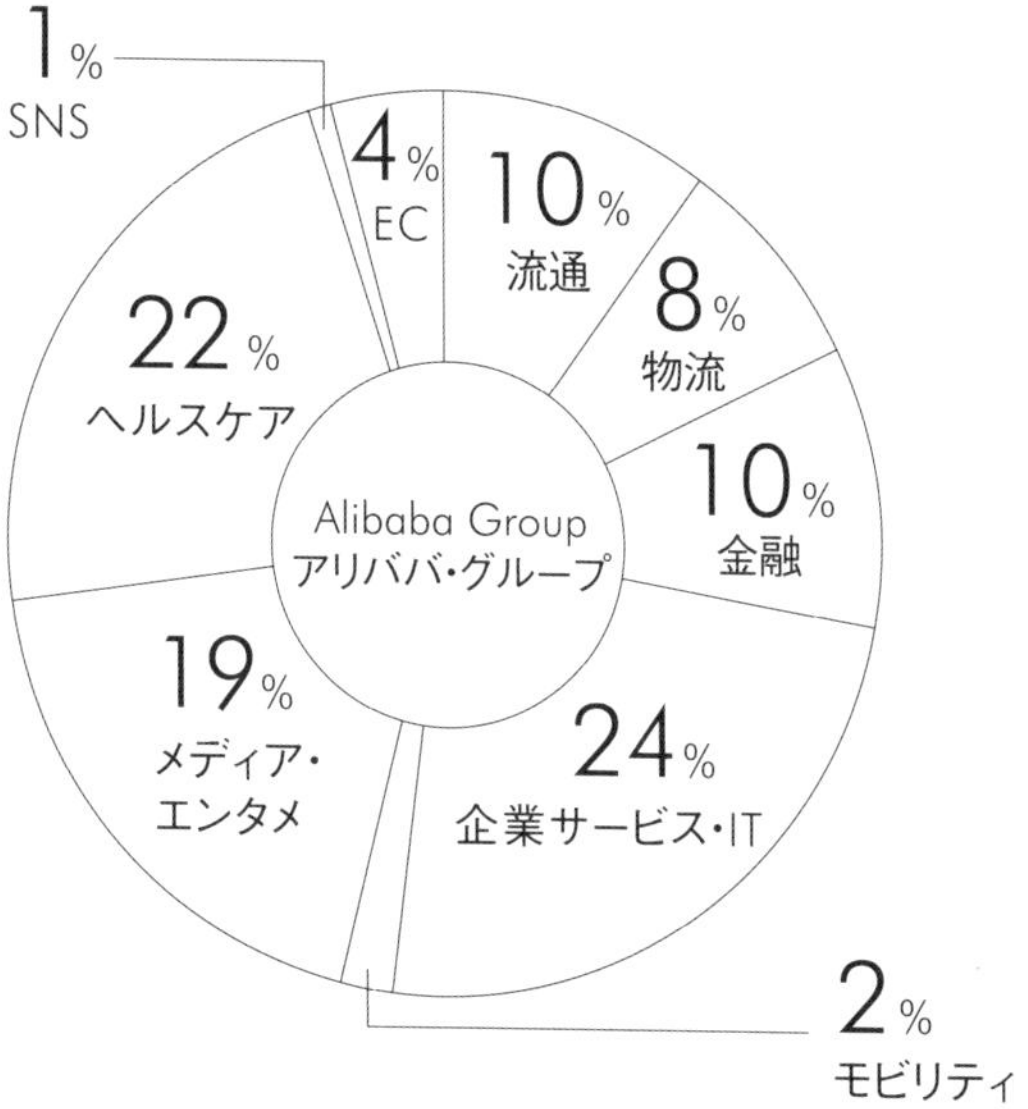

注:上場企業の時価総額は2020年12月25日時点のデータ

加えて、アリババもテンセントもユニコーン企業を多数傘下に収めている。ユニコーン企業とは、企業価値の評価金額が10億ドルを上回る未上場のスタートアップだ。CBインサイツの調査によると、2020年11月時点でユニコーン企業は496社で、そのうち中国は122社で国別では米国に次ぐ2位となっている。122社のユニコーン企業の多くは、アリババかテンセントから出資を受けている。

テンセントは32社に出資

し、その持ち分は122社の評価額の3割ほどを占める。アリババはテンセントより6社少ない26社に出資し、持ち分は122社の評価額の5割を超える。ユニコーン企業は、明日を担うとも言える有望企業だ。先に資本関係を結ぶことで、後日自社のエコシステムとの連携を図る狙いがあるのは言うまでもない。

両プラットフォーマーともに事業の重心を消費者向けから企業・産業、そして社会向けに転換しつつあるのだが、そのエコシステムの特徴には違いがある。

アリババはFive New戦略を掲げ、アリババビジネスOSを通じて、巨大なデジタル・エコシステムの構築を図っている。投資先企業の事業との垂直統合を図り、相乗効果が大きければ、いずれは完全に買収することを狙う。これまでに、地図大手の高徳地図、ショッピングモールを経営する銀泰、ビデオ配信サービスのYouku、ブラウザーのUC Web、フードデリバリーのウーラマを自社事業に取り込み、子会社化した。

SNSで絶対的地位を築いたテンセントは、すべて自社でビジネスをやると他社の生きる機会を奪ってしまうため、数年前からコア事業のSNSとコンテンツ以外、自社がやらないことを明言し、コネクターに徹する戦略を取ってきた。

テンセントは多くの企業に投資しているが自社事業には取り込まず、少額出資に留まるケースも多い。基本的に各投資先企業に運営を任せている。産業のデジタル化戦略に転換してからも、飛虎互動との共創事例のように、独立性を保ちながら緩やかに連携する疎結

図表4－7　テンセントの投資先（上場企業）の概要

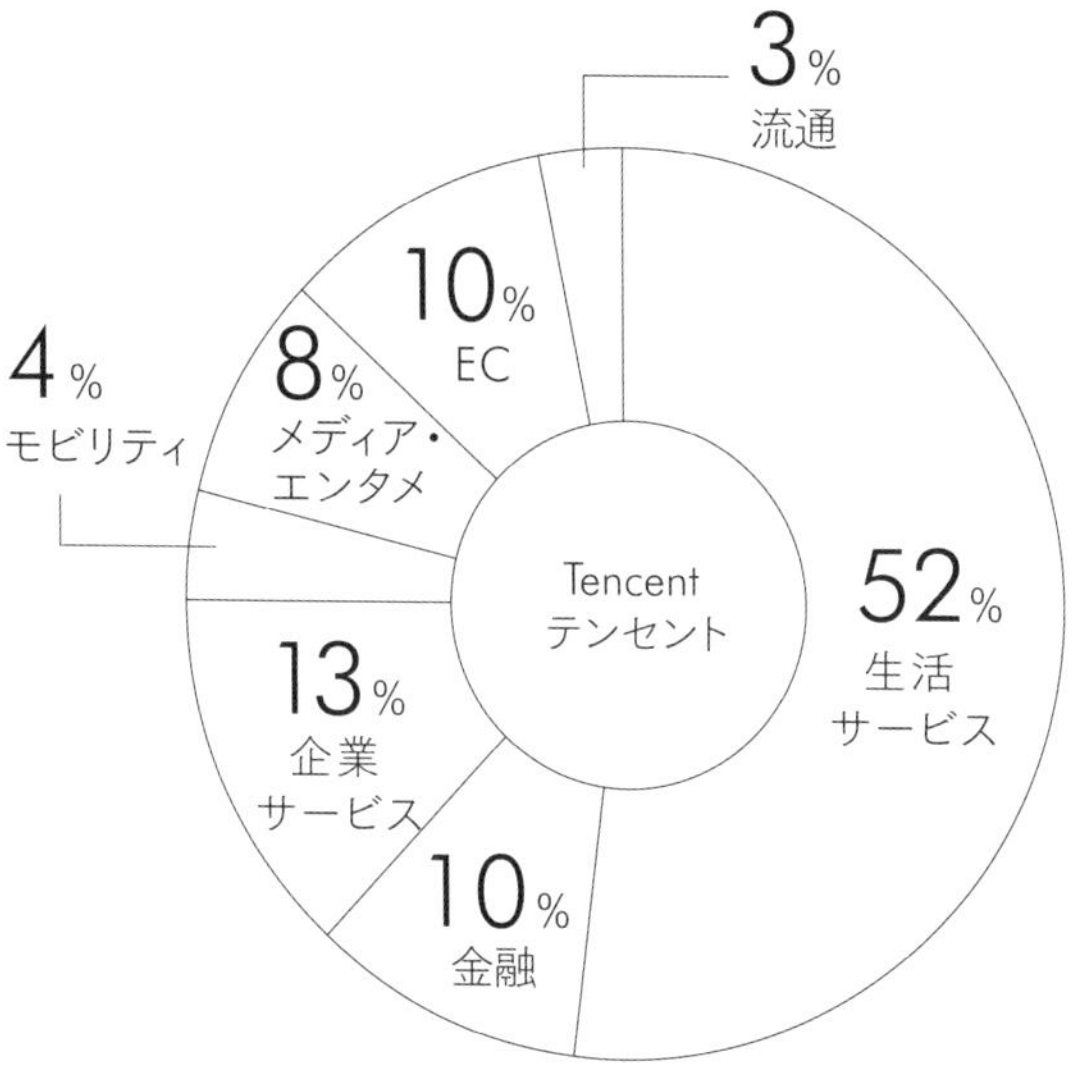

注1：上場企業の時価総額は2020年12月25日時点のデータ
注2：58同城（58.com）が2020年6月に株式非公開化が決定され、その際の評価額87億ドルを企業評価額として計算

出所：東方財富網、新財富記事など公開資料を参考にNRI作成

合を特徴とする。

既にGDPに占める割合が36・2％に達したデジタル経済は、中国経済を牽引する大きな役割を果たしている。デジタル経済は、「ネットワーク外部性」「ネットワーク効果」から規模の経済が働き、独占につながりやすい特徴がある。一旦ネットワークが形成されると、限界費用が限りなくゼロに近くなり、いわゆる「Winner-Take-All」（勝者総取り）が工業社会より起きやすい。

わずか数年で10兆元のエコシステムを構築した二大プラットフォーマーは、まさにこのネットワーク外部性をフルに生かした戦略を取ってきた。すでに10億人以上の国民とのデジタル接点を押さえ、企業（社会）を相手にする2B戦略を通じて産業や社会のインフラをも担うようになりつつある。

アリババの年次レポートによると、２０１９年４月から２０２０年３月末までの１年間、アリババのＥＣプラットフォームのＧＭＶは６・58兆元に達する。２０１９年中国国内のＥＣプラットフォームのＧＭＶの10・63兆元から試算すると、アリババのエコシステムは、中国全土の約６割ものオンライン取引を生み出していることになる。

社会インフラにもなったアリババとテンセントの担うべき役割は、数年前とは明らかに違う。イノベーションと公平性、競争性のバランスをいかに保つか、二大プラットフォーマーにとっても規制当局にとっても、その課題と真剣に向き合う時期にきている。

第 5 章

米中対立に翻弄される華為技術（ファーウェイ）

Chapter 5.

Huawei at the Mercy of the US-China Conflict

海外メディアの取材に応じた任正非。2019年8月（AP/アフロ）

米国からの圧力で存亡の危機

米国政府と連邦議会が中国の通信機器大手、華為技術（ファーウェイ）を執拗に敵視し、排斥し続けている。その制裁は日に日に強化されている。一民間企業に対してここまで圧力をかけるのは、もはや法令違反への制裁という域を超え、米国は戦略的にファーウェイの消滅を望んでいるのだと多くの人が感じるようになった。

中国国内ではどうかと言えば、長らく欧米に先端技術分野で後れを取ってきたという中国人のコンプレックスを５Ｇなどの先端通信技術によって解消してくれるハイテク企業としてファーウェイに敬意を払う人が増え、応援する声も強くなっている。

米国のファーウェイ制裁がエスカレートしていく経緯を改めて以下に整理してみた。

不正プログラムの疑い

２０１８年３月26日、米国は国内の通信網から中国の通信機器を事実上締め出す規制を検討していると発表した。理由としては、データを盗み出すための「バックドア（裏口）」

と呼ばれる不正プログラム技術がファーウェイの通信機器に仕組まれているとの疑いを米国政府が持っているため、とされた。

国防権限法で制限を本格化

米国の上院・下院の合意に基づいてまとめられた「米国国防権限法（NDAA）2019」が、2018年8月13日にトランプ大統領の署名により成立した。ファーウェイや中興通訊（ZTE）などを含む特定の中国企業5社の製品やサービスを政府調達から除外した。

調達禁止措置には、第一段階と第二段階とがあった。第一段階は、2019年8月13日から施行された。米政府機関がサーバー、ルーター、監視カメラなどの通信・ビデオ監視関連機器やサービスを調達する場合、その中に特定5社の製品、部品、サービスなどが含まれている場合には調達を禁止する。第二段階は2020年8月13日に施行され、この特定5社製の通信・監視関連機器やサービスを利用している企業の製品やサービスを米政府調達機関が調達することを禁止する。禁止対象は通信・監視関連製品に限らず、特定5社の製品を利用していれば、当該企業・拠点との契約・取引を禁止するという広汎なもので、産業界には大きな戸惑いが広がった。

ファーウェイは、この国防権限法について「公正な競争への参加を妨げ、米消費者の利益を害する」と主張し、2019年3月7日に米国政府を提訴した。しかし、2020

年2月18日、米テキサス州連邦地裁は同社の訴えを棄却した。一民間企業が世界最強の米政府を相手に訴訟を起こした勇気自体、ファーウェイがいままでの中国企業とは一線を画す存在であることを示している。

実はファーウェイだけではなく、米産業界も第二段階の措置の延期、規定文言の明確化、規制内容の限定などの要望を米国政府に提出したが、受け入れられず、予定通り２０２０年８月13日から第二段階の措置が施行された。

役員の逮捕による揺さぶり

２０１８年12月１日、カナダ司法省が米当局の要請を受け、米国のイラン制裁措置に違反した疑いでファーウェイの孟晩舟ＣＦＯを逮捕した。孟ＣＦＯはファーウェイ創業者任正非の長女でもあり、この逮捕によるファーウェイ経営層への衝撃は大きかった。

世界各国に対して踏み絵を迫る

２０１８年12月10日、日本政府は中央省庁や自衛隊が使う情報通信機器の調達に関する運用指針をまとめた。日本政府が通信機器の調達手続きに関する指針を作成したのは初めてのことだ。

その背景について、「米政府は日本政府に対して中国製機器の危険性に関する情報を提供してきた」といった働きかけに加え、米国国防権限法が影響しているとの報道があった。中央省庁などが使用する製品・サービスの調達に関する運用指針は、特定の企業、機器を排除することを目的としたものではないものの、ファーウェイとＺＴＥの製品が事実上排除されると見られる。

ポンペオ米国務長官（当時）が２０１９年2月に東欧諸国を歴訪した際、「ファーウェイとの取引関係を維持する国には米国製機器の供給を制限する可能性がある」と述べた。米国の敵か味方かの選択を迫った形だ。

米国製品の禁輸措置の発動

２０１９年5月16日、米商務省はファーウェイとその関連企業68社を同省産業安全保障局の「エンティティ・リスト（Entity List）」に加えた。これにより、米国由来の技術やソフトウェアを25％以上使用した製品をリストに記載された企業に輸出する場合、産業安全保障局の承認が必要となった。米国から第三国を経由した輸出（再輸出）も規制対象になる。この承認申請は原則拒否ポリシーを取っており、よほどのことがない限り通らない。事実上の禁輸措置に等しい。

これを受け、5月19日にグーグルの親会社アルファベットはファーウェイとの取引を一時停止したと発表した。これにより、ファーウェイが今後発売する新規端末ではAndroidの更新ができなくなるほか、グーグルのアプリやＡＰＩをまとめたＧＭＳ（Google Mobile Service）、つまりGoogle PlayやGmail、Google Mapなどグーグルのサービスが利用できなくなった。

さらに5月26日、ファーウェイに半導体やＣＰＵ（中央演算処理装置）などを提供するクアルコム、ザイリンクス、インテル、アドバンスト・マイクロ・デバイス（ＡＭＤ）の各企業は「規制を遵守する」として、ファーウェイへの商品供給を停止すると発表した。

製品の生命線に当たる半導体を狙い撃ち

２０２０年5月15日、米商務省産業安全保障局は、さらに、ファーウェイと関連企業１１４社への輸出管理を強化すると発表した。このファーウェイへの制裁は、米商務省が輸出管理規則を変更したことによるものだ。米国の技術、ソフトウェアを使って作られた「外国製の直接製品（foreign-produced direct product）」を外国企業がファーウェイに販売するときには、米商務省の許可が必要となった。

それまでの米国の制裁は、どちらかと言えば、ファーウェイ製品を買わせないという「バイ・サイド」側への制約が中心だった。だが、この制裁はファーウェイに製品を作らせない、つまりファーウェイの「供給サイド」にメスを入れたものだ。

ファーウェイの半導体の受託製造を主に担ってきた世界最大手の半導体受託製造、台湾積体電路製造（ＴＳＭＣ）はこの規制を受けて、ファーウェイへの供給方針を見直すことを

図表5-1　ファーウェイは〝傷だらけの飛行機〞

回头看，崎岖坎坷　向前看，永不言弃
When the going gets tough, the tough KEEP GOING

第2次世界大戦中、ドイツ軍との戦いで傷つきながら飛び続ける旧ソ連の戦闘機「イリューシン2型」の写真。「決して諦めない」の社内向けスローガンも。

出所：ファーウェイHP　記事　https://www.huawei.com/minisite/5g-china-tour/newsDetail5.html

迫られた。7月16日午後、TSMCは2020年4〜6月期の業績説明会の席上、「（米政府の）関連規制を完全に順守する」と言明したうえで、5月15日からファーウェイおよび子会社の海思半導体（ハイシリコン）向けの新規受注を停止したこと、現時点では9月14日以降に製品を出荷する計画がないことを説明した。

こうした事態に、ファーウェイ首脳も動く。5月18日開催された「ファーウェイ・グローバル・アナリストサミット（HAS）」で講演したファーウェイ輪番会長の郭平は、自社のビジネスが深刻な影響を受けていることを認めながら、ファーウェイを「傷だらけの〝飛行機〞」に喩えたうえで、「前に向けて飛び続けることを決して諦めない」と語った。具体的な対応策としては、制裁の影響を減らすため、「1万5000人の研究開発者を投入し、6000万行のソースコードを短期間で書き換えた」と全社を挙げた総力態勢で制裁に立ち向かっていることを明らかにした。

通信事業者の既存設備にもファーウェイ排除を促す

2020年6月30日、米連邦通信委員会（FCC）はファーウェイとZTEの2社を「安全保障上の脅威」と正式に認定した。この決定により、米国の通信事業者は連邦政府が通信ネットワーク整備のために支給する年間83億ドルの補助金では、両社製品を購入することができなくなった。さらに、FCCは通信事業者がすでに使用しているファーウェイおよびZTEの通信設備を全面的に交換することも求めた。

外国の半導体企業も巻き添えとなる「調達の完全遮断」

2020年8月17日、米商務省はファーウェイと取引するすべての半導体企業は所在国に関係なく規制対象になるとして、ファーウェイへの事実上の禁輸措置をさらに強化すると発表した。この禁輸対象の定義の拡大によって、海外の半導体企業など第三者が米国の製造装置や設計ソフトを使っていれば、ファーウェイへの輸出が禁じられることになった。

それまでは第三者企業が設計し、TSMCが製造する半導体の使用は禁止できないとされていたのが、この追加制裁によってこうした「迂回」を防ぎ、第三者を使って半導体を調達することを封じた。米国の技術が関わる半導体やソフトがファーウェイに供給されるのを完全に遮断する狙いだ。

さらに事実上の禁輸リストである「エンティティ・リスト」に、メキシコやフランスなど21カ国にあるファーウェイの関連会社38社を加えた。8月13日が期限となっていた禁輸の例外措置も打ち切るとした。同社製スマートフォンや携帯電話の保守に関わる取引も、今後は原則認められなくなった。

フィナンシャル・タイムズ紙によると、エヌビディア、テキサス・インスツルメンツ、クアルコム、インテル、ブロードコムの米国半導体5社は、売上高の25〜50%を中国市場に依存している。そうした米企業が米政府に強く働きかけた結果、自国企業の打撃を軽減するため、9月以降、一部ローエンドの部品に限り、ファーウェイへの供給が許可されたとの報道も出てきた。

しかし、米商務省は12月18日、ファーウェイに半導体を供給する中国の中芯国際集成電路製造（SMIC）に対しても事実上の禁輸措置を発動すると発表した。中国の半導体国産化を阻止するため、米国のファーウェイ枯死作戦には歯止めがかかる兆しが見えない。

米国政府は一連の制裁措置によってファーウェイに極限まで圧力をかけ続けている。なぜ、米国はこれほどまでファーウェイを恐れるのだろうか。

ファーウェイの生い立ち

ファーウェイは１９８７年9月15日、広東省深圳市のあるビルの一室で誕生した。この年は深圳市が改革開放政策を受けて、広東省の珠海《ジュハイ》市と汕頭《スワトー》市、福建省厦門《アモイ》市とともに経済特区に認定されてから、7年が経っていた。

これらの経済特区は、１９８０年８月26日に開かれた第5期全国人民代表大会常務委員会第15回会議の決議を受けて設立された。２０２０年は、ちょうど40周年の節目にあたる。外国資本や技術を受け入れる窓口となったことを生かした結果、当初は小さな漁村に過ぎなかった深圳市はいまや国際的な大都市に変身し、凄まじい発展を遂げた。１９７９年には深圳市のＧＤＰはわずか1億７９００万元（約28億６４００万円）だったが、２０１９年には2兆６９００億元（約43兆４００億円）と、1万５０００倍ほどに急成長した。

改革開放の急先鋒とも言える深圳特区には、改革開放の精神を表すスローガンがある。「時間就是金銭、効率就是生命」（時は金なり、効率は生命なり）

１日決断が遅れると他社に類似品を作られて先を越され、競争に負けてしまうという過酷な環境下、効率こそ生命であることをモットーに、必死に生き残ろうとする多くの深圳企業の姿を象徴している。このスローガンは、市内の至る所に掲げられている。深圳市生まれの民営企業ファーウェイもその１社だ。

設立から33年を経て、ファーウェイは深圳市を代表するハイテク企業に成長した。19万４０００人の従業員を抱え、１７０カ国以上でビジネスを展開し、世界人口の３分の１に製品やサービスを提供している。しかし、その過程は決して順風満帆ではなかった。

交換機から商機を見出す

１９８３年、ファーウェイ創業者である任正非は軍隊を除隊し、39歳で深圳市にある石油関連の国営企業の子会社に就職した。１９８７年、ある企業との取引で、任正非はミスを犯して会社に２００万元の損失を与えた。責任を取って辞職した任正非は、香港の友人からＰＢＸ（電話交換機）の代理販売を依頼され、これをきっかけに起業する。

当時の中国は、西側の技術輸出制限によって自力で電話交換機を製造できなかった。各省の電気通信局は来るもの拒まずで、世界各国から通信機器を輸入した。日本のＮＥＣと富士通、米国のルーセント・テクノロジー、フランスのアルカテルＳＡ、スウェーデンのエリクソン、ドイツのシーメンス、ベルギーのＢＴＭ社、カナダのノーテル・ネットワークスの8社の通信機器が輸入された。

各国の通信機器は互換性がないことから、中国の通信市場は「七国八モデル」とも呼ばれたほどネットワークが混乱した状況だった。そのうえ、コストも大きな問題だった。１電話回線あたり１８０ドルから４００ドルもかかるほど、当時の中国の所得水準からみれば、かなり高額の設備だったのだ。自力で製造できないため、部品が壊れるとすべて海外から輸入せざるを得ない。通信業界の専門家によると、当時原価10セント程度のケーブルの結束バンドでも７・5ドル払って輸出元から買うしかなかった。

一方、80年代後半の中国は経済の急発展及び所得の向上に伴い、電話への需要が急増していた。ところが、１９８７年末時点で、都市部における電話の契約者数はわずか２９３万戸であり、普及率は１％未満と大きな需給ギャップがあった（中国国家統計局データ）。

高額な輸入設備による通信市場の高コスト構造から、電話を設置するには初期費用として５０００元が必要だった。当時の都市住民の年間可処分所得はわずか９１６元だったから、約5年分の可処分所得に相当する高額なものだった。にもかかわらず、供給が需要に追い付かず、契約して数カ月から1年待ちという人気ぶりだった。

急成長する通信市場にビジネス・チャンスありと直感した任正非は、友人ら5人と共同で、2・4万元を元手にファーウェイを設立した。当初は小型電話交換機の代理販売業務が中心だった。急成長する市場の波に乗り、92年の売上は1億元を突破し、社員も200人を超えた。

しかし、成長するにつれて、成長の壁にぶつかる。当時、同じ電話交換機の代理店が深圳市だけでも100社以上ひしめいていた。規模の小さいファーウェイは、香港のサプライヤーから商品を確保することがだんだん難しくなった。加えて、商品を販売しているうちに、当時の交換機は顧客ニーズを十分満たしていないと感じた。

技術者出身の任正非は自社で電話交換機を開発することを決意し、93年ごろにC&C08型デジタル交換機（2000ポート）を開発した。実績もなく無名だったため、安い製品を求める農村地域の電話局に売り込んで、ようやく契約を獲得できた。このような大手通信機器メーカーが見向きもしない市場で徐々に実績を上げることで、1994年には売上が8億元を超え、従業員数も600人を超えた。この農村部から市場を開拓する迂回戦略が功を奏し、同社は順調に業績を伸ばしていく。

1995年には北京に研究開発拠点を開設し、電話交換機単品の一本足打法から、移動体通信や光ファイバー通信の機器設備など通信ネットワークと関連する商品の多角化戦略に転換していく。

海外市場への迂回戦略

国内市場ではグローバル通信機器メーカーや国有資本の大手メーカーとの競争を強いられるファーウェイは、知名度と技術力の差で容易には通信キャリアから受注できなかった。当時、広東省の電気通信局の第二世代移動通信システム（GSM、2G）アップグレード・プロジェクトの調達額は数百億元にのぼったが、エリクソンやモトローラなどの大手メーカーに独占され、地元メーカーであるファーウェイは1元も受注できなかった。

研究開発で投入した資金回収のため、ファーウェイはやむを得ず96年から香港と旧ソ連の国からなる独立国家共同体（CIS）市場に進出し、海外に活路を見出そうとした。99年にはインドに研究開発センターを設立、ベトナム、ラオス、カンボジア、タイなど東南アジアの通信市場にも進出した。CIS市場における売上は順調に伸び、2001年には1億ドルを突破した。ファーウェイの海外市場開拓は着実に実を結びつつあった。

国内の大きなプロジェクトに食い込めなかったことから、ロシアやカザフスタン、エジプトやアルジェリア、ナイジェリアといった海外マーケットに目を向けるしか残された道がなかったのだ。

北極圏に近い極寒の地から猛暑のアフリカの僻地まで、難工事が伴う基地局設置の現場には必ずファーウェイのエンジニアの姿があった。アフリカ市場は利益率が低いうえに一部の国では戦乱が続き、中国と国交すらない国もあった。命の危険と直面することもしばしばだった。マイナス30〜40度の寒風が吹き荒れる中で暗闇に包まれながら毎日12時間働き、2カ月かけて北極圏に最初のGSMネットワーク（第二世代携帯電話＝2Gの標準規格）を開通させたりもした。

欧米の通信機器メーカーが相手にしなかった利益率の悪い市場で顧客ニーズを優先して対応した結果、2008年末頃には世界の通信キャリアのトップ50社のうちの36社はファーウェイの製品とソリューションを利用するまでになった。ファーウェイの総売上の75％は、中国以外のグローバル市場からのものだった。

2015年以降、米国政府の制裁による米国市場からの締め出しに加え、国内市場の伸びもあって売上に占める海外売上比率は徐々に低下しているものの、世界市場におけるファーウェイの存在感は依然として大きい。

ちなみに、テンセントの海外売上比率は1割未満で、アリババでも2割程度だ。二大プラットフォーマーの売上の大半は国内市場から得ている。それとは対照的に、ファーウェイは名実ともにグローバル企業と言える。

図表5-2　ファーウェイの売上に占める海外売上の割合（2003～2019年）

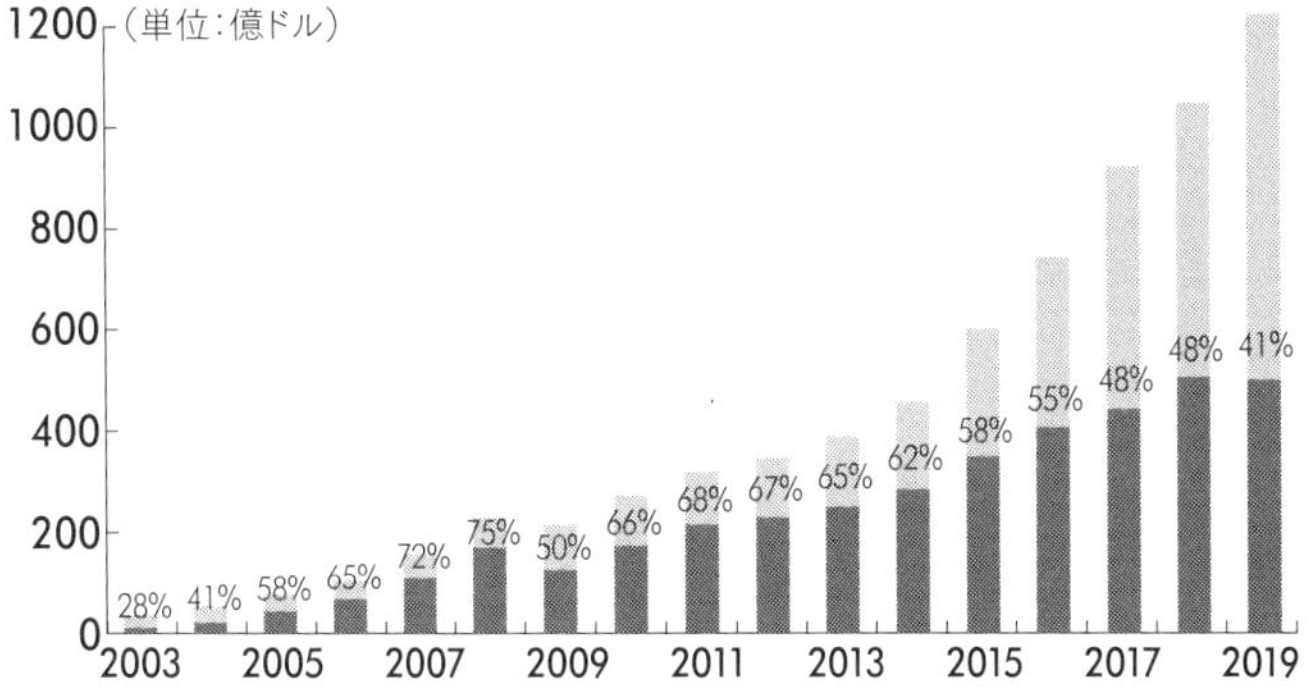

注：濃い部分が海外売上

出所：ファーウェイ・年次レポートより　NRI作成

一点集中突破

米国のファーウェイ封じ込めが激しさを増す中、２０１９年5月21日、任正非は中国メディアとの懇談会で「次世代通信規格の５Ｇ分野では、制裁の影響はそう大きくない。他社は2年ないし3年、ファーウェイに追い付けないだろう」と語った。

ファーウェイの５Ｇ領域における強さは、長年一つの分野に専念してきた持続性と一点集中突破戦略が奏功したものだ。背景には、長年注力してきた研究開発によって培った技術力がある。

任正非は目標を決めるとすべてを賭け、取るに足りない利益の誘惑を断ち、行くと決めた道をまっすぐ進む戦略家だ。2000年頃、中国はまだPHS（Personal Handy-Phone System）全盛期で、競合他社はこぞって対応する通信機器を開発し、数百億元の利益を上げていた。

ところが、一般的な携帯電話の基地局が半径数キロメートルをカバーできるのに対し、PHSは半径数百メートルしかカバーできず、移動途中でよく途切れた。その欠点からPHSはいずれ淘汰されるとみた任正非はPHS事業への参入を見送り、代わりに2・5Gの通信機器に16億元投入する。

当時の国内通信機器市場は外資の独壇場で、既に飽和状態となっていた。任正非はさらに40億元を投入して3Gに対応する通信機器を開発したが、外資や国有資本メーカーに押されて正式ライセンス取得に失敗し、大赤字を抱え、一時期は存亡の危機に立たされた。

やむを得ず乗り出した海外市場の開拓でファーウェイは危機を脱したが、その後も挑戦の手を緩めることはなかった。技術力で他社に及ばなかったことを教訓に、技術開発の長期戦略を立て、通信機器に専念した。

十数年前、5Gに使われるPolar符号を発明したトルコ・ビルケント大学のエルダル・アリカン教授の論文に注目したファーウェイは、すぐにこの論文をベースに5G研究を開始した。数千人の研究者を投入して、一歩一歩、5Gの技術と規格を開発していった。

図表5-4　ファーウェイの売上に占める研究開発費の割合(2008－2019)

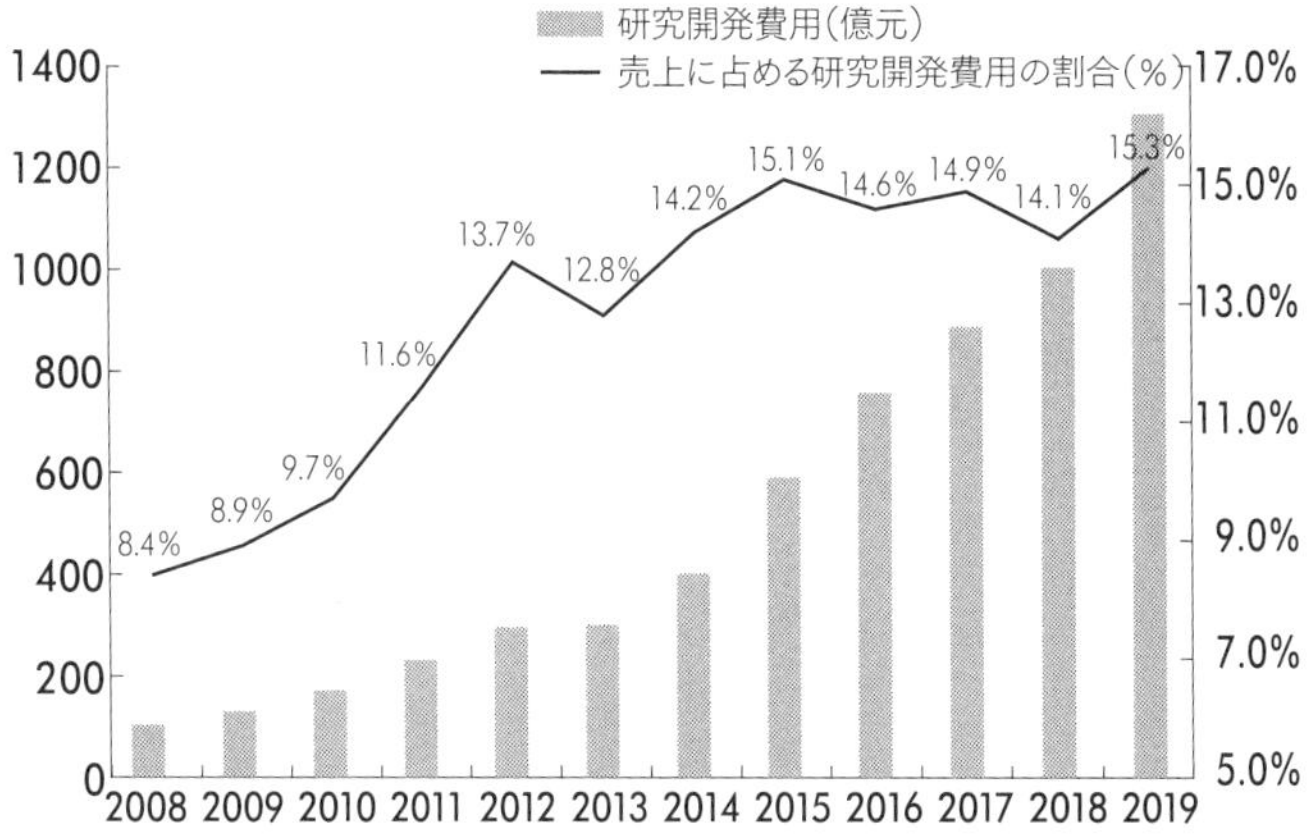

出所：ファーウェイ・年次レポートよりNRI作成

ファーウェイは上場していなかったため、短期の業績報告に縛られずに毎年売上の10％以上を集中的に研究開発に投入した。民営企業のファーウェイは、設立当初から軌道に乗るまでの10年間は銀行が相手にしてくれず、いつも資金不足の状況にあったが、それでも研究開発を続けていた。

２００９年から10年間の研究開発費は累計５５９２億元（約８・９兆円）を超えた。２０１９年には世界研究開発費ランキングの３位になっている。

その多くは５Ｇ研究に投じられている。ドイツの市場調査会社IPlyticsによると、５Ｇに関わる標準規格必須特許（Standard Essential Patents）の約15・1%、3147件をファーウェイが保有し、5年連続の1位だった（2020年1月現在）。

世界の頭脳を集める

ファーウェイの技術力は、世界中から集められた優秀な人材によって生み出されている。現在、19万人を超えるファーウェイ従業員の大半は、大卒と大学院卒のエリートである。そのうち研究者は49%、9万6000人に上り、数学者700人強、物理学者800人強、化学者120人強を抱える。その研究を自社内に囲い込むことはせず、各国の頭脳も活用するために世界中に26カ所の研究開発センターを設立している。

近年、ファーウェイは中国国内のトップ人材の獲得に力を入れている。理系の名門、清華大学の卒業生の就職先ランキングでは近年、著名な国有大手企業を抑え、首位を維持している。10年前には想像もできなかった現象だ。

ずば抜けた人材に市場をはるかに上回る高額な給料を提示し、人材獲得に余念がない。2019年、ファーウェイは「天才少年計画」を打ち出し、世界中から20～30人の優秀な

図表5-5　清華大学卒業生の就職先トップ3（2017年〜2019年）

2019年

	就職先	属性	学部卒	修士卒	博士卒	合計
1	**ファーウェイ**	民営企業	**2**	**137**	**50**	**189**
2	テンセント	民営企業	8	49	12	69
3	アリババ	民営企業	0	38	16	54

2018年

	就職先	属性	学部卒	修士卒	博士卒	合計
1	**ファーウェイ**	民営企業	**2**	**134**	**31**	**167**
2	テンセント	民営企業	9	49	16	74
3	国家電網	国営企業	0	26	27	53

2017年

	就職先	属性	学部卒	修士卒	博士卒	合計
1	**ファーウェイ**	民営企業	**8**	**137**	**37**	**182**
2	国家電網	国営企業	0	42	11	53
3	テンセント	民営企業	3	28	8	39

出所：清華大学発表資料より筆者作成

学生を採用し、彼らには89万元（約1424万円）から201万元（約3216万円）の年俸を支払う計画を明らかにした。新卒採用者に破格の年俸を払うのは、会社全体に危機感を与える狙いもあるという。天才少年の採用基準は、実に厳しい。次の三条件を満たす必要がある。

・ある分野において、生まれつき特別な才能を持つ
・基礎研究分野で優れた理論を発表している
・基礎研究の成果を応用に転換できる能力を持っている

この厳しい条件をクリアして採用された天才少年は、2019年でわずか8人に過ぎない。2020年の数は非公表だが、7月末、任正非は自ら上海交通大学、復旦大学、東南大学など理系名門大学を相次いで訪問し、基礎研究分野における産学連携の強化を図ったという。

その際、任正非は米国に比べ中国はイノベーションを生み出す力の欠如が一番の課題と指摘したうえで、目先の成果を求めず、20年、30年後の開花を念頭に置いて基礎研究を継続していくことの重要さを訴えた。

また、ファーウェイに対する米国の制裁について、次のように述べた。

「いかなることがあっても、われわれは米国を恨まない。（ファーウェイに対する制裁は）一部の政治家の問題であって、米国社会を代表するものではないからだ。本当に強くなりたけ

れば、敵を含めてすべての人から学ばなければならない」

「米国の靴」を履く

ファーウェイがグローバルに戦えるリーディング・カンパニーに成長した理由として、一点集中突破戦略、農村や海外から攻める迂回戦略、優秀な人材や継続する研究開発と並んで、その世界から学ぶ謙虚な姿勢も重要な要因として挙げられる。

米国から目の敵にされるはるか以前の二十数年前、ファーウェイはＩＢＭやアクセンチュアといった米国企業に数百億元ものコンサルタント費用を払って、欧米のグローバル企業から先進的なガバナンスの仕組みを導入している。最も多い時期には、毎日数百人もの欧米系コンサルタント会社のコンサルタントがファーウェイに出入りしていたという。とりわけ、成長にもっとも大きな貢献をしたのは、米国が誇るコンピューター業界最強のＩＢＭだった。

当時、設立から10年を経たファーウェイは、従業員数５６００人の中堅企業に成長していた。しかし、社内各部門はバラバラで部分最適に走り、部門を越えた連携ができていなかった。せっかくセールス部門が受注した契約も生産部門が対応できないことが何度も起きていた。

納期遵守率は30％にも満たない状況だった。外資系の納期遵守率94％と比べて、差が歴然としていた。経営の先行きを不安に思い、行き詰まりを感じた任正非は、１９９７年暮れに渡米し、先端ＩＴ企業数社を訪問して教えを乞うた。

ルーセント・テクノロジーやヒューレット・パッカードなどがこの無名の中国企業を相手にしなかったのに対し、ＩＢＭの会長兼ＣＥＯだったルイス・ガースナーはクリスマス休暇を返上して、任正非を暖かく迎え入れた。ガースナーは、社外から招聘された初のトップとして見事な手腕を発揮し、経営危機に陥っていた巨大組織の再建に成功した米国を代表する経営者の１人だ。

その経営理念に惚れた任正非は、ＩＢＭに約5年間のチェンジ・マネジメント・プロジェクトの提供を打診した。担当となった香港出身のＩＢＭ中国地区責任者は、中国企業の「値切る」慣習を予想して、プロジェクト実施の見積もり額として少し高めの20億元（当時のレートで約２８０億円）を提示した。

当時のファーウェイの年間売上は、41億元に過ぎなかった。その5年分とはいえ、あまりの巨額さに現場は動揺したが、任正非は「値切ったら、品質が保証されない」とあっさりこの提示額を受け入れた。

ガースナーは任正非の決意に感動し、「しっかりファーウェイに教えてきてほしい」と命じたという。そうして取り組んだ全社的な業務プロセス変革プロジェクトを経て、ファーウェイはそれまでの自社流マネジメントをほぼすべて捨て去り、全面的に欧米流に合わせた。

変革プロジェクトに協力するため、現場から中堅社員300人を選抜してプロジェクト専任とした。想定外のタスクが増えて自分の昇進にも影響が出るうえ、外部コンサルタントの指図を受けることもあって、現場の抵抗は根強いものがあった。

これに対して、任正非は次の三つの措置を打ち出した。

▼トップの決意表明

任正非は、経営層や社員に対し、IBMが提唱する仕組みを導入する必要性を絶えず訴える。「〝米国の靴〟を履くと決めたら、ブレることなく、やり遂げるしかない」。経営層や社員の動揺を抑え、自らの強い決意を示し続けた。

▼〝服〟も〝靴〟に合わせる

変革をうまく進められるように、必要な業務システムからサーバーまで、言われるまま躊躇なくIBMから導入する。それだけではなく、任正非は本社ビルのフロアの一部も米国の生活習慣に合わせてリフォームする徹底ぶりだった。

当時、中国ではまだ珍しいコーヒーマシンや電子レンジを備え、トイレも洋式トイレに改造した。ＩＢＭから派遣された五十数人の常駐コンサルタントが安心して仕事に当たれるように環境を整え、ＩＢＭを支持する姿勢を社員に示した。

▼抵抗勢力を戒める

ある商品開発部の本部長は、変革プロジェクトに参加することによって業務量が大幅に増えることに不満を覚え、プロジェクトから離脱しようと画策した。ＩＢＭのコンサルタントから報告を受けた任正非は、すぐに本部長を降格した。その後、変革プロジェクトに非協力的な従業員は人事評価が下がる措置が導入された結果、従業員が前向きに取り組むようになり、社内の雰囲気は一変した。

変革の目玉の一つは、自社の製品開発マネジメント・プロセスを統合製品開発（Integrated Product Development）に変えることだった。従来の製品開発における機能中心の「プロダクト・アウト」から、「マーケット・イン」への転換である。製品戦略の立案からマーケティング、部品調達、製造、販売などプロダクト・ライフサイクルを融合し、ライフサイクルの収支の把握と利益の最大化を図り、「売れる製品を顧客に届ける」ことを主眼としている。

導入前のファーウェイの研究開発、製造、販売はそれぞれが独自に動き、受注したモノは生産できない、改良した製品の型番は１０００以上存在し、管理しきれない混乱ぶりだった。やがて、ＩＢＭとプロジェクトを開始してから5年後に成果が出始める。改革当初の納期遵守率30％が、65％に改善した。商品回転率も、年３・６回から５・７回に改善した。

成果を評価したファーウェイは、２００４年にＩＢＭとの契約を5年間延長し、40億元を追加支出した。ＩＢＭの支援を受けて、サプライチェーン統合管理のＩＳＣ（Integrated Supply Chain）、顧客リレーション管理のＣＲＭマネジメントなどを導入した。

欧米流に合わせる過程で、大手術とも言える変革は現場に大変な苦痛を強いた。プロジェクトの完了報告会の場で、ファーウェイのある幹部は、「ＩＢＭにとってはコンサルティング・プロジェクトの一つに過ぎないが、われわれにとっては、生まれ変わるのと同じことだ」と感極まって涙を浮かべたという。

まるで自分の足を削って米国の「靴」に合わせるかのような大掛かりな組織改革だった。それを断行した結果、商品開発、製造だけではなく、販売、人事、財務などの面でも一連の仕組みを整えたファーウェイは、見違えるような現代的な企業へと変身した。

変革プロジェクト終了の翌２０１０年、売上高２１８億ドルでファーウェイは「フォーチュン・グローバル５００」の３９７位に初めて顔を出した。通信機器メーカーではスウェーデンのエリクソンに次ぐ世界第2位への躍進だった。その後、毎年のように順位を上げ、２０１７年には83位で初めてトップ１００入りを果たし、２０１９年には49位に順位を上げた。

ファーウェイが頼ったのはＩＢＭだけではない。多くのコンサルティング会社を使って業務プロセスを刷新した。米国有数のヘイグループは人事システム、マーサー・ヒューマン・リソースは組織構造、プライスウォーターハウスクーパースは財務会計システム、アクセンチュアは営業システムで、それぞれ再構築を請け負った。こうして見ると、ファーウェイは中国企業というより米国企業に近いと言えるかもしれない。

外資系コンサルタント会社のコンサルタントの時間当たり報酬は300〜600ドル。それを数百人単位で何カ月にもわたって14年間払い続けたファーウェイは、中国企業で最も多額の「授業料」を支払った企業だろう。

「私はしっかりと『米国の靴』を履く必要があると考える。彼らから謙虚に学ぶことで、初めて彼らに追い付くことができるのだ」

任正非は幾度も社内にこう呼びかけた。二十数年経ったいま、その謙虚な「学生」は、米国が最も恐れる企業に成長した。

中国流と西洋流が融合した企業文化

欧米のコンサルティング会社によって経営管理システムを構築した企業は多数あるが、フアーウェイが欧米企業と肩を並べ、追い越すまでに成長した理由は何だろう。ファアーウェイは確かに欧米企業の経営管理システムを導入した。しかし、それにもかかわらず、ファアーウェイには独自の企業文化が色濃く残っている。

端的に言えば、失敗などを内省する「自己批判」、苦労に耐えて奮闘する精神、毛沢東思想など東洋流の哲学に強く影響された企業文化である。任正非は、かつて軍に入隊したとき、毛沢東思想をよく学んだ個人として表彰されたことがある。

1998年に制定された会社としての基本方針「ファアーウェイ基本法」では、知識や従業員の個性尊重を価値観として宣言した。その後、ファアーウェイのコアな価値観は、以下の4つに進化した。*

・お客様志向
・報われる献身（奮闘精神を根幹とする）
・弛《たゆ》まぬ努力
・内省による自己成長（継続的な「自己批判」）

2018年末に策定された「ファアーウェイ人的資源管理綱要2・0」で、「自己批判」は

*ファアーウェイ・ジャパンの日本語訳は「お客様志向、報われる献身、緩まぬ努力、揺るがぬ向上心」だが、内容により合わせるため、訳文を少し変更した。

コアな価値観を実現するためのツールとして定義された。現在、ファーウェイのコアな価値観は、公開情報を総合すると、図表5－6のようになっている。

ファーウェイのコアの価値観の中国語原文は、以下の通り。

「一切以客戸爲中心，以奮闘者爲本，長期堅持艱苦奮闘，堅持自我批判」

お客様志向

社会インフラとなる通信機器を提供するファーウェイにとって、お客様志向は予定通りの納入と顧客のネットワークの安定稼働という責任感を意味する。だから、僻地であろうと災害であろうと時には戦乱であろうと、ファーウェイ従業員は弛まぬ努力をし、忠実に約束通りの仕事を完成させていく。これが、グローバルに多くの顧客の信頼を獲得できた原点である。

内省による自己成長

この価値観を十数万人の社員に浸透させるために、２００８年にファーウェイは社員全員が閲覧できる社内ＳＮＳ「心声社区（本音コミュニティ）」を立ち上げた。本音コミュニティには、従業員の悩み相談、成功体験、ファーウェイに関する報道など、さまざまなコーナーがある。

図表5-6　ファーウェイのコアの価値観

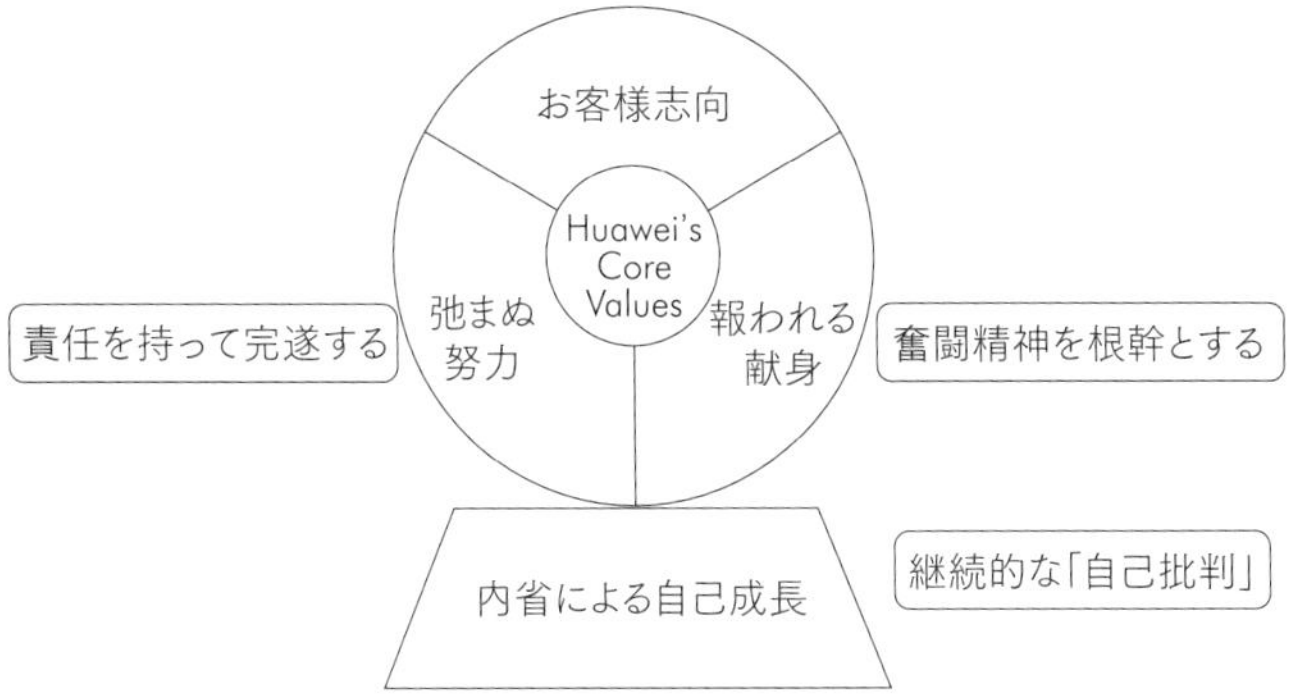

出所：ファーウェイに関する各種公開情報を元に筆者作成

時折、「総裁弁公室からの手紙（社長室からの手紙）」として、経営層の考え方を掲載し、従業員が経営方針などを直接確認できるようにしている。この本音コミュニティは「ファーウェイのローマの広場」と呼ばれ、会社の制度や方針への意見、現場の課題など、誰でも気軽に発言できる。

ローマ帝国といえば、隣国をどんどん征服して勢力を拡大させていった印象があるが、傘下に収めた国に対しては、一方的に支配して自国の価値観を押しつけるようなやり方をせず、征服した先が持つ独自の言語や宗教、慣習などには干渉しなかった。

その「寛容さ」によって、各国の主体性を重んじながらも分割統治を実現させ、一般市民の発言権も保障され、長く繁栄を続けることができた。

ファーウェイが敢えて社内コミュニティを「ローマの広場」と名づけ、従業員の意見をうまく引き出すようにしている意図は明白だ。自由に自身の考えを発表でき、正しい意見が認めてもらえると、自らの行動に自信を持てるようになり、その結果、指示がなくとも自ら考え、動くことができるようになるからだ。

任正非もこの本音コミュニティの内容をよく見るが、「批判的な内容しか見ない」という。現場で何が起きたか、経営陣が正しいことをやっているかを従業員の本音を通じて、直接把握する。場合によって、指摘された問題が本当にあるか、調整を指示したりもする。風通しの良い組織を構築することで、19万人の大企業に成長しても、従業員のモチベーションを落とさずに前進することが可能となるのだ。

任正非は社内の意見を吸い上げるだけではなく、管理職には一歩踏み込んだ「自己批判」を求める。日本で言うところの「振り返りと反省」である。

任正非は欧米の多くの成功企業が繁栄の頂点から一気に転落した事例を嫌になるほど見てきた。ちょっとした成功で有頂天になることを常に警戒し、「管理職が真実を直視せず、批判的な意見に耳を貸さず、学習することも成長することもなく、正しい意思決定や事業推進ができなくなる」事態を「自己批判」によって防ごうとしている。

「自己批判」の本質は全否定の批判ではなく、自らを最適化し、成長させるための批判なのだ。その最終的な目標は、企業全体の競争力を高めることにある。その根底にあるのは、ファーウェイの強い危機意識だ。

絶えず自分自身の足りないところを見つけ出す「自己批判」は、硬直的な組織になることを防ぎ、挑戦し続ける企業文化を育てあげ、ファーウェイを常に進化させ続けていく。欧米のライバルとの競争で互角以上に戦えるようになった要因と言ってもいい。

「経営幹部は使命感を、中間管理職は危機感を、一般社員はハングリー精神を持つべし」

こんなモットーが、ファーウェイにはある。西洋流のルールに従ってフェアに競争しながら、東洋流哲学が浸透した従業員が献身的な奮闘精神で日々進歩を遂げている。これが世界の通信機器業界に確固とした足場を築いたファーウェイを支える独特の企業文化である。

知的財産権の重視

現在のファーウェイでは、研究開発への注力と知的財産権の重視が当たり前になっている。創業当時、知的財産権の侵害をめぐり、再三先行企業から訴えられた苦い経験がある

図表5-7　主要通信機器企業の研究開発費用

（2008～2019年）

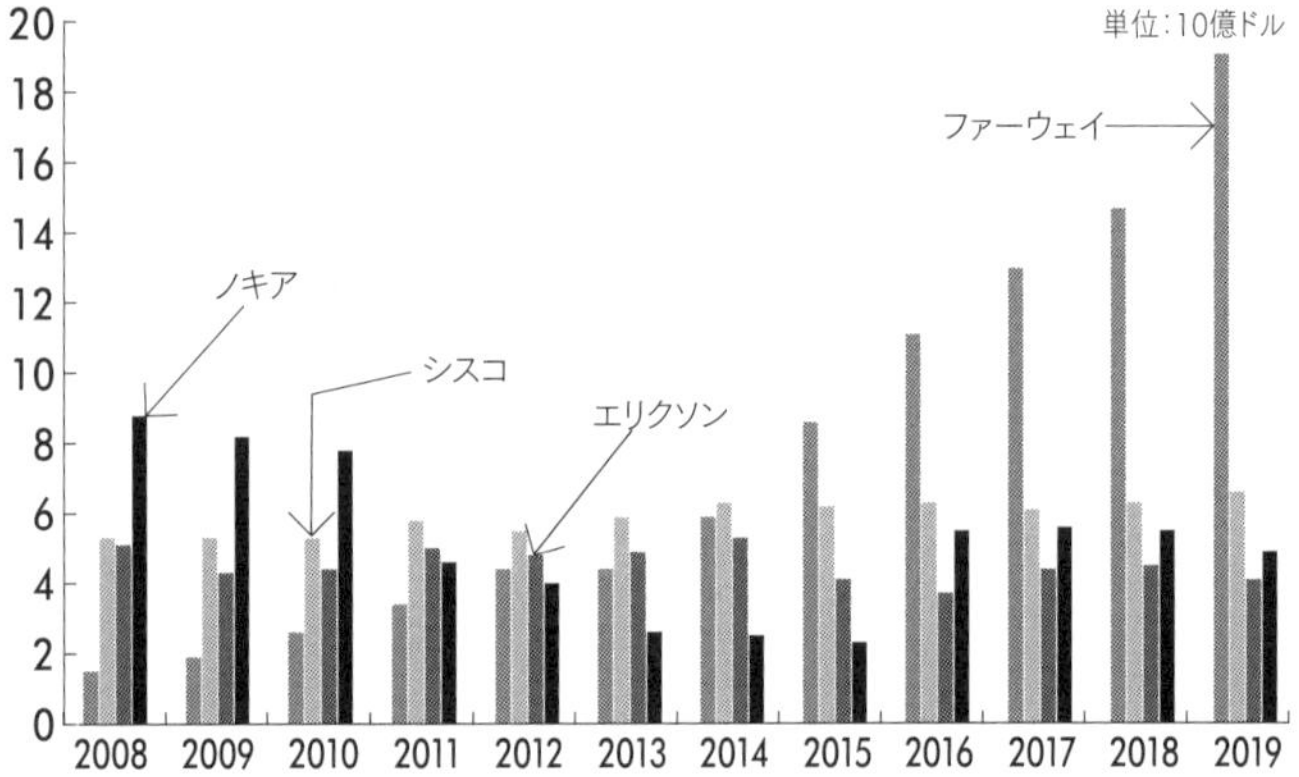

出所：各社の年次レポートよりNRI作成

からだ。

２００３年1月23日、米通信機器大手のシスコはファーウェイが自社の知的財産権を侵害したとして米国の裁判所に提訴した。訴状は70ページ以上に上り、ファーウェイ製品の米国での販売停止を求めていた。これまでの中国企業と違って、知的財産権の侵害を認めないファーウェイは不退転の決意で訴訟を受けて立つことにした。米国の大口顧客を味方につけて1年半争った結果、２００４年7月28日、シスコと和解に合意した。

和解条件は、シスコとファーウェイ双方が自社製品の販売を

図表5－8　ファーウェイのPCT国際特許出願件数の推移

（2006－2019年）

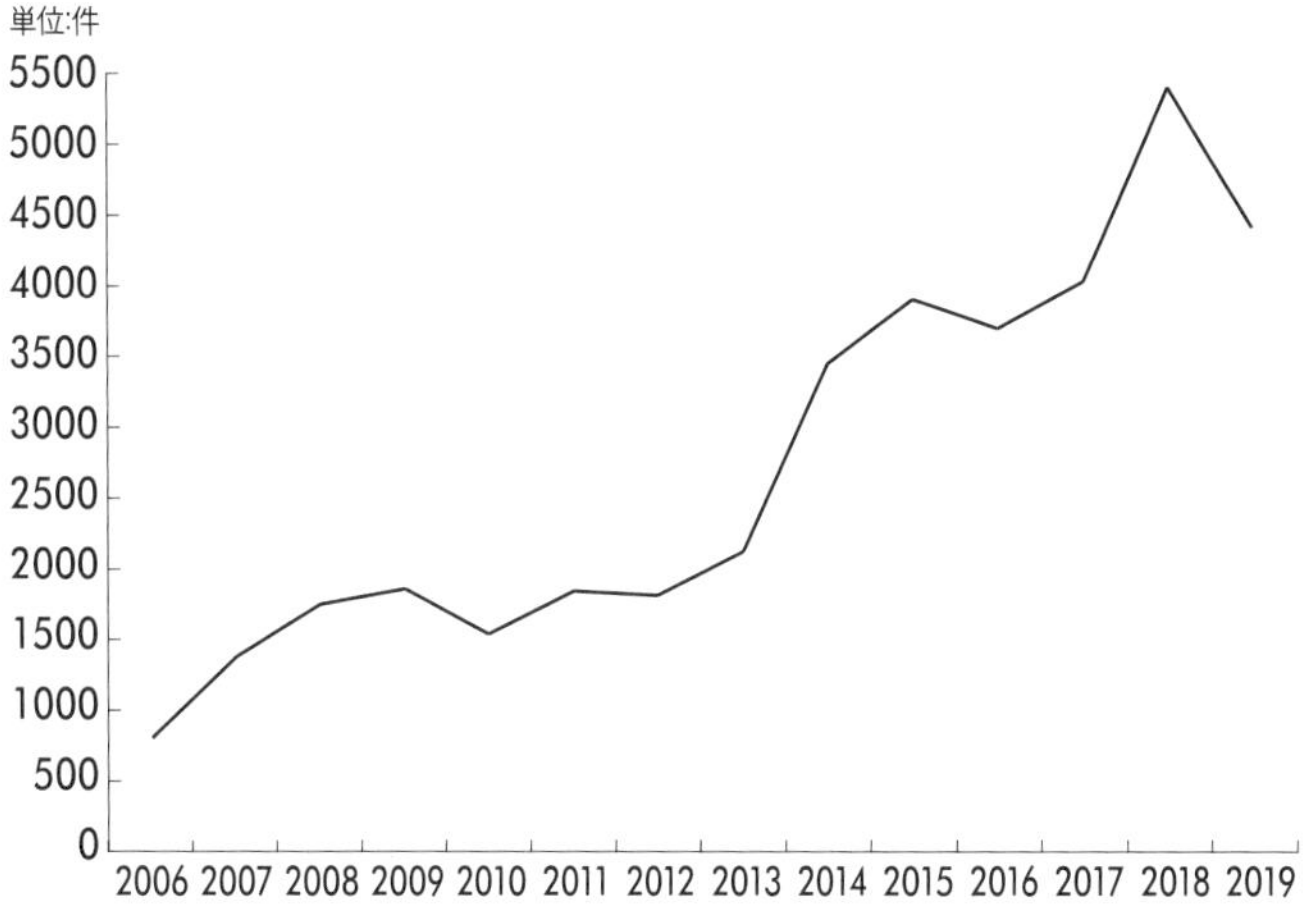

出所：https://www.wipo.int/pct/ja/activity/よりNRI作成

継続し、訴訟費用は各自負担、謝罪も賠償金もない、というものだった。加えて、シスコ側は今後、同様の理由でファーウェイを提訴しないという条件も含まれていた。

このシスコとの訴訟から約10年間、ファーウェイは特許に関する数多くの紛争や交渉に直面した。その過程で、技術の自主開発の大切さとグローバル化のカギは法に従うことであるということを学んだ。

図表5－7では、ここ12年間の世界の主要通信機器メーカーの研究開発費について比較してみた。２００８年頃のファーウ

ェイの研究開発費は他社の半分以下だったが、近年は他社を遥かに上回る規模になっている。2019年の研究開発費を見ると、ファーウェイはシスコの約3倍、シスコ、エリクソン、ノキアの3社合計をも上回っている。

世界中から優秀な頭脳を集め、継続的に研究開発費を投入した結果、ファーウェイの国際特許出願件数は年々増加している(図表5－8)。2008年に1737件で初めて世界トップに躍進して以降、ここ数年は平均して1日約12件のペースで特許を出願している。

独り勝ちしないオープン戦略

ファーウェイの知的財産権北京支部の閻新部長は、2014年に北京で開催された「知的財産権の価値・投資と産業発展フォーラム」で次のように述べた。

「毎年、特許ライセンス料として3億ドル払っているが、400億ドルの売上から見れば発展には必要な支出だ」

ファーウェイは他社とのクロス・ライセンス契約を積極的に進めてきた。同社が知的財産権分野で世界のトップ企業と肩を並べるようになったのは、自社開発に加えてパートナーとの提携戦略も大きな要因だ。

例えば、2002年にNEC、松下通信工業と第三世代携帯電話の調査研究を行ったのを皮切りに、2003年には米スリーコムとネットワーク機器の合弁会社を立ち上げ、2005年にドイツ・シーメンスと次世代無線通信技術を開発する会社、2006年には米モトローラと上海に研究開発センターを設立した。

ファーウェイは競合他社と競争しながら、時には他社製品とのセット販売、特許のクロス・ライセンス、次世代技術の共同研究などで提携している。その結果、2013年以降、欧米企業との特許紛争も落ち着きを見せている。

2013年にEUがファーウェイをダンピングで調査した際には、ノキアやエリクソンがファーウェイ擁護に回り、2014年になってファーウェイのダンピング調査は撤回された。これは独自技術を積み上げながら他社とも連携し、独り勝ちしないオープン戦略を貫いてきた結果と言える。

現在、ファーウェイは1万3000社に上る世界中のパートナー企業と取引している。2018年には部品だけで700億ドル分を各国サプライヤーから調達したが、その16%に当たる約110億ドルは米半導体大手クアルコムからだ。日本にも約100社のサプライヤーがあり、2018年の取引額は66億ドル（約7300億円）だった。その額は日本の対中輸出額の4%近くを占める。

ファーウェイは、世界中のパートナーと組んで製品を開発、製造してきた。トマス・フリードマンが『フラット化する世界』（邦訳日本経済新聞出版）で描いたグローバル化によって成長してきた企業だ。

しかし、近年は強まる米国の制裁措置がその戦略に影を落としている。パートナーから供給されてきた部品が突然、入手できなくなり、窮地に陥ることも再三あった。「許可さえ下りれば、引き続き米国のサプライヤーから部品を購入する」とファーウェイ側は言明している。それに応えるかのように、米国の輸出規制にいち早く反対意見を表明したのは米国の半導体協会だった。

ボストン・コンサルティング・グループ（BCG）のレポート（2020年3月）によれば、米半導体企業はファーウェイとの取引が消滅すると、世界シェアの18％を失い、37％の収入減になる。その結果、米半導体企業の技術開発に深刻な影響を与え、1万5000人から4万人の技術者が職を失うという。

米政府に輸出許可を申請した各国企業のうち、インテルやクアルコムなどの米国企業だけが一部製品に限って輸出許可を得たと報道された。自国の既製品の輸出は許可するが、ファーウェイが設計した高機能半導体の台湾TSMC社による製造は許さないという米国側の措置には、ファーウェイ弱体化の意図があることは明らかだ。

7月末、上海市などの大学を訪れたファーウェイの任正非は、こう発言した。

「度重なる米国の厳しい制裁を受け、われわれはついに理解した。米国の一部の政治家はわれわれを正そうとしているのではなく、われわれの死を望んでいる」

厳しい状況に追い込まれているなか、任正非は技術面の対米依存からの脱却を図り、大学での基礎研究の強化を呼びかけた。ファーウェイ社内で、米国の技術に依存しない製品を作るプロジェクトを立ち上げたという。独自のOSソフト開発もその一つだ。

アップル、グーグルに次ぐ第三の極の構築へ

現在、販売されているアップル製品以外のスマートフォンやタブレットの多くは、基本ソフト（OS）にAndroidを採用している。Androidには、電話やメールなどの必要最低限の機能しか装備されていない。スマホやタブレットを快適に利用するために、端末メーカーが必要な機能を補ったり、独自のユーザー・インターフェースを追加したりして、Androidをカスタマイズしたものを端末に搭載する。

また、自社以外のサードパーティーが開発した便利なアプリをスマホ利用者に届けるため、アプリ・ストアやWebブラウザなどの機能やサービスを搭載する必要がある。Android

端末でこのプラスアルファの機能をまとめたものが、グーグルのGoogle Mobile Service（GMS）コアだ。

このGMSコアには、アプリ・ストア「Google Play」のほか、メールアプリ「Gmail」、Webブラウザ「Google Chrome」、動画サービス「YouTube」、地図アプリ「Google Maps」など、グーグルが提供するさまざまなアプリやサービスが含まれている。Android自体はオープンソースであるため誰でも自由に利用できるが、GMSコアを利用するにはグーグルのライセンスが必要だ。

米国の制裁の影響でファーウェイの端末に搭載できなくなったのが、GMSコアに関連するサービスだ。GMSコアが提供するアプリやアプリ・マーケットはもちろん、GMSコアが提供する機能を呼び出して使っているその他多くのアプリとの互換性も失われる。結果として便利なサービスに慣れたユーザーのファーウェイ端末離れが進み、大きな痛手となる。

そこでファーウェイは、GMSコアの代替として「HMS（Huawei Mobile Service）コア」と自社OSである「鴻蒙（「ハーモニー」）」の開発に舵を切る。アップルやグーグルに次ぐ第三のエコシステムを構築する大きな決断だった。

しかし、世界の覇者であるアップルやグーグルにチャレンジするのは、大きな壁に立ち向かうようなものだ。アップルiOSやグーグルAndroidのようなスマホ向けOSは数百万ものアプリがその上で動き、巨大なエコシステムが形成されている。

ファーウェイが同じようなエコシステムをつくるには、かなりの時間と労力が必要だ。ファーウェイのスマホはグローバルで7億台以上出荷され、中国国内では市場の4割を占める。中国国内市場ではもともとグーグルのGMSは利用できないため、代替は容易だが、肝心なのはグローバル市場でどのぐらいシェアを獲得できるかだ。

他社にはない機能による差別化

2019年の開発者大会でHMSの育成を宣言したファーウェイは、エンジニア3000人を投入し、HMSコアの充実に注力した。1年でHMSコアはバージョンアップを繰り返した。その結果、HMSコアはAndroid向けアプリが容易に移植できるだけではなく、Androidにはない独自な機能も組み込んだものとなった。

HMSコア5・0は、2019年当時は14しかなかった機能を56まで拡充し、決済、広告、ブラウザ、地図、検索といったコア機能を提供するほか、例えばグローバルな主要13種類のバーコードをすべて識別できるバーコードリーダーのScan Kitのような、グーグルにはない機能も加わった。

フランスに本社を置くゲームソフト開発・配信会社ゲームロフトは、ファーウェイのツールを活用して、スマホをテレビにタッチするだけでスマホ画面をテレビに簡単に投影で

図表5-9　第三極にチャレンジするHMS

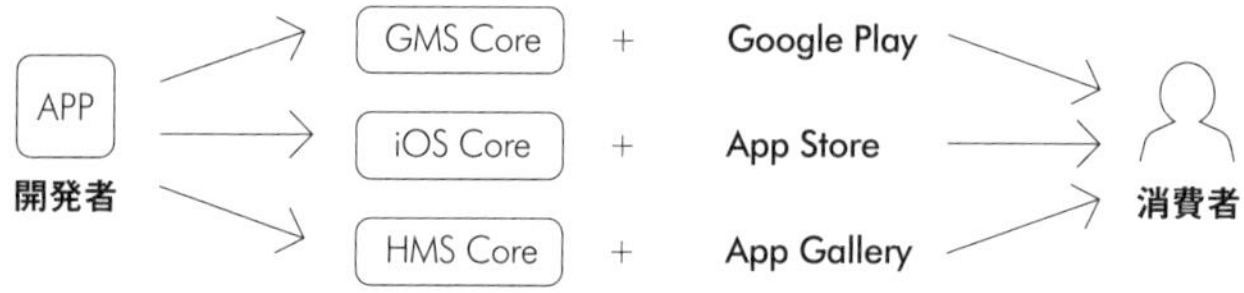

出所：2020年9月ファーウェイ開発者大会発表資料

き、大画面ゲームが楽しめる機能を実現した。

アプリを簡単に移植・連携できるように、ＡＰＩを１年前の８８５から一気に１万２９８１に増やした。これにより、ＨＭＳコアに含まれているアプリ・ストア「AppGallery」のアプリ数は９万６０００に増えた。「AppGallery」に「ウィッシュリスト」機能を設け、ユーザーがほしいアプリが「AppGallery」に登録されていない場合、「インストール」の代わりに「追加」ボタンが表示される。

「ウィッシュリストに追加する」の意味で、追加しておけば、当該アプリが利用可能になったときに通知してくれる。１年間で３００万ものウィッシュリストを実現させた。

海外ユーザーは「AppGallery」で、アジア、アフリカ、ラテンアメリカで人気のアプリの95%、ヨーロッパのローカルアプリ85%が利用可能になった。ファーウェイ開発者大会の発表資料（図表５－９）によると２０２０年９

月時点でHMSは170カ国以上をカバーし、MAU（月間アクティブ・ユーザー数）は4・9億人に達した。2020年に入っても好調で、1月から8月までにアプリのダウンロード数は2610億回に達した。

MAUが20億人のグーグルの発表によると、2019年のGoogle Playの年間ダウンロード数は1160億回。比較すると、HMSはグーグルを猛烈に追い上げているといえる。

ただ、グーグルやアップルは既に200万から360万個のアプリがあると言われ、ファーウェイとの差は歴然としている。追い上げのためには、開発者やエコシステムのパートナーとのさらなる協力が必要だ。

オープンな協力体制の構築

ファーウェイは10億ドル（約1100億円）を投じて、「H-Star（耀星）計画」（Huawei Shining-Star Program）によってエコシステムにアプリを展開する開発者を支援すると発表した。加えて、アプリによる収益は開発者により多く配分する戦略を打ち出した。

アップルやグーグルでは、アプリの収益の3割を徴収するのが慣例となっている。ファーウェイは初期段階では15％以下に抑え、開発者を支援する姿勢をアピールしている。

また、世界中の優秀なアプリ開発企業との連携を全面的に打ち出した。例えば、オランダの地図会社TomTomと提携し、使えなくなったグーグルマップを代替する地図機能を開発した。中東のアラブ首長国連邦の決済アプリPayByは、ファーウェイのSecurity Kitを活用することで顔認証による決済を実現した。

東南アジアの人材サービスGrabJobsは、ファーウェイのCaaS Kitを組み込むとワンクリックでビデオ通話を起動でき、より便利に面接ができる。こうした機能提供だけではなく、新興アプリの育成にも力を入れている。フィリピンの動画アプリKumuはファーウェイとの15日間の「母の日」イベントを通して有料会員が2・2倍に増え、収入が40倍に伸びた。1日の最大取引額は4000ドルを超えた。

海外の有力アプリが中国の巨大市場に参入しやすくなるように、中国の独特な法規制や顧客習慣についてアドバイスしたり、ローカライズサービス、販促などの支援を行ったりしている。中国市場での強力なユーザー基盤を活用して、HMSは既に700以上の海外アプリを中国市場に参入させている。

HMSに協力する開発者も2019年の90万人から2020年には180万人に倍増し、海外アプリの数も2019年の6000から7万3000へと10倍以上増えた。ファーウェイはHMSプラットフォームをオープンにして、開発者にこう協力を呼びかけている。「誰もが満天の星を消すことはできない。開発者の一人ひとりの力は、仮に星の光のように微かでもファーウェイはそれを大事にしていきたい」

図表5-10　HMSの概念図

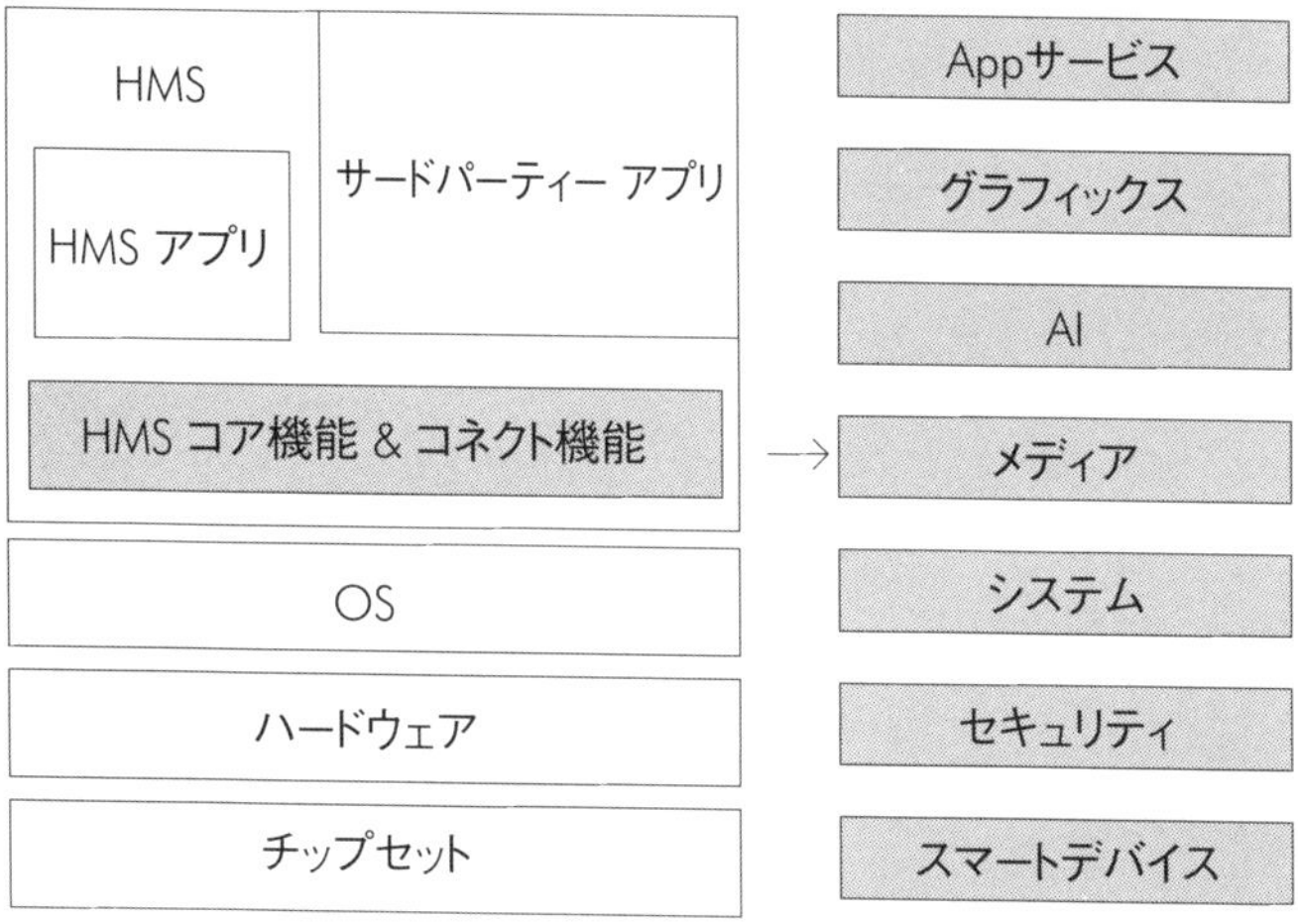

出所:ファーウェイ開発者大会発表資料などよりNRI作成

ＩＯＴに活路を見出す

実は、ＨＭＳのエコシステムの中心的な役割を担う独自ＯＳのハーモニーは、米国の規制が強まった２０１８年頃から、AndroidやWindowsが利用不能になる日に備えて、「プランＢ」として本格的に動き出している。

このＯＳは、２０１２年からオープンソースをベースに開発されたもので、当初はＩＯＴでの利用を目的としていた。２０２０年９月10日、広東省東莞《ドウガン》市で開かれたソフトウェア開発者向けイベントで、ハーモニー2・0が発表された。

ハーモニー2・0と従来のOSとの違いは、世界初の「マイクロ・カーネル」ベースの分散型OSである点だ。AndroidなどのOSは「マクロ・カーネル」ベースのOSで、各種機能を密に結合することで処理効率を向上させているが、万一、あるプロセスに不具合が生じると、その影響は別のプロセスにまで拡大してしまう弱点がある。

ハーモニー2・0のような「マイクロ・カーネル」ベースのOSは、その名の通りカーネル（中核部分）をマイクロ（必要最小限）に抑えることで、複数のデバイスにまたがって一つのアプリが動作可能となる。このため、コンパクトな設計で家電製品などにも組み込みやすい。

ハーモニーOSは、パソコンや携帯電話、スマート家電、自動車、ウェアラブル端末などのデバイスでも共通して使えるし、IoT向けに柔軟かつ低遅延の通信機能が統合されている。高速な独自のファイルシステムやデータベース、検索機能なども搭載している。

1つのアプリが複数のデバイスにまたがって自律的につながり、動的に遅延を調整しながらWi－FiやBluetoothなどを通じてネットワークを横断的に動作するアプリが作れる点は開発者にとって面白い。消費者も、デバイスの枠を超えてハーモニーOS上でさまざまなアプリを連動させられる。自分の健康に関する情報を携帯電話から電子調理器具にインプットして、健康状況に合わせて調理してもらうといった具合だ。

2019年8月、ハーモニーOSはスマート・ディスプレイ「Honor Vision TV」に搭載された。2020年7月に発売された電気自動車大手の比亜迪（BYD）の新型車にもハーモニーOSをベースにした自動車向けOSが搭載されている。

2020年12月にはスマートフォン、その後はタブレットやスマートウオッチなどに実装を広げていく予定で、AndroidベースのOSに取って替わっていくことはほぼ確実だ。

ハーモニーの中国語名「鴻蒙」は、古代中国の神話に由来する。古代中国では、宇宙誕生以前は「鴻蒙」（混沌の意）と呼ばれた。5Gの普及によってすべてのモノがネットにつながるIoT時代が幕を開けたが、まだ勝者がはっきりとしない混沌とした状況だ。ファーウェイは、自前のOSとモバイルサービスを切り口に、不本意ながら第三極をめざすことで、米国の包囲網からの生き残りを図っている。

ファーウェイの強さの秘密その1

「自己革新」する組織

通信機器業界の栄枯盛衰は激しい。モトローラのような世界に君臨した企業でさえ、競争から脱落して一部がレノボに身売りされるなど往年の力はない。後発のファーウェイは、常に競合他社の脅威に晒されている。生き残るためには、環境の変化や組織のゆるみを敏感に感じとり、戦略や戦術をダイナミックに変えつつ組織的に行動していく「自己革新」が求められる。

この自己革新型組織を構築するため、任正非は軍での経験、毛沢東の戦略、米軍の戦術を大いに参考している。

ファーウェイには、管理者及び優秀なスタッフ向けの推薦図書リストがある。米軍の優秀な指揮官が書いた著作が多く含まれている。

ジェイソン・A・サンタマリア、ビセント・マルティノー『海兵隊の作法　機動作戦の方式で勝てる組織をリードする』やアニー・ジェイコブセン『ペンタゴンの頭脳　世界を動かす軍事科学機関DARPA』（邦訳太田出版）、さらにスティーブン・L・リアーデン『戦争の意思決定者　統合参謀本部の歴史1942－1991』、スタンリー・マクリスタル『TEAM OF TEAMS　複雑化する世界で戦うための新原則』（邦訳日経BP）などだ。最強米軍の組織論や歴史から、ファーウェイの組織設計に多くのヒントを得ているのだ。

米軍由来の仕組みの象徴は、企業内部に「仮想敵」を取り入れたことだ。米軍では軍事演習の際、自軍を「藍軍」（ブルーチーム）、仮想敵を「紅軍」（レッドチーム）に分け、部隊を編成して実戦さながらの対抗演習をする。

ファーウェイでは色を逆にして自軍は紅軍、仮想敵が藍軍となる。企業内に組織として藍軍が設立されたのが２００６年。当初、藍軍は戦略マーケティング部に所属していた。

既存の事業部門である紅軍に対し、藍軍のミッションは、紅軍を知り尽くした上で複眼的な角度から紅軍の戦略、商品、ソリューションをチェックして、問題点やバグを見つけ出し、競合相手の立場に立って3年以内に紅軍（ファーウェイ）を倒す戦略を立てることだ。その狙いは、経営陣に危機感を与え、正しい意思決定を促すためだ。

藍軍の最大の戦果は、経営陣が下した携帯端末事業の売却決定を覆したことだ。２００７年、アップルがiPhoneを発売し、モバイル・インターネットの時代が幕を開けた。

当時世界シェアトップのノキアは、携帯電話だけで中国市場で史上最高の64億ユーロの収益を上げ、販売台数は７０７０万台の新記録を達成していた。ある研究機関の試算によると、２００８年に中国の携帯電話の出荷台数は2億５４００万台になり、年間23％の成長が見込まれた。

ファーウェイの藍軍は時代の流れを敏感に察知して、スマホ市場を入念に調査した。２００８年、ファーウェイ経営陣が収益に貢献していない携帯電話事業を外資に売却する検討をしていたところ、藍軍から反対意見を盛り込んだレポートが提出された。

「未来の通信業界は、端末とネットワークとクラウドが三位一体で、携帯電話が利用者のニーズを理解するのに非常に重要であり、よって売却に反対する」

最終的に、経営陣は藍軍レポートを受け入れ、売却を見送った。10年後の2019年、携帯電話事業を担う消費者事業部の売上は会社全体の54％を占めるほどに成長した。藍軍の反対がなければ、ファーウェイはいまの地位を築けなかったはずだ。

携帯電話事業が軌道に乗ると、藍軍の役割は紅軍が開発した製品や技術に対して異なる発想や意見を出すことが主な任務となった。場合によっては、粗探しもする。

ある機種を高温テストした際、粘着剤の滲み出しが起きた。その確率はわずか数千分の一程度だったが、藍軍の主張で発売中止となった。損失は、9000万元（約14億円）を超えた。

2015年以降、藍軍は経営陣の直轄組織になり、対象範囲は研究開発だけではなく、会社の戦略策定、人事制度、役員の活動などの分野に広がり、経営陣に直に厳しい指摘を届けている。藍軍の指摘を受けた経営陣は、良い意見と思えば、それをすぐさま数千人もの管理者に伝達し、反省と軌道修正を促している。

藍軍の指摘によって課題が明るみに出ると、紅軍からそれを良く思わない幹部が出てくるのは当然だ。任正非は藍軍が多少言い過ぎても大目に見るように理解を促している。

また、優秀な藍軍メンバーを紅軍幹部に登用したり、紅軍幹部を藍軍に転籍させたりすることも実施している。このように常に社内で違う立場から違う声を出し続けることにより、組織として緊張感と冷静さを保つことを図っている。19万人の大組織は多少の成功で満足することなく、柔軟に軌道修正しながら、常に進化し続けるモチベーションを保っているようだ。

ファーウェイの強さの秘密その2
現場主体のイノベーション

「砲声が聞こえる前線に指揮権を与えるべきだ」

ビジネスの現場に決定権を与えるべきという意味なのだが、ファーウェイの管理職は英語の専門用語を流暢に話しながら、こんな軍隊的な言い回しをよく口にする。

若くても積極的に役割を与えて失敗を許す企業文化があり、それが技術者に果敢に挑戦する勇気を与えている。現場の中間管理層に裁量権を与えたり、アイデアや意見を自由に出してもらって旧来の組織の垣根を取り払ったり、問題解決に努力することが奨励されている。

その典型的な事例が、携帯電話事業の逆襲だ。現在、コンシューマビジネス部門の余承東（リチャード・ユー）CEOは、2012年、不振にあえいでいた携帯電話事業へ異動した。前任の責任者3人がこの事業を担当したが、低迷した状況を打開できなかった。

当時の中国は、ハイエンド向けではアップルやノキアなど外資が牛耳る一方、ファーウェイが主に参入していた低価格帯市場では国内メーカーが乱立して過度な価格競争に陥っていた。

余承東は着任早々、通信キャリアから委託されていたOEM（他社ブランドの製品の製造）の携帯電話とスマートフォン以外の携帯電話の生産を中止させた。安定した収入が得られた業務を切る決断は、これまで誰もできなかった。余承東は経営資源をスマホに集中し、中低所得層向けに2999元（約5万円）の「P1」、ハイエンド市場向けに「D1」を開発させた。しかし、この2機種はどちらも売れなかった。頻繁にフリーズした「D1」を使った任正非が、その品質の悪さに激怒したという。

2016年、余承東は「3年以内に世界の携帯電話のリーディング・カンパニーになる」とあえて高い目標を掲げた。この目標を聞いた業界内では、余承東を「大ほら吹き」と揶揄する声が上がった。多くのファーウェイ幹部は余承東の交代を求めたが、現場の意思決定を尊重した任正非は余承東を応援し続けた。「余承東を支持しないのは、私を支持しないのと同様だ」と語り、余承東に再起のチャンスを与えた。

常識にこだわらない異端児の余承東は、ファーウェイの携帯電話を安かろう悪かろうのイメージから脱却させるために、思い切った戦略に乗り出す。

まず写真好きの中国の消費者向けに、スマホのカメラ機能を強化した。これまでのスマホの常識を覆す破格のカメラ機能である。ドイツの老舗光学メーカー、ライカ製のトリプルカメラを世界で初めて搭載し、しかも撮影時に最適な色と露出のバランスをＡＩが自動判別して調整する優れた機能が付いていた。

撮影時の構図をＡＩが予め学習し、逆光などでも背景と被写体の明るさを自動的に感知して、両方が適切な明るさになるようにする。さらに、操作は従来のスマホのカメラとほとんど変わらず、煩雑な設定や操作も不要だった。

これまで一度も変わらなかったデザインにもこだわりを見せた。２０１２年に有名スポーツカー、ポルシェの付属品や関連グッズをデザインしている会社に依頼して、２０１６年に初のコラボ・スマホ「Mate 9」を発売した。ポルシェの流線状デザインがスマホのボディに取り入れられ、価格は８９９９元（約14万円）と高めに設定したにもかかわらず、予想の10倍以上売れた。

また、有名ブランドとのコラボから踏み出して、自社のデザイン能力を向上させるため、２０１５年３月、パリにデザイン研究センターを開設し、エレクトロニクスから医療用品、建築まで幅広い分野で世界的に活躍してきたフランス人デザイナー、マチュー・ルアヌールをチーフ・デザイナーとして迎えた。数々のイノベーションの積み重ねで、ファーウェイのスマホ販売台数は右肩上がりに増えていった。

顧客ニーズへの深い理解をベースに中国製スマホはコピー商品というイメージを覆した。高画素カメラや超急速充電搭載、5G対応でも税抜き価格は3万円台。比較的低価格ながら高スペックな端末が世界で人気を博し、米国の制裁措置にもかかわらず、新型コロナ禍の2020年4月から6月までの携帯電話の出荷台数で、ファーウェイは韓国のサムスンを抑えて初めて世界トップに立った。コロナの影響で世界の携帯電話出荷台数が前年同期比で16%減少した中、ファーウェイは5580万台を出荷して世界シェアの20%を占めた。

こうして目標の実現に向けてリーダーシップを発揮した余承東は、任正非の期待通り、携帯電話を柱の一つに育て上げた。

ファーウェイの強さの秘密その3

中央集権的組織から変化に適応する分散型組織へ

複雑性と不確実性が強まっているいまの世界では、優秀な人材や技術があったとしても、計画・実行型の従来型組織ではもはや通用しない。通信業界は環境変化が激しく、モトローラ、ノキア、シーメンスといったかつて世界に君臨した企業でさえ、通信機器事業を売却せざるを得なかった。常に勝ち続けることは極めて難しい業界だ。

ファーウェイは変化に柔軟に適応できるように中間管理職の意識改革に取り組み、ヒトデ型経営を導入した。事業部や海外拠点のトップは上から指揮するのではなく、サービス提供役と調整役に役割を転換し、現場や第一線に自ら入り込むことを求められる。

事業部トップは官僚ではなく、部員のお使いだと任正非は強調する。上からの指示を待って意思決定するのではなく、自ら現場の状況に合わせて決めるようにし、万一、組織の一部が機能不全に陥っても、残りの組織が自律して生き残れるヒトデ型組織を掲げる。

効率性は大切なことではあるが、デジタル時代の組織は複雑な状況と絶え間ない変化の波に晒される。上からの指示を待っていては、時期を逸してしまう。必要な経営資源は、個々の組織で判断して調達する。そのための十分な権限を与える。

「稟議」を回して上層部の承認を得ることを減らす。その代わり、それ相応の目標と責任を負わせる。ただし、進んでリスクを冒して責任を負う管理者を大事にする。失敗や多少の遠回りを許す原則を定めた。本社は財務、予算、監査、法務などの監督機能だけにとどめ、各組織に戦略策定、業務方針、評価、人事などを任せるようにした。

「横の権限分散と縦の権限移譲[*]」によって、本社経営管理部門は四つの役割に注力する。

・戦略分析
・業務の境界線と管理ルールの明確化
・役員の監督管理
・監査

各業務組織は各自の戦略に基づく事業展開を求めるが、短期間の勝ち負けは許す。ただし、野放図に無限に資源の投入を許すわけではない。「その事業は、世界のトップ3に入るほどの見込みがある」という条件付きだ。

ファーウェイは、それぞれの部門が自律分散型組織として全体の戦略に力を合わせて進み、変化に柔軟に対応できる組織となった。その結果、米国から叩かれても叩かれてもすぐには「死なない」強靭な企業に成長した。

経理財務などの部門の従業員の多くは、現場経験者で業務への深い理解を有する。グローバルな業務の効率的な運営を支えるように、バックオフィス業務も先端技術を導入し、いろんな工夫をしている。

例えば、年間１２０万件ほどの費用精算が発生するが、スタッフはシステムに必要な情報を入力するだけで、後はロボットがルールに則り、自動で会計伝票を作成し、事務処理のミスを減らすことで労力も大幅に軽減した。また、ＩｏＴを資産管理に適用し、重要な資産にＲＦＩＤタグをつけた。２０１８年時点に既に52カ国２３８２カ所の14万件の資産につけられ、５分毎に位置情報を収集し、正確かつ効率的に資産管理を行っている。

＊２０１７年11月、「任正非による人的資源管理綱要２・０の改訂と検討会議での講話」から引用。

ファーウェイの強さの秘密その4

自主開発の堅持と惜しまぬ投資

株式上場している競合他社が年単位や数年単位で事業計画を策定しているのに対し、ファーウェイは自社の発展計画を10年単位で策定している。いずれ米国から半導体やその他の技術を入手できなくなる「最悪なシナリオ」を想定し、莫大な資金を投じて影響を軽減する準備もしてきた。

２０１９年に突然発表されたハーモニーＯＳは、８年前の２０１２年から研究室で開発を始めていた。

米政府がファーウェイへの事実上の輸出規制を決めた直後、世間に知られるようになったのが傘下の半導体設計会社、海思半導体（ハイシリコン）だ。このハイシリコンは10年以上表舞台に出ず、万一の場合のバックアップとして研究開発を続けてきた。初期の製品は品質が悪く、すぐ過熱するため、「湯たんぽ」と揶揄されたほどで、使い物にはならなかった。

それでも、常に危機感を抱く任正非は、2万人のスタッフと年間4億ドルもの研究開発費を投入してハイシリコンを支え続けた。試行錯誤の末、ハイシリコンは徐々に品質を高め、遂に世界トップレベルの設計能力を手に入れた。米政府の制裁を機にハイシリコンは秘密のベールを脱いで表舞台に現れ、ファーウェイの急場を救った。

ハイシリコンの女性社長、何庭波は研究開発の過程で印象に残ったある話をメディアに明かした。半導体のＳｏＣ（システム・オン・チップ＝装置ＡＩやシステムの動作に必要な機能のすべてを一つの半導体チップに実装したもの）のテスト開発は、１回当たり数百万ドルもの莫大な費用がかかる。

12年前、何庭波は任正非に対して、「われわれは1回で成功することをめざしています」と報告したところ、任正非は「1回で成功できるなんてナンセンスだ。失敗がなければ、成功もない。イノベーションに浪費は付き物だ。あえて浪費すべきだよ」と諭したという。

米国の制裁真っ只中の２０１９年９月、ファーウェイの製品発表会で５Ｇスマートフォンに搭載される「Kirin（キリン）９９０ ５Ｇ」及び４Ｇ向けの「キリン９９０」が同時発表された。専門家の豊崎禎久氏（アーキテクトグランドデザイン）は「技術者として、またアナリストとして30年以上、半導体産業に従事してきた筆者の経験でいえば、二つのチップを同時開発することなど従来の常識ではあり得ない」とコメントしている（週刊エコノミスト２０２０年2月4日号）。

２０２０年第１四半期の半導体の売上世界トップ10にハイシリコンが初めて食い込んだ。ファーウェイが育て上げた秘密兵器が、水面下からいきなり世界のトップランナーに躍り出たのだ。しかし、米国の制裁によって、現在はハイシリコンがハイレベルな半導体を設計しても、委託生産先がない状況だ。組織自体は当面、研究開発部門として維持する方針だ。

ファーウェイの強さの秘密その５

型破りなインセンティブ制度

ファーウェイの軍隊並みの求心力と強い戦闘力、そして中国の伝統である献身的精神を支えるのが、従業員を大事にする社風だ。会社の成長の果実を特殊な業績インセンティブ制度を通じて、従業員に還元している。

従業員持株制度はその一つだ。同社は株式公開企業ではなく、その所有者は実質的に従業員だ。任正非は株式の約１・04％を保有するだけで、10万４５７２人の従業員が残りを保有する（2019年末時点）。

収益は研究開発投資のほか、配当として外部へではなく会社を支える従業員に思い切り還元している。退職者が株式を持つ場合もあるが、現職の従業員との配分比率を1対3に抑えている。現職の従業員に傾斜配分することで、献身的な従業員を惹きつけ、つなぎ留める狙いもある。従業員が会社と運命共同体となっていることで、長期的な視野に立った計画立案や取り組みが可能となる。

もう一つは、成果を出した従業員への大胆な報奨制度だ。ファーウェイの初期従業員が振り返る。

「給料の伸びが異様に早い。入社したとき、給与は560元だったが、その年末には7600元に引き上げられた」

会社初のデジタル交換機の開発に成功した研究部門で、年12回の昇給があった事例もある。海外駐在員も条件の厳しい小さな国ほど、駐在員の住宅費補助が手厚い。

ファーウェイは自社だけではなく、協力会社にも配慮している。新型コロナが一番深刻だった旧正月期間中、ファーウェイ本社には数万人が休日出勤していた。新型コロナによる物価上昇を見込んで社員食堂の安定した運営を図るため、給食サービス会社に通常の3倍の費用を支払った。旧正月期間中にもかかわらずファーウェイを支える協力会社の従業員には、1人1日当たり1000元（約1万6000円）の特別手当を支給した。

インセンティブ制度は報奨ばかりではない。目標未達の場合、管理職は率先してボーナス減額となる慣例がある。２０１３年度には、売上目標に対して2億元程度不足していたことから、任正非、輪番ＣＥＯ、ＣＦＯなど主要経営幹部は年末のボーナスがゼロになった。奮闘する従業員や協力会社を大事にし、透明で公平な賞罰制度を築いたことは、ファーウェイの成長を支え続ける根幹の一つといえる。

前述のとおり、任正非は中国人民解放軍にいた経歴を持つ。軍での経験のおかげで、戦いで生き抜く覚悟が形成された。米国の制裁によって大変厳しい状況のなか、２０２０年8月末、ファーウェイの新入社員に「米国を恨まない」と改めて強調した。彼は米軍制服組トップの統合参謀本部議長（在任２０１１年10月〜２０１５年9月）を務めたマーティン・エドワード・デンプシー将軍の言葉を引用して社員を励ました。

「デンプシー将軍はかつて『戦いに勝つことをある種の信念として持とう。退路を断たれた道は、言わば勝利への道だ』という言葉がありました。われわれは、この米国の精神を学ぶ必要があります。たとえ米国によって叩かれても、米国を学ぶことを変えることはないでしょう」

第 6 章

バイトダンス(北京字節跳動科技)
——破竹の勢いで成長する新星

Chapter 6.

Byte Dance : A New Star Growing at Breakneck Speed

バイトダンス創業者の張一鳴（アフロ）

「TikTok（ティックトック）」が世界で一大ブームに

バイトダンス（北京字節跳動科技）は、2012年に設立された創業わずか8年の若い会社だ。2020年第1四半期の売上は56億ドル、前年同期比では130％以上成長した。時価総額は一時、1400億ドルを超え、CBインサイツの「世界ユニコーン」ランキングで世界一評価額が高い企業となっていた。*

中国インターネット市場ではアリババ、テンセント、百度など三大プラットフォーマー（BAT）がシェアの大半を占める中、バイトダンスは彗星のようにその間隙を縫って短期間で多くのユーザーを獲得し、プラットフォーマーの一角に食い込んだ。しかも、BATも実現できなかったグローバル展開を果たし、米国のSNS企業も恐れるほど影響力を拡大した。

*アント・グループはアリババ・グループ関連会社のため、CBインサイツはアントをランキングから除外している。

２０２０年3月末現在、バイトダンスの商品とサービスは世界１５０カ国・地域に進出し、75種類の言語で提供されている。利用者数は、２０１９年7月時点のＭＡＵ（月間アクティブ・ユーザー数）が15億人を突破した。

とりわけショートビデオ投稿アプリ「TikTok（ティックトック）」が２０１９年に海外で一大ブームを巻き起こし、グーグルのPlay StoreとアップルのApp Storeでいずれもダウンロード数１位を獲得し、世界で最も多くダウンロードされたアプリとなった。ＳＮＳアプリのWhatsApp、Instagram、Messengerに続き、２０１４年以降でダウンロード回数が20億回を突破した最初のアプリでもある。

爆発的に成長する「Ａｐｐ工場」

バイトダンスは設立半年後の２０１２年8月、最初のＡｐｐ（アプリ）「Toutiao」（「今日頭条」、「今日のヘッドライン」の意）をリリースした。これは、スマート・ニュース・アプリで、既存のニュースサイトなどから受けたニュース記事を個人の好みに合わせて配信する。利用者と知りたい情報を効率的につなぐ狙いだ。

他のニュースサービスと違うのは、Toutiaoはデータマイニング技術とＡＩレコメンド・エンジンを組み込み、利用者の属性（住む地域など）や関心分野（閲覧履歴など）に合わせてニュースを表示する点だ。

利用者が本当に関心のあるニュースをわざわざ探さなくても済むだけではなく、ニュースの下にコメントを発表できることからソーシャル性も備え、たちまち多くのユーザーを獲得した。Toutiaoが１０００万人のユーザーを獲得するまで要したのは、わずか90日だった。

２０１６年頃、モバイル・インターネットの普及に加え、通信速度の速い４Ｇ端末の導入が進むにつれ、文字や画像だけではなく、ショートビデオを活用したコンテンツが増え始めた。この流れを敏感に察知したバイトダンスは２０１６年９月、ショートビデオ・アプリ「Douyin（抖音）」をリリースした。

このアプリは若者向け音楽のショートビデオを中心に、友達へのシェアも可能なソーシャル機能を組み込み、徐々に人気を集めた。２０１７年に有名タレントの公式コーナーを開設し、一気に普及した。

２０１８年１月のＤＡＵ（１日当たりアクティブ・ユーザー数）が３０００万人、２月に７０００万人、６月に１・５億人、11月には２億人と驚異的なスピードで急増する。いまや中国国内で７億人の利用者を誇る国民的アプリとなった。

Douyinだけではなく、ショートビデオ系アプリとして火山ミニビデオ、西瓜ビデオを開発し、いずれも1億人以上の利用者を有する人気アプリとなっている。そのほか、教育、自動車情報、コミュニティ、企業コラボレーション・アプリなど、短期間でいくつかの人気アプリを量産し、業界では「APP工場」の異名を取っている。

他の新興企業と違い、バイトダンスは当初から海外市場にも力を入れている。２０１５年にToutiaoの海外版TopBuzz*、２０１６年９月には日本でショートビデオ・アプリBuzzVideoをリリースした。

２０１７年５月、Douyinの海外版TiKToK、７月にアプリ火山ミニビデオの海外版Vigo Video をリリースした。11月に米国で人気のMusical.ly とフランスの総合ニュースアプリNews Republicを買収し、傘下に収めた。２０１８年６月、インドでＳＮＳのHelo、音楽ストリーミングアプリRessoなどの海外向けアプリをリリースした。

海外展開しているバイトダンスのアプリのなかでも、TikTokは圧倒的な人気を誇る。２０２０年は、インドと米国での伸びが顕著だ。２０１９年、TikTokは米国のユーザー数が97・５％伸びた。

＊２０２０年６月、バイトダンスはニュースアプリ「Toutiao（今日頭条）」海外版「TopBuzz」を段階的に閉鎖すると報じられた。TikTokに経営資源を集中させるのが理由という。

図表6-1　バイトダンスが開発した主なアプリ

分野	アプリ	内容
ニュース	今日頭条(Toutiao)	総合ニュース配信アプリ
ニュース	懂車帝	自動車関連コンテンツ
ニュース	TopBuzz※1	Toutiaoの海外版
ショートビデオ	Douyin	ショート・ビデオアプリ(音楽、ダンス、ゲームなど)
ショートビデオ	Douyin火山ビデオ	ショート・ビデオアプリ(自撮りする生活動画)
ショートビデオ	西瓜ビデオ(Xigua)	ビデオ共有アプリ
ショートビデオ	TikTok	Douyinの海外版
ショートビデオ	Vigo Video※2	火山ビデオの海外版
ショートビデオ	Buzz Video	西瓜ビデオの海外版
コミュニティ	皮皮蝦(Pipixia)	コメディ系娯楽アプリ
コミュニティ	半次元	二次元同好コミュニティ
コミュニティ	悟空問答	疑問や悩みを書き込む質問サイト
SNS	多閃	SNSアプリ
SNS	飛聊(flipchat)	コミュニティ向けSNSアプリ
SNS	Helo	インド向けSNSアプリ
教育	好好学習	学習サービスソフトウェア
教育	GoGoKID	英会話個別指導教育PF
その他	FaceU激萌	画像・動画加工アプリ
その他	飛書(Lark)	企業向けのクラウドベースの統合型コラボレーションツール
その他	図虫	画像著作権プラットフォーム
その他	Resso	海外向け音楽ストリーミングアプリ
その他	CapCut	動画編集作成ツール

※1　TopBuzzは2020年に閉鎖。
※2　Vigo Videoは2020年に閉鎖。

アプリの人気度を測る指標の一つ、ＭＡＵ（月間アクティブ・ユーザー数）は、２６５０万人に達した。ある研究機関の予測によると、トランプ大統領の禁止令が出されていなければ、TikTokの２０２０年のＭＡＵは４５４０万人に達した。

TikTokが海外市場で急速に伸びたのは、優れた顧客体験だけではなく、巨額の広告費投入も要因の一つだ。バイトダンスは海外で市場を開拓する際、現地の有力ＳＮＳのSnapchat、フェイスブック、Instagram、YouTubeに集中的に広告費を投じ、影響を拡大させる戦術を取った。一説には、TikTokが２０１９年に米国で投じた広告費は１日当たり３００万ドルにも上る。

市場のトップの座を手中にしたバイトダンスだったが、米中対立の影響を受けて米国では２０２０年８月、突然、大統領令によって米国内でアプリ使用が禁止された。さらにインドでも中印両国間の関係悪化をきっかけに、6月29日にTikTokを含む59種の中国製スマホアプリが使用禁止になった。一気に二大海外市場を失ったのだ。

とはいえ、TikTokは国や言語を超えて世界中に広がった初の中国発アプリだったことは誰もが認めるところだ。

フェイスブックも真似できないユーザー・ロイヤリティ

ここでTikToKを例に、バイトダンスのアプリがなぜ人気を得ているのかを分析してみよう。

隙間時間の暇つぶしに最適

動画は15秒ほどと短いうえに、動画をタップするとフィード上で再生され、スワイプするだけで気になる動画を気軽に視聴できる。ほぼ操作不要な気軽さが強みの一つだ。

ユーザーの嗜好に合わせて配信

自社開発の高度なアルゴリズムを組み込んだAIレコメンド・エンジンを使って、ユーザーの興味に合わせてコンテンツを配信する。同社のAIレコメンド・エンジンは、コンピュータービジョン、自然言語処理技術、ディープ・ラーニング技術などの先端技術を駆使し、コンテンツや画像を理解し、分析する。そして、利用者の閲覧履歴、各記事の閲覧時間やコメントなどを元に利用者の関心分野を学習し、個々の利用者に合わせたコンテンツを配信する。その確度は高く、ユーザーは知らないうちについ長時間見てしまい、「人の心を読める」アプリと言われるほどだ。

ショートビデオ・アプリは他にも多くの競合商品が存在する。フェイスブックも二度、TiKToK類似アプリをぶつけてきた。2018年末にリリースされたショート・ビデオ・ムービーのLassoは、4カ月経った時点で7万人の米国人ユーザーによってダウンロードされた。これに対し、TikTokは同期間で4000万人近くにダウンロードされている（SensorTowerの調査）。この差は歴然としている。

コンテンツのローカライゼーション

バイトダンスは海外進出した際、その国の利用者が好むコンテンツの提供に全力を挙げる。現地の人気タレントや歌手に動画サイトの開設を依頼し、ファンをサイトへ誘導する。例えば、人気俳優ウィル・スミス（フォロワー数3380万人）や女優セレーナ・ゴメス（同2140万人）、ポップ・ミュージシャンのジャスティン・ビーバー（同1650万人）の起用が有名だ。インドでは15種類もの方言に対応して、それぞれの地域の有名人や流行に合わせたコンテンツを配信している。

コンテンツの質と草の根

投稿された動画の内容が面白ければ面白いほど、サイトとしての認知度が高くなり、コンテンツ作成者のファンも急速に増やすことができる。たとえ無名な人でも、一躍脚光を浴びることがよくある。そうしたことが多くの若者を虜にした。

楽しみながら収入を得る

動画の投稿者は、所定の基準をクリアすると、投稿した動画の本数や再生回数に応じて報酬を受け取れる。報酬額は投稿者によって違いがあり、良質なコンテンツを投稿していると判定されると、投稿者には通常より高単価な報酬が支払われる。インドの田舎で生活する普通の人が、コンテンツの投稿で生活費を賄えるようになった例も少なくない。

ＡＩによるレコメンド技術や優れた顧客体験のほか、その国の文化と深く融合したコンテンツがTikTokの成功要因といえる。

若き創業者の経営理念

福建省龍岩市永定県出身のバイトダンス創業者張一鳴は、本稿執筆時点（２０２０年12月）

で１９８３年生まれの弱冠37歳。55歳のアリババ創業者の馬雲、48歳のテンセント創業者の馬化騰、51歳の百度創業者の李彦宏と比べて世代が違うほど若い。張一鳴は天津にある名門の南開大学でソフトウェア・エンジニアリングの学士号を取得した。技術者でありながら、起業家精神が旺盛だった。

２００５年に大学卒業後、大学の先輩と企業向け身分認証とアクセス管理のＯＡシステム関連会社を立ち上げ、２００６年には旅行・交通検索エンジン「酷訊」の設立に関わった。２００７年には不動産検索エンジン「九九房（99fang）」を創業するなど、常に新しい事業にチャレンジしている。

２００８年、張一鳴はマイクロソフトに入社したものの、すぐ退職した。半日が仕事、半日が自由時間といったそこでの生活は「退屈で刺激が足りなかった」と回想する。２０１２年、満を持して張一鳴はバイトダンスを創業した。

1時間足らずの昼食の時間があればプログラムを一つ書けるほど、張一鳴は技術の達人だ。創業当初、数多く存在するニュースサービスの中で、他の競合商品との差別化を図るため、張一鳴はToutiaoにＡＩレコメンド・エンジンを導入することにした。

しかし、そうした機能には前例がなく、どう作ればよいのか誰も知らなかった。不安を感じる従業員に、張一鳴は「できないなら、勉強すれば良い」と言って、自分で開発に取り組むことにした。

まず『レコメンド・システム実践』の著者を探し出し、電子版の提供を求めた。しかし、出版前なので提供できないと著者に断られる。それでも諦めなかった張一鳴はネットで資料を検索し、第一世代のレコメンド・エンジンを開発した。このレコメンド・エンジンはその後進化を続け、バイトダンスが開発した数々のアプリの他との差別化要素になり、競合他社を圧倒するブランドを確立する大きな要因になった。

ちなみに、張一鳴は優秀な人材を自らスカウトするほど人材を重視している。前述の本の著者は、その後張一鳴の誘いを受けてバイトダンスに入社している。

張一鳴は、かつて自身の経営理念についてこう語っている。

「プロダクトを作るように会社を作る。創業とは、実は同時に二つのプロダクトを作ることだ。一つは、顧客にサービスする〝プロダクト〟、もう一つは、〝会社〟そのものだ。CEOは、〝会社〟というプロダクトのマネジャーだ」

張一鳴は戦略の策定から実行まで何事にも徹底してこだわり抜いたことで、バイトダンスを短期間で世界一のユニコーン企業に育て上げた。2019年4月、米タイム誌「世界で最も影響力のある100人」に選ばれた。実は、このリストにはファーウェイ創業者の任正非も名を連ねていた。

張一鳴を推薦したのは、マイクロソフト中国の元幹部、AI専門家の李開復だった。彼は張一鳴を高く評価して、こう言っている。

「どの面から見ても、張一鳴は他のリスト掲載者と遜色がない。バイトダンスは初の完全なモバイルＡＩカンパニーであり、パーソナライズ・ニュース、ビデオベース・ソーシャルメディア、海外展開など、グーグル、フェイスブック、テンセントも実現できなかった分野で成功を収めた。競合との徹底的な差別化戦略にこだわり、難しくても完璧でなくてもまずチャレンジする。そんな張一鳴が、自由でフラットな企業文化も築き上げた*」

常に新規事業（プロダクト）を育てる

バイトダンスは本書執筆時点で未上場だが、次から次へとヒット商品を世に送り出すことから、その成長性を買われて会社の評価額が高く、１４００億ドルを超えた時期もあるほどだ。

「ＡＰＰ工場」と呼ばれるバイトダンスは、中国ネット企業の中でも珍しいほど常に新規事業（プロダクト）を育てている。その結果、バイトダンスはテンセントを脅かすぐらいに事業の多角化が進み、プラットフォーマーとして存在感を強めて、独自のエコシステムを形成しつつある。

図表6-2　バイトダンスの投資状況(2020年10月まで)

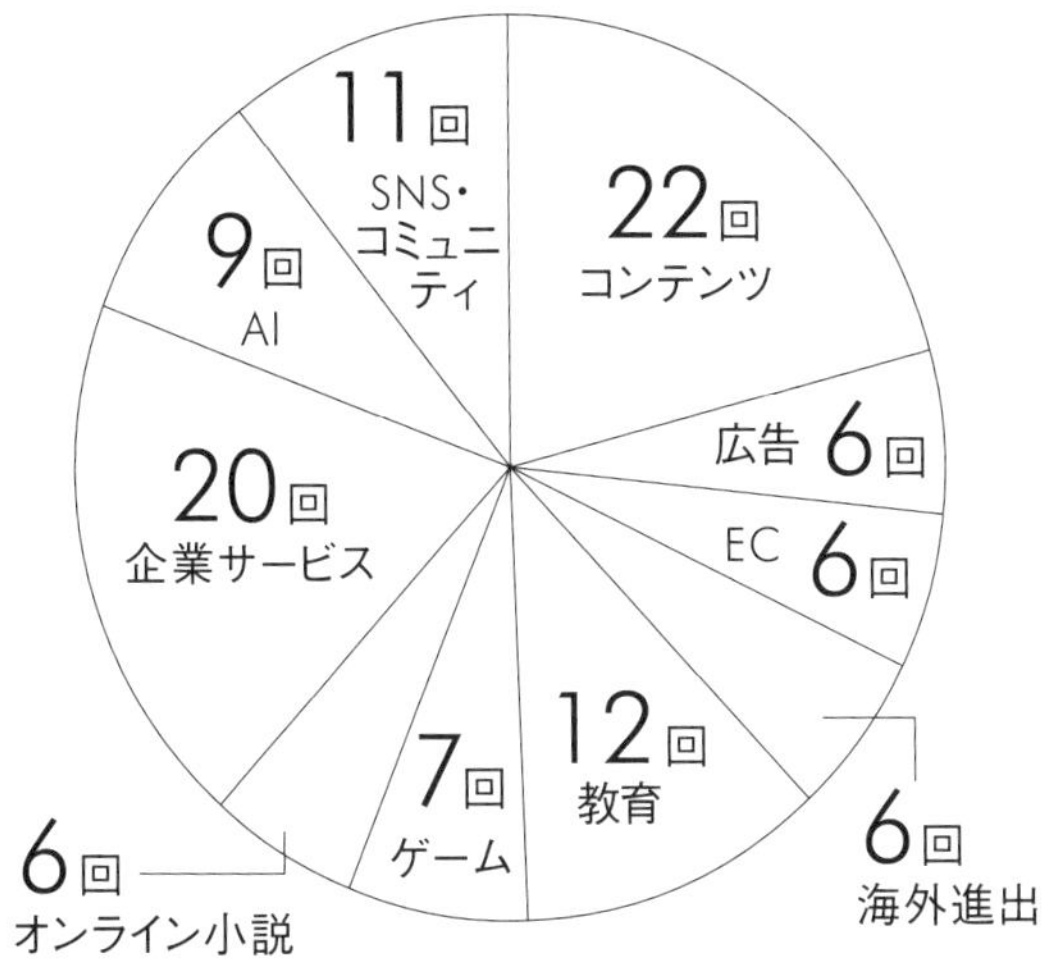

出所:公開情報よりNRI作成

公開情報から分析すると、２０１４年から２０２０年までに、バイトダンスは１１８回の出資と買収を行った。投資先は多岐にわたっているが、主に三つの分野に集中投資された。一つ目はコンテンツ及びショートビデオなどコア業務関連、二つ目は企業サービス、教育、ゲーム、医療・健康などコア業務以外の新規事業、三つ目は戦略的なキャピタルゲイン狙いの投資だ。

バイトダンスのコア分野への投資案件として一番有名なのは、

＊「Zhang Yiming Is on the 2019 TIME 100 List | Time.com」より引用

8億ドルを投じた米国ショートビデオ・アプリ、ミュージカリー（Musical.ly）の買収だ。当時、Musical.lyは米国で会員9000万人を有しており、フェイスブックや中国ショートビデオ大手「快手」も虎視眈々と買収を狙っていた。

結果的に、バイトダンスはMusical.lyが提案した巨額な買収費用と付加条件をすべて飲んで、買収に成功した。2018年にMusical.lyとTiKToKが合併したことで、TiKToKの海外展開に弾みがついた。

新型コロナの影響でオンライン教育、リモートワークに商機を見出したバイトダンスは、教育、企業向けサービス、ゲームを次なる成長分野と位置付け、集中的に投資している。2018年から教育分野に進出し、ナレッジシェア・アプリ、子供向け英語教育アプリGoGoKid、Guagualong Englishなどのサービスをリリースした。

数億人の若い会員を擁するバイトダンスは、ゲーム分野にも関心を示している。2014年以降、2400以上のゲームlogoを登録し、2020年2月には1000人超のスタッフでゲーム事業部門を立ち上げた。テンセントの本丸に攻め込もうという勢いだ。

設立当初からグローバル企業をめざす

社名が「ByteDance」という海外でも通用する会社名になったのは、張一鳴のグローバル企業に育てたいという強い意志からだ。

２０１５年、バイトダンスは正式に海外進出を決めて、初めて外国籍の社員を採用した。以降、張一鳴は再三、グローバル化に言及する。多くの企業のグローバル化は単に海外事業部を設立し、その部門を中心に進出国で商品のローカライズを行うのだが、張一鳴はこのようなやり方には否定的だ。

彼は自社プラットフォームを「グローバルな創作と交流のプラットフォーム」と位置付け、最初からどこの国でも同じプラットフォームとなることを願っていた。後に米国事業の分割と売却の過程でそのことが大きな障害となるのだが、当時の張一鳴はそうしたことは想像すらしなかっただろう。

バイトダンスのグローバル化は、主に二つの方向で展開された。一つは、出資や買収によって海外の優れたプロジェクトを傘下に収める方法だ。もう一つは、自身のプロダクトの海外市場進出だ。ショートビデオ事業を例に挙げると、2017年2月、米国のショートビデオ・アプリのFlipagramを買収し、Vshowに出資した。

2017年5月、自社アプリDouyinの海外版TikTokの海外進出を果たした後、11月にはフェイスブックと競合しながら、大金を投じてMusical.lyを買収した。その後、ライブ・アプリLive.meにも出資した。TikTokが軌道に乗った後、自社のプロダクトと買収した海外プロダクトの統合を進め、2018年8月、Musical.lyとTikTokの合併を果たした。

合併後、双方のコンテンツとユーザー情報はすべて新しいプラットフォームに統合され、新たなプラットフォームとしてサービス提供を始めた。合併後のTikTokは2020年第1四半期に世界で3億1500万ダウンロードを記録し、バイトダンスは名実ともにグローバル企業になった。

TikTokの快進撃に乗じてバイトダンスの海外進出は順風満帆に見えたが、2020年8月6日、トランプ大統領がTikTokを運営するバイトダンスとの取引を45日後から禁止するとの大統領令に署名した。これを機に状況は一変した。

この突然の禁止令には、米国の複雑な思惑が隠されている。安全保障上の脅威や個人情報の不適切な取得といった理由はあくまで建前に過ぎない。2020年3月の調査では、13歳から35歳の米国人のうち、3割近くがTikTokを利用した経験があり、若い世代を中心に爆発的な人気となっていることがわかる。バイトダンスが中国のテック企業として初めて

図表6-3　バイトダンスの主な海外投資の歩み

製品名	種類	リリース（投資時間）	概要
TopBuzz	ニュース	2015年8月	・ニュースアプリ「今日頭条」の海外バージョンとして提供開始 ・ユーザーに合わせて最適化したニュースを提供するパーソナライズ機能を備えたニュース配信エンジン
BuzzVideo	ニュース	2016年9月	・ ショートビデオバージョンのTopBuzz
Dailyhunt	コンテンツ	2016年10月	・インドバージョンの今日頭条に投資
BaBe	ニュース	2016年12月	・ニュースアプリ「BaBe」を運営するインドネシア企業 ・Mainspring Technologの過半数を取得
Flipagram	ショートビデオ	2017年2月	・米動画編集アプリ「Flipagram」を買収
Hypstar（現:Vigo Video）	ショートビデオ	2017年7月	・「火山ミニビデオ」の海外バージョンとして提供開始 ・オリジナルなミニビデオのコミュニティ
TikTok	ショートビデオ	2016年9月	・「Douyin」の海外バージョンとして提供開始
News Republic	ニュース	2017年11月	・Cheetah Mobile Inc.からグローバルニュースアプリ「News Republic」を買収
Musical.ly	ショートビデオ	2017年11月	・音楽ショートビデオアプリ「Musical.ly」を運営する米Musical.ly Inc.を買収
Helo	ソーシャル	2018年6月	・インドでソーシャルメディアアプリ「Helo」の提供
Jukedeck	音楽	2019年7月	・ビデオを解釈してそれに合った音楽を自動的につける英国のJukedeckを買収
Resso	音楽	2020年3月	・インドとインドネシアで音楽ストリーミングアプリ「Resso」の正式提供開始

出所：バイトダンス、広発証券研究と発展センター

グーグル、アマゾン、フェイスブック、アップルのＧＡＦＡと同じ土俵に立って米国の若者に影響力を及ぼしていることが、米当局を恐れさせたと見ていい。それほどTikTokの米国内への浸透ぶりは急激だった。

米当局の禁止理由について、バイトダンス側はＡＩレコメンド機能と関連して個人のアプリ利用状況を分析するのは不可欠であり、世界中の多くのアプリと同等レベルのデータを収集しているに過ぎないと反論している。

バイトダンスは米国側の疑念を晴らすために一連の対応策を打ち出した。２０２０年５月、米国ウォルト・ディズニー幹部のケビン・メイヤーを海外業務の最高経営責任者（ＣＥＯ）にすると発表した。ケビンはバイトダンス本社の最高執行責任者（ＣＯＯ）も兼務する。

さらにデータはすべて米国内のサーバーに保存し、バックアップはシンガポールに置くと説明した。これに加え、ソースコードを公開し、米国のセキュリティ審査を受ける用意もあると表明している。

しかし、ＡＩレコメンド機能に関わるアルゴリズムを含めたコア技術をすべて差し出さなければ、米政府の疑念を晴らすことはできないと見られる。それほど米国側の姿勢は強硬だった。アプリ禁止措置と前後して、米企業によるバイトダンス買収案がいくつか提案された。

そうしたなか、中国商務部が急遽、ＡＩなどの先端技術の輸出に関する制限措置を発表し、逆に米国側を牽制した。本稿執筆時点（２０２０年12月）ではまだ結論が出ていないが、米中の国家レベルの対立の狭間で翻弄されるバイトダンスは、グローバル企業となる〝初心〟と中国企業としてのルーツとの間で何とか妥協点を見出そうと必死に努力しているが、その舵取りは極めて難しい。

急速なグローバル展開を支える秘密兵器

短期間で次から次へとプロダクトを世に送り出し、世界１５０カ国・地域でサービスを展開できるようになったのは、高い生産性を生み出すコラボレーション・ツール「飛書」の役割が大きい。

飛書とは「書簡を飛ばす」という意味で、情報の作成・共有・流通を効率的に行うという意味が込められている。この社内のコミュニケーションや業務効率化のために開発された企業向けコラボレーション・ツール「飛書」は、コロナ禍にあって社会に無料公開され、アリババ、テンセント、ファーウェイのツールとともに、多くの企業のテレワークを支援した。

日本企業でもよく使われるSkypeやオフィス365、Slack、Google Docsなどのほか、中国でもアリババのDingTalk、テンセントの企業微信など、既に多くのオフィスツールが存在している。

日本では、マイクロソフト、セールスフォース、Zoomなどを組み合わせて使うのが一般的だ。バイトダンスでも2012年以降、Skypeから企業微信、Slack、DingTalkまで、いろんなツールを組み合わせたりして、4年足らずで4回も社内のコミュニケーション・ツールを変えるなど、試行錯誤を重ねた。

変えるたびにデータ移行が発生し、不便が生じたが、ここまでコミュニケーション・ツールにこだわる企業は珍しい。何回も変更した挙句、結局、自社開発に踏み切った。その理由について、開発を主導したバイトダンス副社長、謝欣はこう語っている。

「バイトダンスは急速に成長している会社で、国内各部門、海外との部門間や拠点間の協働作業が多く、コミュニケーション・ツールは業務の効率を高めるうえで極めて重要だ。いままで複数のオフィスツールを試したが、どれも何か足りないところがあった」

「例えば、Google Docsは10年前とほぼ機能が変わっていない。オンラインでの同時編集をサポートするが、ドキュメントのサイズはA4がデフォルト設定だ。印刷する前提なら便利だが、いまの時代はモバイル端末で読むことが多く、印刷しないのは常識。それに対応できていない。Slackは便利だが、中国語によるチャット群の名称変更ができない。それなら自前で開発しようと決めた」

２０１６年末に研究開発に着手し、1年後の２０１７年末に社内に全面導入した。その数カ月後の２０１８年から、国内企業向けにも提供を始めた。飛書はコミュニケーション・ツールに留まらず、一つのプラットフォームでチャット、ビデオ会議のようなコミュニケーション機能、スケジュールの管理と共有、メール、ドキュメント管理機能、目標管理ツールＯＫＲの管理、クラウド・ストレージなどの機能を統合したうえに、各機能間のシームレスな連携を実現した。つまり、飛書を一種の企業内と企業間のコラボレーション・ツールに進化させたのだ。

ドキュメント管理機能は著作権の関係上、すべて自社開発した独自機能だ。シンプルで調整可能な挿入機能で、簡単に画像、動画、マップなどをドキュメントに挿入できる。また、内容へのコメント、賛否の表明、リアクションといったインタラクティブな交流もでき、コミュニケーションを取りながら内容をブラッシュアップしていける。

ドキュメント管理機能の一番優れたところは、社内外との協働機能だ。一つのドキュメントに最大50人がオンラインで同時編集が可能で、同時閲覧なら人数は無制限だ。数ステップの操作で、ドキュメントへの編集や閲覧などのアクセス権限も柔軟に変更できる。

また、ドキュメントの内容をレビューしたい場合、レビュアーを設定すれば、わざわざメールしなくても、レビュアーに通知される。レビュアーは、ドキュメントの内容の一部や全部に対してコメントを出すことが可能で、出されたコメントは自動的にドキュメントの作成者に通知される。

作成者のコメントへのフィードバックもチャットと同じように、ファイルの横のスペースでやり取りすることができる。バイトダンスが開発した飛書によって、他社オフィスツールを使う際の連携の不便さが解消され、一層の仕事の効率化につながっている。

コロナ禍によって増えるリモートワークに対応するために、特別にアレンジされた機能もある。ビデオ会議室はチーム全員で同じ会議室にいて、特に発言しなくても1日中会議室にいても良い。話しかけたい人に話したいときだけ話せば良く、その都度会議を設定する必要がない。

良い機能がなければ、自分で作ってしまうというバイトダンスのこだわりは、イノベーションをスピーディーに生み出す源泉と言える。将来、バイトダンスはマイクロソフトやZoom、アリババ、テンセントに挑むディスラプターになるかもしれない。

コロナを機に飛書プラットフォームの社外への提供が本格的に始まった。アリババ、テンセントが先行する激戦区の企業コラボレーション・ツール市場だが、バイトダンスはそこへ進出して、しっかりとその一角を占めた。

大手スマホメーカーの小米（Xiaomi）も、飛書プラットフォームを導入している。２０１０年４月に設立された小米は、スマホ、スマホ・デバイス、ＩｏＴプラットフォームを中心

図表6-4 飛書プラットフォーム導入前後

小米の社内システムの変化

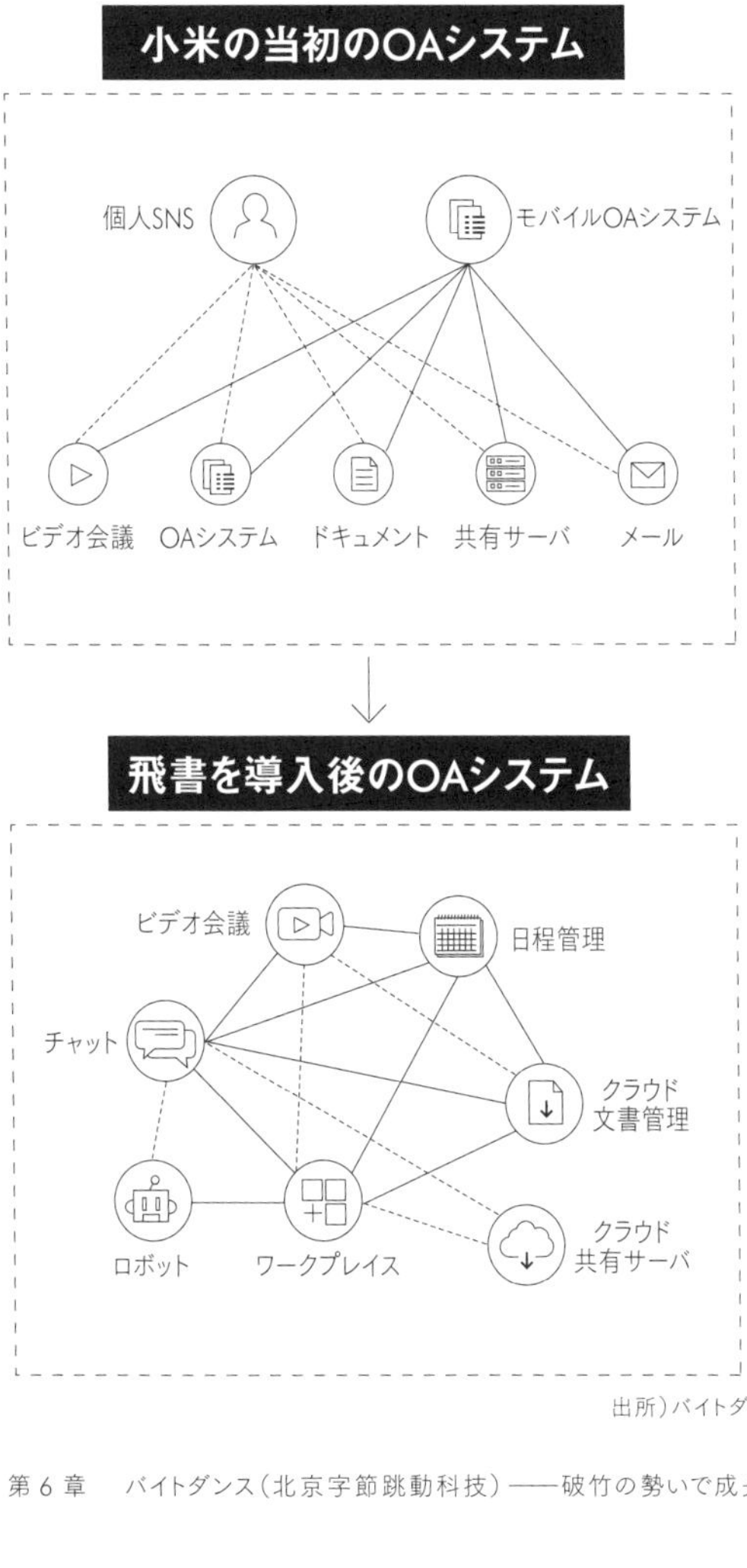

出所）バイトダンス・サイト

に事業を展開している。２０１８年7月に香港株式市場に上場し、当時、最大規模のテック企業のＩＰＯとして、世界から注目された。

世界90カ国以上に進出し、多くの市場でスマホ販売ランキングのトップ５に入っている。急成長している半面、社内各事業部間、本社と拠点間、海外拠点間のコミュニケーションや連携が課題だった。個人のＳＮＳ、会社のメール、ドキュメントツール、ビデオ会議など、さまざまなツールがバラバラで、同時並行で利用する際、効率の悪さに悩まされていた。

２０１９年に飛書プラットフォームを試験導入した小米は、２０２０年5月、飛書プラットフォームをベースに社内システムを全面的に刷新した。

導入後、例えばメールにドキュメントを添付して何回もやり取りする必要がなくなり、部門間の連携効率が高まった。本社のナレッジもプラットフォーム上に容易に蓄積でき、海外の新入社員とスムーズに共有できる。それだけではなく、海外拠点向けに開発された時差を考慮したスケジューリング機能を活用して、海外拠点との会議の調整や協働も簡単になる。さらに、中英相互翻訳機能も備え、会議中会話の言語と字幕を選択すれば、出席者の発言が自動的に選択した言語に翻訳される。こうして40以上の海外拠点間とのコラボレーションも効率よく進められるようになった。

バイトダンスは後発ながら、飛書をテコに企業向けサービスにも進出した。調査会社

AppAnni社が２０２０年2月、中国本土のスマホ利用者のデータを基に企業向けコラボレーション・ツールの伸び率を分析したレポートによれば、アリババのDingTalkが３５６％、テンセントの企業微信が１７１％だったのに対し、バイトダンスの飛書は６５０％と飛び抜けて高かった。

DingTalkのサービス開始時期は早く、利用者数が大きいため、伸び率だけで単純比較はできないが、バイトダンスの勢いは無視できない。後発ながら、先行するアリババ、テンセント、ファーウェイと並び、国内コラボレーション・ツール市場の「四小龍」と呼ばれるようになっている。

バイトダンスの強さの秘密その1

想像したことを現実に変える力

会社設立7周年の記念大会のことだった。張一鳴は「バイトダンスをＡＰＰ工場と呼ばれるのに賛同できない。どちらかというと、堅実且つロマンチックな会社が自分のイメージにより近い」と発言した。

そして、こう付け加えた。

「Romance is all about imagining things that could happen in theory but not in reality yet」

（ロマンスとは、理論的には起こり得るが実際にはまだ起こり得ない興味深いことを想像することだ）

この「想像したことを現実に変える力」こそ、バイトダンスの発展の原動力と言える。その「堅実かつロマンチック」な企業文化を具体的にまとめた社員の行動規範ByteStyleが、同社のサイトで紹介されている。

- 堅実でありながら、勇気をもって行動する
- オープンで謙虚であること
- 素直で包み隠さず
- Always Day1
- 常に高い目標をめざす
- 多様性を受け入れ、最大限に発揮する

バイトダンスの強さの秘密その2

徹底的な透明性の実現

バイトダンスの社内に自由に発言できるＢＢＳ（電子掲示板）がある。一時期匿名で会社に対する不満が大量に書き込まれたため、実名制やＢＢＳ閉鎖も検討されたが、社内の意見の吸い上げにもつながり、社内の声を大事にしたいという考えから、張一鳴はＢＢＳを存続させた。

また、バイトダンスは定期的に自社商品に対する「文句言いあい大会」を開催している。自社商品について厳しく指摘すると同時に、競合他社商品の良いポイントを褒めることが恒例となっている。このように多様な声を経営層に直接届ける透明性を徹底的に保つことで、競合他社より優れた商品を作り出すことができる。

２０１６年、スマート・ニュース・アプリToutiaoの最盛期に、従業員の張楠が多くの利用者が文字中心のコンテンツではなくビデオ・コンテンツを見ていることに気付き、ビデオアプリの開発を提案した。ある意味では既存のサービスの否定だが、バイトダンス経営陣はこのイノベーションの種を見逃さず、すぐToutiaoビデオを開発した。これが、その後の火山ミニビデオやDouyinなどのビデオアプリの誕生につながった。

バイトダンスの強さの秘密その3
イノベーションを生みやすい組織設計

従業員が自由に意見を発表できるように、上下関係を意識しないことが重要と考えて、社内呼称を廃止した。部長、社長と呼ぶことを禁じ、互いに名前で呼びあう。社員番号もランダムに附番し、先輩後輩を意識させない。

組織構造もかなりシンプルだ。業務単位で事業部を設立せず、業務ラインをフロントとミドルにほぼ二分する。

ミドル・プラットフォーム業務ラインは、顧客成長部、ビジネス化部、技術プラットフ

図表6-5　イノベーションを生みやすい組織設計

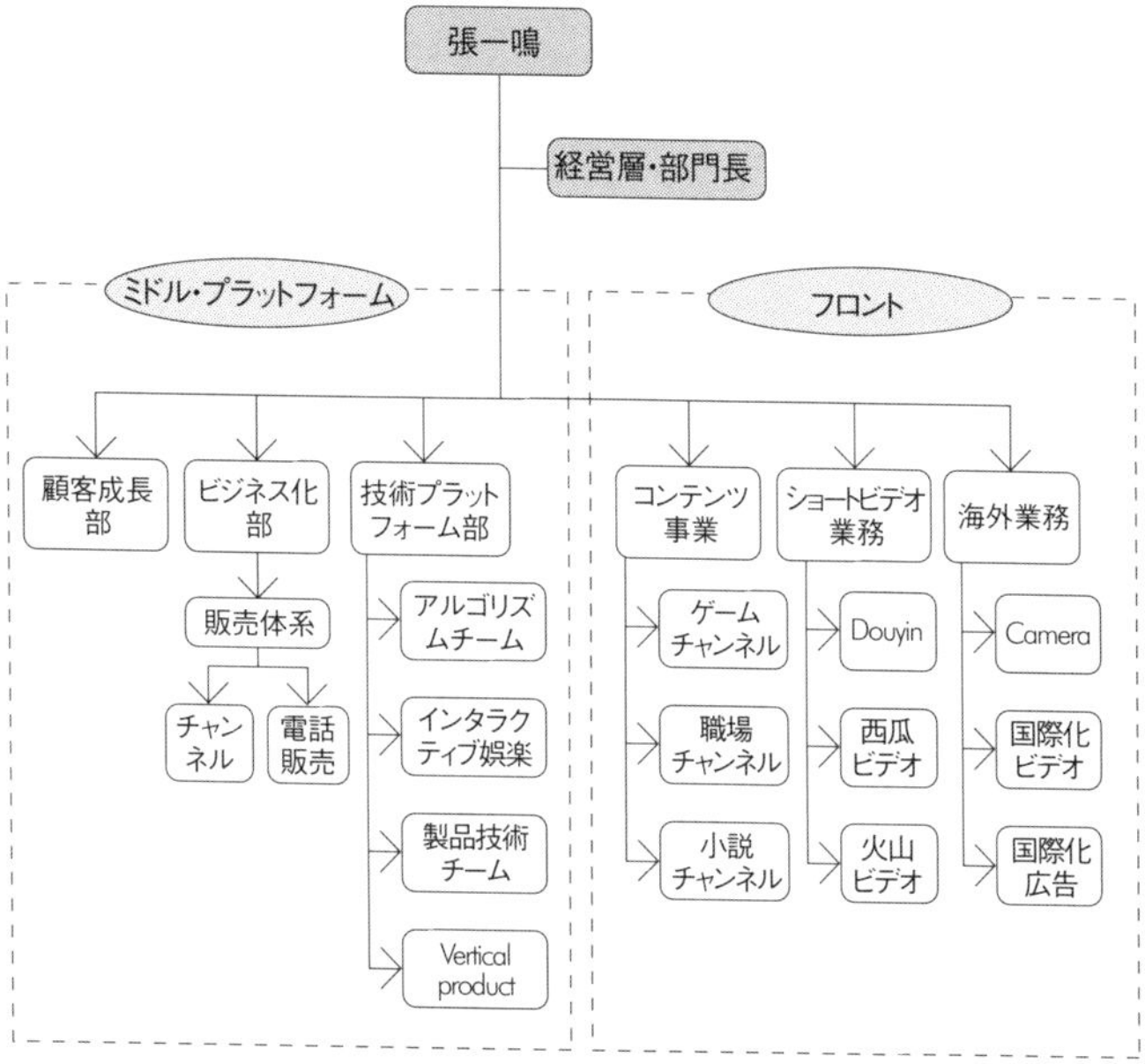

出所）広発証券研究と発展センター、極客公園資料などよりNRI作成

ォーム部の3部門で構成される。顧客成長部は、主に顧客の新規開拓、関係維持を担う。ビジネス化部は、広告宣伝などを含めた商品のマネタイズを行う。

技術プラットフォーム部は、アルゴリズムやAIレコメンド・エンジンの研究開発を行う。傘下にある十数種類のアプリは、一部のプロダクトマネジャー、オペレーション担当者、技術者がプロダクトとリンクしているだけで、その他の研究開発業務、データ収集と分析、アルゴリズムの開発などはすべてミドル・プラットフォームに吸収される。

ミドル・プラットフォームがあるからこそ、会社の技術能力を最大限に各プロダクトに活用でき、短期間で多くのプロダクトの開発を支えられる。また、フロントを軽くすることで、万一商品が失敗しても、コストを最小限に留めることができる。

バイトダンスの強さの秘密その4

戦略志向の目標管理

バイトダンスは、グーグルやフェイスブックをはじめとしたシリコンバレーの著名企業

図表6-6　バイトダンスのOKRは如何に企業ビジョンとつながるか

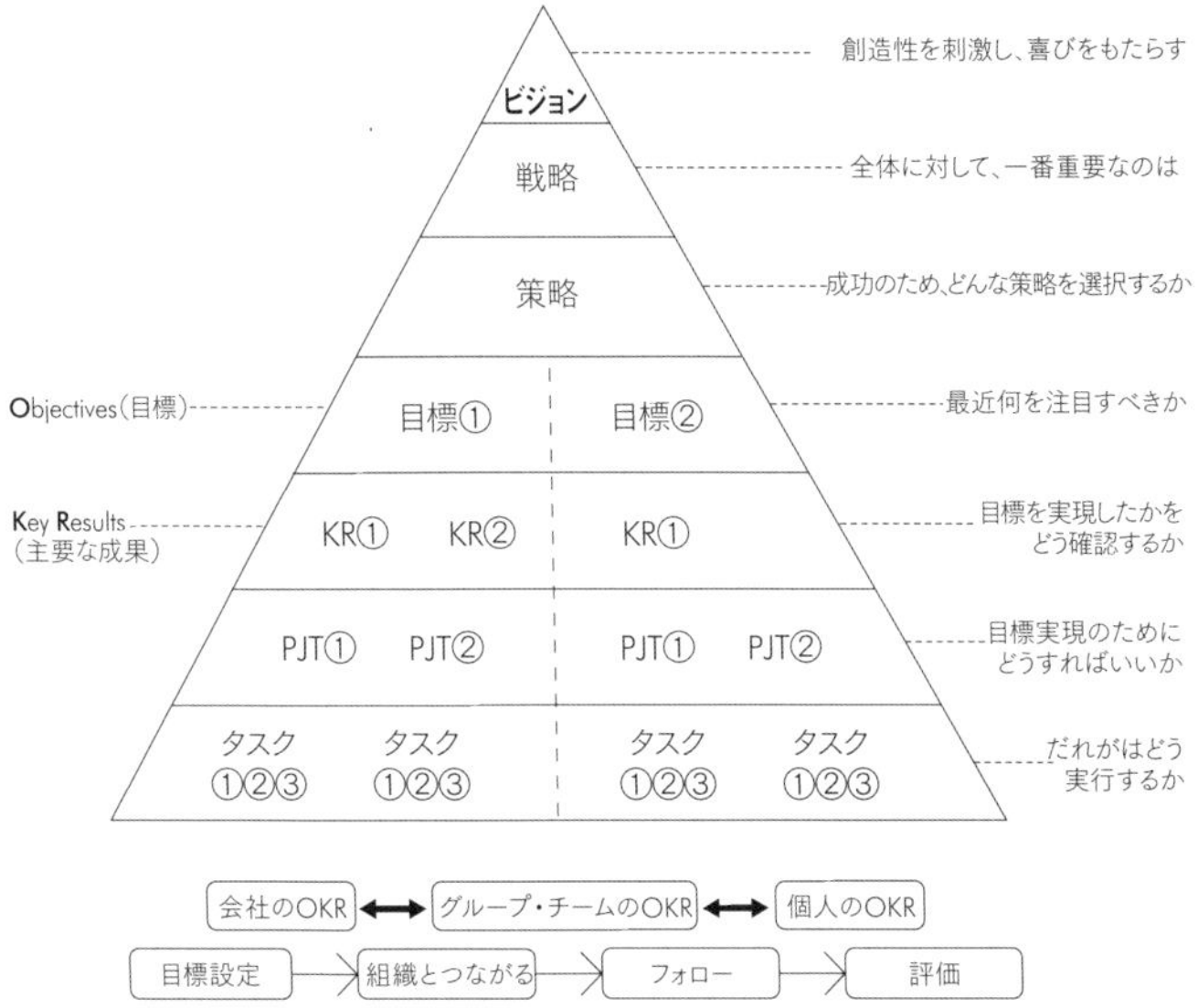

出所：バイトダンス・サイト、公開情報などを参考にNRI作成

も導入したことで注目されている目標管理ツールOKRを導入している。OKRとは「Objectives and Key Results」（目標と主要な結果）の略称で、元はインテルCEOだったアンディ・グローブが提唱した目標の設定・管理方法だ。

全従業員が組織の戦略に合わせて行動すること、従業員の自律的な成長を促すことが主な特徴で、従来の計画方法に比べて高い頻度で設定、追跡、再評価することを求める。

多くの日本企業では人事評価は半期、または1年スパンで行うことが多い。OKRでは3カ月足らずのサイクルで目標の見直しが推奨され、経営環境の変化の激しいネット企業では2週間毎に目標を見直すこともある。

バイトダンスの目標管理は、企業のビジョンとの連動、透明性を生かした組織間の協働、縄張り意識の減少、部下と上司の目標の一致の実現、期中でも目標を柔軟に変更できるという特徴がある。

バイトダンスでは、入社してまず取り組むのは自分のOKR設定だ。OKRの設定は至って簡単。上司との面談を通じ、自分の役割、直属上司の目標、自分と関わりのある部門の目標を理解し、自らの目標を決める。目標を達成するための方法は各個人に委ねられ、会社が決めたことを「やらされる」のではなく、自ら「やりたい」マインドを醸成する。

凄いのは、作成されたすべてのOKRの目標が社内で公開され、張一鳴の目標さえ社内の誰でも参照できることだ。自分のチーム、上司、社長がどのような課題に取り組んでい

図表6-7　OKRの考え方とかなり一致しているByteStyle

ByteStyle		OKRの考え方
常に高い目標を目指す	→	困難な目標を設定
堅実でありながら、勇気をもって行動する	→	ボトムアップで自発的な目標の設定
オープンで謙虚であること	→	チームの協働合作
素直で包み隠さず	→	情報の流動性・透明性
Always Day 1	→	境界線を設定せず自律行動

Context, not Control

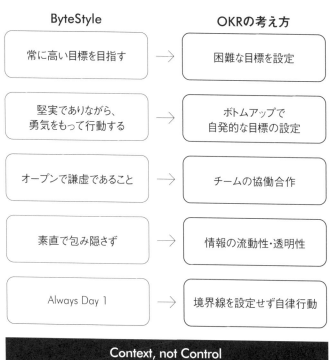

るかがすべて把握でき、全員のベクトルを合わせることで同じ戦略に向けて迅速に行動を起こすことができる。

全社で目標を共有しているため、企業への貢献を従業員1人ひとりが実感しやすい、社員の達成感にもつながる。根底にあるのは、張一鳴が提唱する「Context, not Control」という管理思想だ。ContextはＩＴ用語で、一般的に背景、前後関係、脈略という意味だ。張一鳴はバイトダンスのＯＫＲ制度について、次のように語っている。

「優秀な人材に対して良いコンテキストを設定することで、その創造力を触発することが望ましい。〝コントロール〟（管理）ではなく、信頼し、尊重することだ。会社の戦略目標は、単純な上意下達ではなく、同僚、上司間で目標を共有することで、自分がやるべきことを明確にすることだ。バイトダンスにおけるＯＫＲは、目標を管理する制度や人を評価する制度ではなく、どちらかと言えば、社内コミュニケーション・ツールに近い」

バイトダンスでは他部門と仕事で協働したいとき、他部門のＯＫＲを参照すれば、すぐに「誰と」、「どのように」協力すればいいのかが分かる。適切な担当者を辿る手間が省け、仕事効率が大幅に向上する。また、バイトダンスのＯＫＲの設定では、従業員に境界線（限界）を設定せず、やりたい事業を自ら企画・実施していくことを推奨している。

張一鳴は社員のチャレンジについて、バイトダンスの初めての海外進出は、ある英語が上手に話せない社員によって成し遂げられたというエピソードをよく取り上げる。

この従業員は、ＡＰＥＣ（アジア太平洋経済協力会議）域内を短期商用で渡航する際に査証なしに訪問できる「ＡＰＥＣ・ビジネス・トラベル・カード（ＡＢＴＣ）」を持って、インドに旅立った。しかし、インドには入国できなかった。実は、インド洋に位置するインドはＡＰＥＣの非加盟国だったのだ。彼になぜ誤解したかと尋ねると、彼は、「カードにＩＤＮという国の略称が書いてあったから」と答えた。「ＩＤＮ」は「インドネシア」を意味することすら知らなかったのだ。この社員はくじけずに直ちにビザを取得し直し、１週間後インドに無事降り立った。紆余曲折を経て１・２億人のＭＡＵ（月間アクティブ・ユーザー）を獲得し、バイトダンスの海外進出に大きく貢献した。

このように自分の限界にチャレンジする精神は、バイトダンスの価値観ByteStyleの表れでもある。ByteStyleを分析すると、ＯＫＲの考え方と共通する部分が多いことが分かる。

バイトダンスの強さの秘密その5

効率的な社内外コラボレーション

社内の目標の共有は、バイトダンス自ら開発した社内コラボレーション・ツールの飛書を通じて効率的に実現した。飛書にあるOKR機能は、自分の目標の設定、進捗確認、チームの目標状況を確認できるダッシュボード機能などを備えるだけではなく、策定からフォロー、短いサイクルでの見直し、振り返りと評価など、すべてのプロセスが簡単に流れるように組み込まれている。

そのコラボレーション機能も優れている。社内で何かを討議したい場合、まずチャット群を構築する。すべての会議、議論はチャット群で記録として残され、遅れて加入するメンバーもすべての記録を確認でき、スムーズにキャッチアップできる。

場所や部署、組織（社内外）を問わず、チャット群が生成できるため、議論が効率的に進められる。しかも、会議の議事録もボタン一つで作成でき、コミュニケーションミスも防げる。

世界中に分散する社員が全員使えるように、国内版を開発した直後、海外版「LARK」

を開発した。コロナの関係でグローバルに分散しているバイトダンスの社員6万人が在宅勤務せざるを得なかったが、平時と変わらずコラボレーションができ、2020年第1四半期は前年同期比130％以上増の史上最高の売上を記録した。

バイトダンスの強さの秘密その6
人材を大切にする

アリババやテンセントをはじめ中国の新興企業は、「996（朝9時から夜9時、週6日間働く）」が常態であるほどハードワークで有名だ。バイトダンスも例外ではない。社員のモチベーションを維持するため、アリババやテンセントの社員の待遇が他社と比べて好条件となっていることは業界でも有名だが、バイトダンスもアリババやテンセントと遜色のない手厚い待遇である。

社員が仕事に集中できるように食事手当のほか、食堂も完備している。1日3食無料に加え、午後に無料のおやつも提供される。しかも、食堂といってもシェフは高級レストランから招聘したスタッフで、メニューは1カ月間、すべて重複しないという。

多くの企業では午後のおやつを提供する際、補充しやすいように「おやつコーナー」におやつを置いて自ら取りに行くスタイルを取ることが多い。バイトダンスでは、職員がおやつをカートに載せて社員の席を巡回して、必要な人に配っている。忙しい人ほどおやつを取りに行く暇がないことを配慮したためという。

通勤時間を減らすため、会社から20分以内の通勤圏に住む人には月1500元の住宅手当を支給される。これはアリババやテンセントにもない待遇だ。ボーナスは、アリババやテンセントでは通常5カ月から6カ月分とされるが、バイトダンスは業績次第、6カ月から多い場合には100カ月分支給する。オフィスにフィットネスルーム、ヨガスタジオ、プールやバスケットルームを完備している。

待遇だけではなく、評価制度も重要だ。人材を尊重し信頼する、オープンでフラットな組織文化といったByteStyleは社内で共感を得ている。

評価は上司からだけでなく、同僚からの評価も受ける。上司も同様で、単に上下関係だけで評価が決まるのではない点も、公平な評価を可能にしている。このため、若い会社にもかかわらず、BATに負けず、多くの優秀な人材を採用でき、優れたサービスを開発できている。

設立20年近くを経て、「Inspire creativity, enrich life」（創造性を刺激し、喜びをもたらす）というミッションを掲げるこの企業は、先行するネット企業とは違い、既にあるビジネスモデルを中国市場に導入する「copy to China」モデル、つまり海外から中国市場に輸入し、まず中国市場で発展させるというモデルではなく、設立時から「Born to be global」、つまりグローバルを視野に生まれ、グローバル企業をめざすという大志を抱き、その目標を実現してきた。

バイトダンスは今後、GAFA並みの世界企業に成長する潜在力を秘めている。米国の制裁措置でグローバルな成長には暗雲が垂れ込めるが、TikTokのグローバル展開当初と同様、数々の困難を乗り越えて、いつか本当のグローバル企業に成長するだろう。

第 7 章

デジタル人民元と未来の通貨競争

Chapter 7.

The Digital Renminbi and the Future Currency Race

実証実験中のデジタル人民元（ロイター/アフロ）

易綱・中国人民銀行総裁（ロイター/アフロ）

動き出した法定デジタル通貨

中国の中央銀行に当たる中国人民銀行は、既に法定デジタル通貨（デジタル人民元）の実証実験を進めている。世界の主要国ではまだ明確なスケジュールが定まっていないなか、2020年に「4都市＋1カ所」での実証実験の実施をいち早く発表した。

「4都市＋1カ所」は、広東省深圳市、江蘇省蘇州市、四川省成都市、北京市の「副都心」として開発が進む雄安新区の計4都市と2022年の北京冬季オリンピックの会場予定地だ。発表の通り、2020年10月、深圳市で5万人を対象に1000万元（約1億6000万円）のデジタル人民元が配布され、実証実験が行われた。この実験には3389店舗が参加し、大きな混乱もなく終了した。

2カ月後の12月12日には蘇州で10万人を対象に2000万元（約3億2000万円）のデジタル人民元が配布され、深圳市の2倍の規模で実証実験が行われた。実証実験では、抽選で当たった市民に1人当たり200元（日本円で約3200円）のデジタル人民元が付与された。

蘇州市の場合、対象となるオフライン店舗約1万店に加え、大手ＥＣサイトの京東集団(JD.com)のオンライン・ショッピングでも使えた。そのほか、生活サービスのプラットフォームの美団(Meituan)、動画配信サービスのビリビリ(Bilibili)、配車サービスの滴滴出行(Didi Chuxing)のサービスも使えた。

蘇州では「ダブル・オフライン決済」、つまり飛行機などネットワークのない環境で、支払う側と受領側の双方のスマートフォンをタッチするだけで支払いが完了するという機能も実験した。まさに現金と同じ、災害などで電気もネットワークもない環境でも、決済できることを実現した。

実証実験が順調に進めば、主要国の中では中国が一番早く法定デジタル通貨を実現する国になるだろう。

デジタル人民元とは

人民元が中華人民共和国の建国前年の１９４８年12月、共産党支配下の河北省石家荘で初めて発行されてから今日までを三つの発展段階に分けて考えてみる。

「人民元1・0」は、人民元を紙幣の形で発行・利用する段階である。大半の世界はこの段階だ。これに続く「人民元2・0」の段階では、消費者のあいだに広く普及している「Alipay」（アリペイ）や「WeChatPay」（ウィーチャットペイ）などのモバイル決済やクレジットカード決済によって人民元をデジタルで記録して電子的な決済が実現する。

アリペイやウィーチャットペイは銀行口座やカードと紐づけられる形で、消費者の預金を自社システム上にあるバーチャル口座にチャージ（電子的に記録）してもらい、消費者が買い物するときに店舗との代金精算を自社システムを通じて消費者や店舗側に代わって実施している。つまり、アリペイやウィーチャットペイは、あくまで決済を便利にする一種の電子決済サービスに過ぎない。

この「人民元2・0」に続く「人民元3・0」は、中国人民銀行が推進している法定デジタル通貨（CBDC、Central Bank Digital Currency）、つまり人民元のデジタル化の段階である。実証実験に着手した2020年は、まさに「人民元3・0」の幕開けの年となった。

日本銀行の定義によると、一般に中央銀行が発行するデジタル通貨は、次の3つの条件を満たすものであると言われている。(1)デジタル化されていること、(2)その国の法定通貨建てであること、(3)中央銀行の債務として発行されること。中国の法定デジタル通貨は、この条件をすべて満たし、一般的な仮想通貨と違って国家の信用をバックに無限の法的償還義務を負う。

実は、デジタル人民元にはＤＣ／ＥＰ（Digital Currency/Electronic Payment）というもう一つの名称がある。ＥＰ（Electronic Payment）、つまり電子決済という機能も担うことから、中国の法定デジタル通貨は主に流通中の通貨（Ｍ０）の代替という役割が想定されている。

デジタル通貨の発行を通じて実物の現金を完全には廃止しないが大半を代替することで、発行の効率化とコスト削減を図るほか、すべての取引をデータとして蓄積し、犯罪やマネーロンダリング、脱税などを防止する狙いがある。また、現金と同じ、飛行機の機内や災害などで電気もネットワークもない環境でも、決済を実現できる機能を備えている。

デジタル人民元の発展経緯

デジタル人民元を巡る動きは、２０１４年に遡る。同年、中国人民銀行が研究チームを発足させた。約1年後の２０１５年頃には、「既存の金融システムに大きな影響を与えないモデルを採用する」との基本方針がほぼ固まっていた。２０１６年には、中国人民銀行デジタル貨幣研究所が設立された。ブロックチェーン技術を活用し、手形や送金、貿易金融といった業務をターゲットに研究を始めた。２０１７年2月、デジタル手形プラットフォームが運用開始され、２０１９年5月には貿易融資プラットフォームが運用開始された。研究開始から既に４年以上経過していたが、取り組みの中心は金融システムの中に閉じたものだった。

ところが、２０１９年６月以降、潮目が変わった。２０１９年８月に「実現が目前」、同11月に「基本設計、機能開発などは終えている」、同年12月には「近いうちに深圳、蘇州などの地域でテスト運用する」と矢継ぎ早に中国人民銀行から発表があり、デジタル人民元の実現に向けて大きく前進していると世界に印象づけた。

２０２０年４月、デジタル人民元ウォレットの内部テストが行われ、10月に深圳市、12月に蘇州市で一般市民も参加する大規模な実証実験にこぎ着けた。

各国の中央銀行が一斉にＣＢＤＣの研究に乗り出すなか、デジタル人民元が先陣を切って実現に近づいているのはなぜか。筆者が中国社会科学院金融研究所、中国国家金融と発展実験室と共催した「中央銀行デジタル通貨に関する国際検討会」における中国人民銀行や政府系とメガテック系研究機関の専門家の知見に筆者の見解も総合すると、急展開するデジタル人民元には次のような背景がある。

中国がデジタル人民元の実現を急ぐ七つの理由

デジタル経済及びキャッシュレスの発展

中国インターネット情報センター（ＣＮＮＩＣ）の統計によると、２０２０年6月末時点での中国のインターネット普及率は67％に達している。ネット人口は約9億４０００万人に上り、そのうち99・2％の９・32億人がモバイル経由でアクセスしている。

「中国モバイル決済発展報告２０１９」*によると、中国のモバイル決済の利用者数は、２０１８年上期までに既に８・９億人に達している。結果として中国ではスマートフォンを持っていれば、基本的に生活サービスと決済サービスを受けられるようになっている。

２０２０年4月、研究機関の艾瑞諮詢が発表した「産業決済の時代へ――２０２０年中国第三者決済業界研究報告」によると、２０１６年から２０１９年のあいだに、中国のオンラインＥＣの取引規模は、９６５４億元から1兆９８２０億元に増加した。同時期のオフラインにおけるＱＲコード決済の取引規模は、８３０億元から7兆３８０５億元へと約88倍に膨れ上がった。現金を使わないキャッシュレス決済は既に主流となり、デジタル人民元が普及する基礎ができていると言える。

ビッグデータの金融システム以外での蓄積

キャッシュレス決済においては、従来の金融システムを担う銀行及び銀行系金融機関のほか、主に銀行と消費者のあいだの決済を仲介する「第三者決済サービス機関」が急速にシェアを拡大している。

中国人民銀行の発表によると、2018年に銀行及び銀行系金融機関が処理したオンライン決済（モバイル決済含む）の件数が1175・44億件であったのに対し、非銀行決済機関のオンライン決済**の処理件数は5306・1億件で、前者の約4・5倍となっている。また、この非銀行決済機関は主に第三者決済サービス機関によって構成され、そのうち、アリペイやウィーチャットペイが第三者決済サービスの9割以上のシェアを占める。国民に人気の決済アプリやSNSアプリによる膨大な会員数に支えられ、このような寡占状況は

＊中国国家情報センター、中国経済情報社、アント・フィナンシャルグループ研究院（現アント・グループ研究院）が共同で発表したレポート。CNNICの統計データでは、2020年6月末までにモバイルネット人口の86％に当たる8・02億人が、モバイル決済を利用しているという。

＊＊非銀行決済機関が行う銀行口座と関連するオンライン決済を指す。ラッキーマネー（デジタルお年玉）のような娯楽性の資金移動は、集計対象から除外されている。

数年前から大きく変わっていない。

結果的に、生活サービスや決済に関するビッグデータがアリペイやウィーチャットペイのような決済大手プラットフォームに集約され、既存の金融システムの外に存在している状況になっている。

中国政府はマネーロンダリングやテロ資金防止対策、脱税防止の観点から、金融取引を行う個人や企業、及びその取引内容を収集・分析できる立場を維持する必要があるが、それが民間企業のプラットフォームに蓄積されることにより、制約を受けることになる。

また、このビッグデータが個人の信用情報の蓄積や分析につながるため、過度な収集や利用によるプライバシー保護の問題や、個人向け融資など金融サービスへの実質的な浸透なども政府は問題視している。

決済市場の競争を促す

アリペイ、ウィーチャットペイの二大決済大手のプラットフォームは社会インフラになりつつあるが、互いに競合関係にあるため、プラットフォーム同士は分断され、相互乗り入れはしていない。そのため、利用者にとっては不便な面がある。

また、オンライン決済は「勝者総取り」という特徴から、提供者の寡占化が進みやすく、参入障壁も高い。そのため、寡占状況が固定化しやすく、金融機関や他の決済事業者の新

図表7-1　中国オンライン決済市場シェア（2018年）

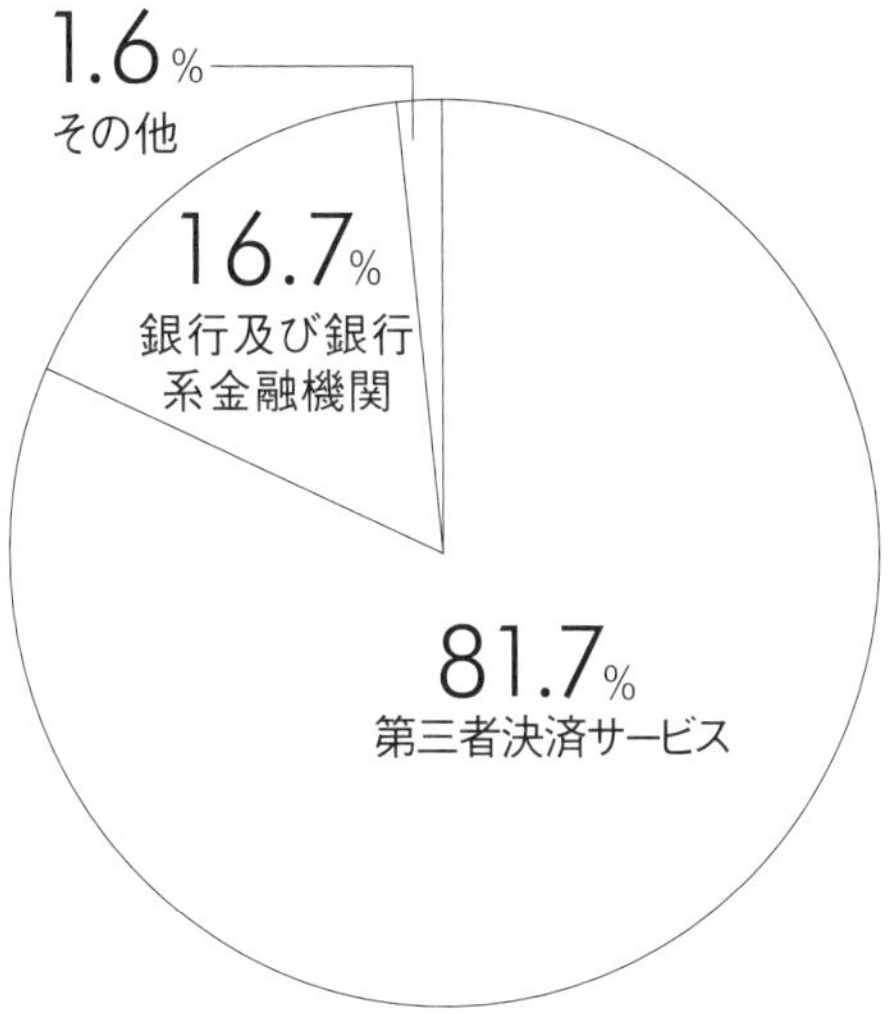

出所）中国インターネット協会　「中国インターネット発展状況報告2019」よりNRI作成

規参入が難しい。共通の決済インフラとなるデジタル人民元の導入を通じ、市場の分断を解消し、公平な競争を促すという狙いがある。

12月に蘇州市で実施された大規模な実証実験で協力事業者に選ばれたのは、アリババ、テンセントではなく、中国工商銀行や中国銀行といったメガバンクのほか、国内ＥＣ事業第2位の京東や商取引プラットフォームの美団、動画配信サービスのビリビリ、配車サービスのDidiだった。二大決済大手の寡占を打破し、市場の競争環境を整備しようという当局の狙いが伺える。

自国通貨の主権を守る

中央銀行のデジタル通貨は国によって発行されるため、中央銀行や国家に対する国民の認知度を維持する重要な手段である。中国人民銀行の動きが加速した背景として、２０１９年６月にフェイスブックが主導する形で「Libra（リブラ）構想」が発表されたことが大きな刺激になったことは間違いない。世界的なプラットフォーマーであるＳＮＳ大手が発行するデジタル通貨は、越境決済や製造業のサプライチェーンなど、さまざまな場面で使われる可能性があるため、法定通貨に打撃を与えることが懸念される。民間発デジタル通貨から自国通貨の主権を守るといった戦略的発想が、金融当局にはあったのだ。

金融リスクを防止する

アリペイの年間アクティブ・ユーザー数は、10億人を超える。10億人もの国民の決済を民間企業に委ねた場合、万一、民間企業のリスク管理が不十分であったり、技術的問題がある場合、国全体の金融リスクにつながる可能性がある。デジタル人民元は既存の決済システムのバックアップとして機能し、取引が正しく実施されるのを保障し、金融の安定を守る。

また、第三者決済サービス機関は決済に関するライセンス取得は必要ではあるものの、厳密には金融機関としては位置付けられていない。そのため、消費者から預かる資金は預金保険の対象外である。こうした点も、デジタル人民元が必要とされる理由だ。

大規模災害への対応

クレジットカード決済にせよQRコード決済にせよ、決済ネットワークとの接続が前提だ。巨大地震や台風といった大規模な自然災害によって、電気やネットワークが途絶えた場合でも、現金同様に決済できる新たな仕組み作りが必要だ。

現金流通における運用コストの削減

中国のM0（流通している現金通貨）をM2（流通している現金通貨＋預金通貨＋貯蓄預金）で割っ

たＭ０／Ｍ２比率はわずか４％に過ぎない。この数字は年々低下している。他方、現金を流通させるには、生産コスト、流通コスト、運輸コスト、回収コスト、破棄コストなどがかかる。

華西証券研究所による試算では、人民元の現金運用コストは年間２７６７億元に上る。デジタル弱者などへの配慮から現金を完全に廃止しない方針を取るが、既に現金への依存が低い中でより効率的なデジタル通貨の出現は自然な流れと言える。

デジタル人民元の特徴

開発・検証が進むデジタル人民元は、大きく六つの特徴を備えている。

二層構造で運営

中央銀行が個人にデジタル通貨を直接発行することはない。中央銀行と中間発行機関（商業銀行）の二層構造になっており、商業銀行などの中間発行機関を経由して個人に提供することで、従来の金融システムに極力影響を与えない設計となっている。

図表7-2　中国法定デジタル通貨の二層構造

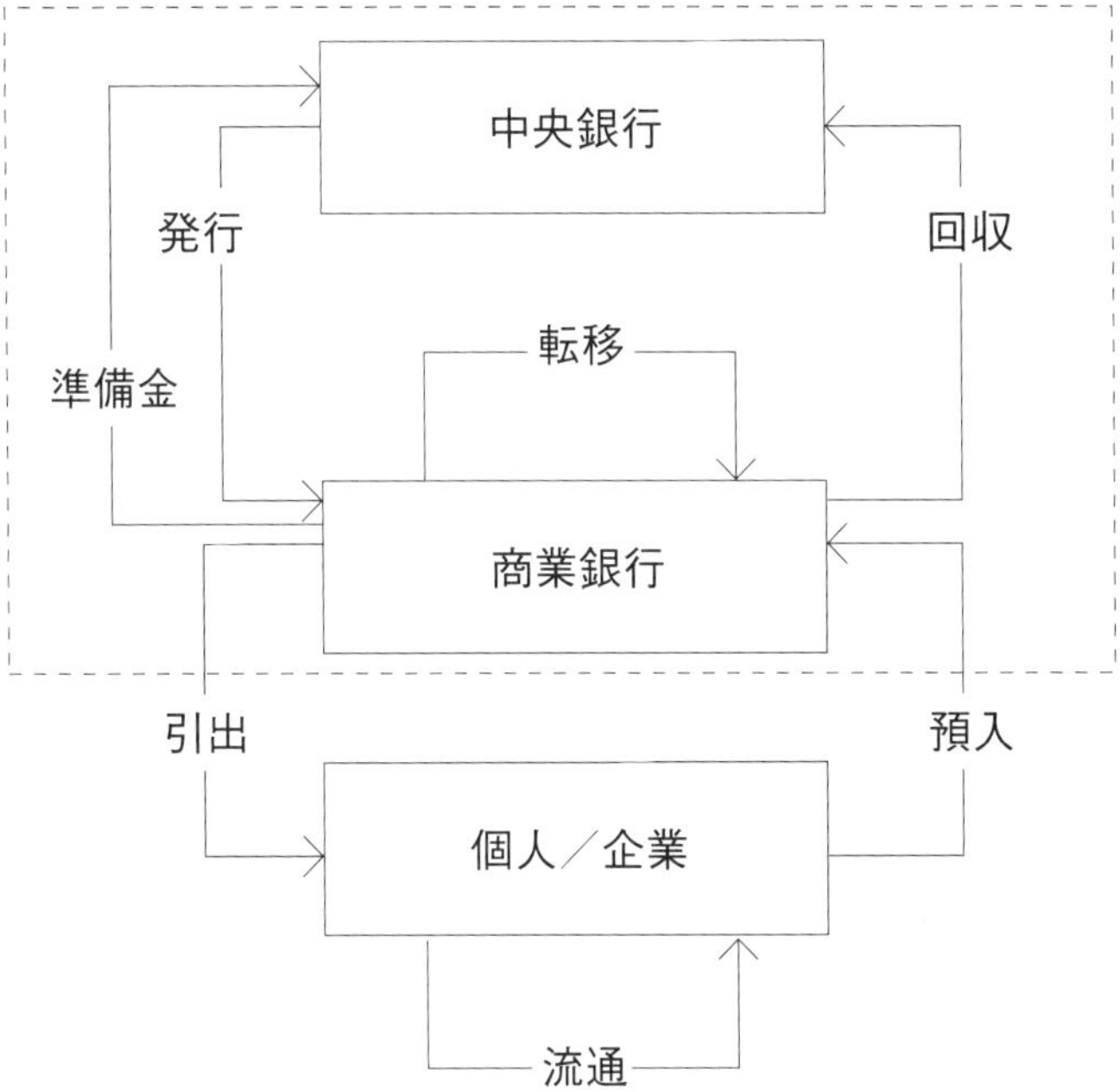

出所:姚前「中央銀行デジタル通貨原型システム実験研究」等を元にNRI作成

個人への提供に関しては、民間の第三者決済サービス機関も関与させる方針だ。商業銀行など既存の金融システムへの影響を抑えるため、デジタル人民元は現金同様、金利が付かない。取引でも手数料は徴収しない方針だ。

決済の利便性・安全性の両立

利便性を考慮して、銀行口座とのリンクは必ずしも必要としない。将来、海外からの観光客など中国の銀行口座を持たない利用者にも配慮する。また、少額決済について、決済ネットワークに接続しなくても決済ができるようにする「ダブル・オフライン決済」という仕組みを導入し、災害への備えを向上させる。「ダブル・オフライン決済」はオフラインのあいだ、同一デジタル通貨の重複利用をいかに防ぐかという課題があり、今後の技術的な成果に期待したい。

金融システムの効率化

個人向けの決済だけではなく、金融システム内の業務（例えば、電子手形、貿易金融、送金）の効率化も重要な柱となっている。「中央銀行デジタル貨幣プロトタイプシステム実験研究」（広発證券発展研究センター、２０１８年）で示された中央銀行デジタル通貨プロトタイプモデルでは、デジタル帳票取引所及びデジタル帳票分散台帳システムも組み込まれている。

また、デジタル人民元は、政府から個人への支払（G2C）分野での活用も期待できる。中国人民銀行の範一飛副総裁は、デジタル人民元の実用化に向けて、さまざまな実証実験を行ったと説明した。

その一例として、新型コロナウイルス対応に大きな貢献をした5000人の医療・ヘルスケア従事者を対象に、深圳市からデジタル人民元による奨励金が配布された。これは深圳市の5万人が参加した実証実験に先駆けたもので、医療従事者はこのデジタル人民元を使って指定された店舗で消費活動を行い、G2Cの実現可能性が確認できた。

新型コロナ対応における緊急経済対策では、政府からの各種給付金は銀行口座経由の振り込みとなるため、政策決定から個人の手元に届くまで1カ月以上かかってしまうケースがある。もしデジタル通貨で給付可能なら、瞬時に配布が終えられる。

コントロール可能な匿名性

従来のクレジットカードやQRコード決済では、実名制の銀行口座と連携しているため、取引に関与する店舗、あるいは決済機関はさまざまな個人情報を把握できる。利用者が知らないうちに個人情報が勝手に収集され、利用されることは深刻な問題となっている。

「コントロール可能な匿名性」とは、取引で使うのは暗号化された数字のみで、利用者の許可なしに決済機関も店舗も取引と結びついている個人情報を知ることができないという意味だ。つまり、個人情報は暗号化された数字に代替され、その数字は誰のものか、中央銀行は辿ることができるが、日々の取引でさまざまな人に晒されることはなくなる。

技術路線の中立性

キャッシュレス決済大国の中国では、同時に処理できる取引件数への要求も高い。既存のブロックチェーン技術は、並行処理できる件数がまだ少ないという課題が残るため、中国のデジタル通貨はブロックチェーンなどの技術も採用するが、それに限定しないとの方針だ。

少なくとも2016年から2017年までは、中国人民銀行デジタル貨幣研究所の関連論文や特許は、ブロックチェーン・分散型台帳技術（DLT）をベースにブロックチェーン技術の分散型・改竄不可の特性を活かして分散型台帳システムを構築し、取引ごとに新しいアドレスを付与することで匿名性を実現することを検討していた。

しかし、2017年から2019年にかけてアーキテクチャーの設計がセンター型に転換し始めた。その理由は、分散型台帳システムの利用にはセキュリティとスケーラビリティに対して技術面の懸念があることに加え、既存の通貨システムを大きく刷新する必要があることによるコスト負担が挙げられる。

デジタル人民元は、1秒当たり30万件の処理をめざしている。さらに、センター型の場合、規制当局の管理監督がしやすい強みがある。中国人民銀行デジタル貨幣研究所所長を務めた姚前氏（現・中国証券管理監督委員会科技監管局局長）が２０１８年に発表した論文では、「分散型台帳技術はまだ発展途上で、法定デジタル通貨システムがブロックチェーン技術を『バンドルしない』ことも考えられる」と書いている。*

官民協同エコシステム

デジタル人民元はあくまで政府主導のインフラに過ぎず、利用者へのサービス提供は、既に生活の隅々まで浸透している民間の決済サービスや金融機関と共同で実施する考えだ。デジタル人民元の普及によって広く使われているアリペイやウィーチャットペイのような民間事業者のサービスを代替してしまうのではないかとの見方もあったが、中国人民銀行デジタル貨幣研究所の穆長春所長は、さまざまな会合で「民間の決済サービスを代替するのではなく、エコシステムの中に取り入れて共存する」との考えを繰り返し、強調している。

とは言え、さまざまな決済手段との相互接続性を持つデジタル人民元が、アリペイやウ

＊姚前、陳華「デジタル貨幣経済分析」中国金融出版社　２０１８年

ィーチャットペイのような既存の大手決済事業者と競合することは明らかだ。その影響度合いについて、ゴールドマン・サックスの「Reinventing the Yuan for the Digital Age（デジタル時代に向けた人民元の再設計）」と題したレポートでは、「10年間でDC／EPの利用者は10億に達し、1兆6000億人民元（約25兆円）が発行され、年間の決済総額（Total Payment Value: TPV）は19兆人民元（約304兆円）となり、消費決済の15％を占める」と予想している。いまの二大民間決済事業者のシェアからみると、短期間に大きな変化は起きないとも読み取れる。

筆者もその競争は限定的と見ている。一般的に政府主導で推進するサービスは、ユーザー・エクスペリエンスの設計、消費者と接点のある各種店舗や事業者との協業関係の構築が民間企業と比べて得意ではない。既に既存の便利なサービスに慣れた消費者からの支持を獲得できるかどうかという課題もある。

デジタル人民元の仕組み

従来は個々の民間事業者の中に閉じた形で存在しているデータを集約することによって、

図表7-3　中国のデジタル人民元の仕組み(概念図)

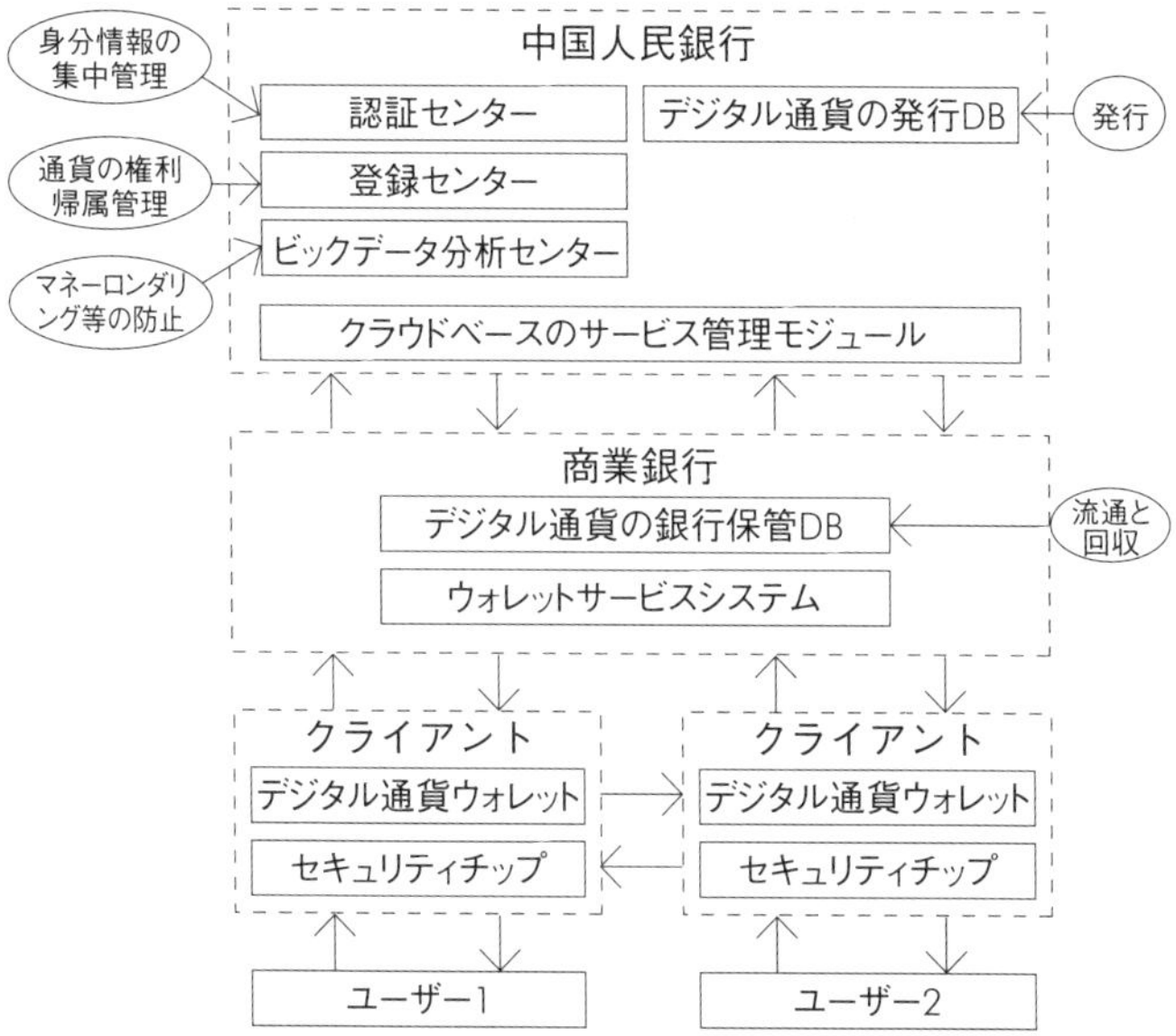

出所:各種公開情報(雑誌「中国金融」、「金融発展研究」、「人民元3.0」等)を元にNRI加筆

家計消費や企業投資の動きの把握、産業活動の分析と予測、政府の政策策定に役立つのは言うまでもない。

また、個人情報が特定不可能な形式に加工され、厳密なルールを敷くことで、さまざまな事業者がプライバシーに配慮したデータ活用がやりやすくなる。その結果、データ駆動型のデジタル経済がさらに発展する。これが中国政府が一番期待している効果と言える。

デジタル人民元の仕組みを簡単にまとめると、一つのデジタル通貨、二つのデータベース、三つのセンターを中核としたアーキテクチャーで構成される（図表7－3参照）。

一つのデジタル通貨とは、中央銀行が担保し発行する通貨の金額を示す、暗号化された一連の数字を指す。

二つのデータベースとは、中央銀行のデジタル通貨の発行データベースと商業銀行のデジタル通貨保管データベースのことで、それぞれが通貨の発行、流通、回収を管理する。

三つのセンターは、認証センター、登録センター、ビッグデータ分析センターのことだ。認証センターは、デジタル通貨の関連機関やトランザクションの匿名性を保証するDC／EPユーザーの身分情報を一元管理する。登録センターは、通貨の権利帰属を管理するとともに、発行・流通・消し込み・消滅の全過程を記録する。ビッグデータ分析センターは、KYC（Know Your Customer）、決済データの分析などを通じてマネーロンダリング、脱税やテロ資金供与などの防止を図る。

図表7-4　デジタル人民元(DC/EP)の決済アーキテクチャー

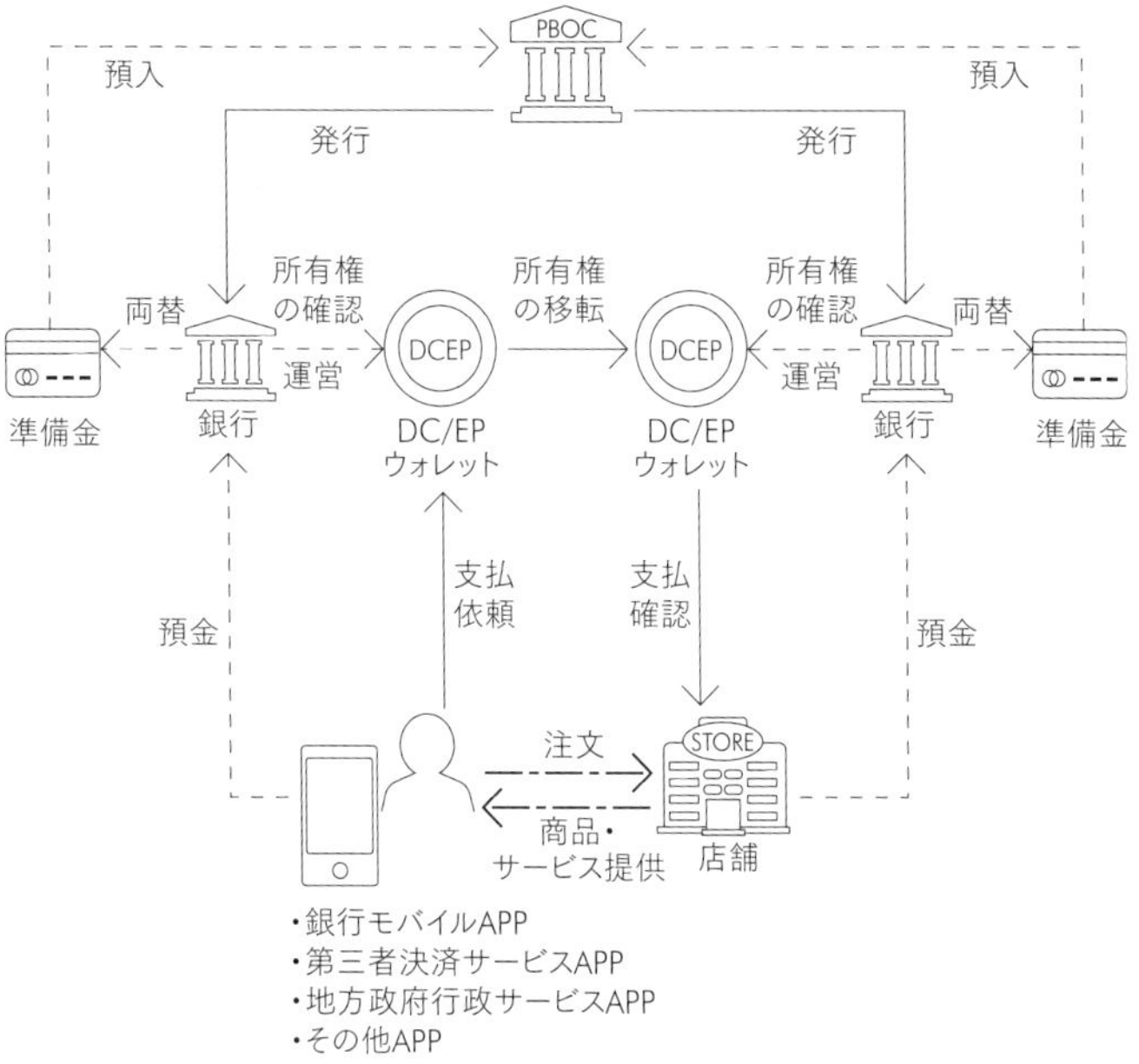

出所：2020年12月20日時点のDC/EPの実証実験等の報道などを元に筆者作成

決済では中国人民銀行のＤＣ／ＥＰ決済システムで処理することと思われるが、中間発行機関の銀行が消費者と店舗側のＤＣ／ＥＰの流通などの役割を担う（図表７－４参照）。

その際の匿名性の確保の仕組みについては、中国の『金融発展研究』（２０２０年５月号）で発表された論文*によると、決済の際に複数ブロックに分かれる暗号化された数字が伝送され、各関連事業者は自社の権限に基づいて復号できる情報を解読する。情報の中には、最低限発行側の識別子、所有者の識別子、決済金額が含まれる。

所有者の識別子は、中央銀行のみ解読でき、かつ個人の身分情報と照合できる。また、所有者の識別子の重複利用によって、個人情報を逆引きされることを防止するため、この暗号化された数字は、毎回違うパスワードをかける。銀行や第三決済サービス事業者もこのパスワードを解除できないこととし、取引における個人の匿名性を保障する。

＊中国国家金融と発展実験室の朱太輝氏と北京大学国家発展研究院の張晧星氏の論文「中国中央銀行デジタル貨幣の設計仕組み及び潜在的な影響研究」

図表7-5　デジタル人民元(DC/EP) とLibraとの比較

		DC/EP	Libra (Diem)
発行	発行主体	中国の中央銀行	Libra協会（Diem協会）
	発行の仕組み	センター型	部分的な センター型
	信用の裏付け	国家の信用	資産のリザーブ
	発行数量	動的調整	動的調整
流通範囲		中国	グローバル
主な用途		公共サービス、消費、 貿易金融等	金融包摂 （決済や海外送金等）
採用技術	採用技術	ブロックチェーンに 限定しない	Libraブロックチェーン
	処理速度 （TPS）	30万件	1000件
個人利用者	匿名性	管理可能な匿名性	匿名（限度額の制限がある） VASP注1ホスト型ウォレットは、実質実名
	決済方法	デジタル通貨 ウォレット	デジタルウォレット
	アカウント管理	DC/EPウォレットにて管理する少額の場合銀行口座とのリンクは必須ではない	VASPホスト型ウォレットと非ホスト型ウォレット注2の２種類がある

注1：VASP (Virtual Asset Service Providers)：仮想資産サービスプロバイダーの略。
注2：非ホスト型ウォレット (Unhosted Wallet)：銀行口座を持たない人に提供するサービス。AMLなどに対応するため、限度額に制限をかける想定となっている。

出所：公開情報よりNRI作成

デジタル人民元とLibra＆デジタル・ドル
――権力と信頼の裏側

デジタル人民元とLibraとの比較

デジタル人民元は、米国のフェイスブックが発表した仮想通貨構想Libraと比較されることが多い。実は、「Libraコイン」は、フェイスブック内部では「グローバルコイン（Global Coin）」と呼ばれている。利用目的は、個人向けの決済と海外送金における「金融包摂（ファイナンシャル・インクルージョン）」の実現とし、構想当初、2020年第1四半期までに数十カ国で発行する予定と伝えられた。リブラ協会が発表したホワイトペーパー（通称Libra 1.0）によると、Libraは「シンプルで国境のないグローバルな通貨と金融インフラになる」ことをめざしていた。国家の通貨主権を飛び越え、世界で流通させることを視野に入れた野望を抱いていたことは明らかだ。

そのため、Libraの発表を受けた各国政府は反対を表明し、規制が整うまでは許認可しない旨表明した。規制上の懸念や、マネーロンダリング、脱税の助長、ユーザーのプライバシー侵害、世界的な金融システムの混乱などの潜在的なリスクを理由に、米国の規制当局からも強く反対された。*

これに対し、デジタル人民元は中国の法定通貨のデジタル化であり、国家主権の範囲内における中国国内の現金の代替と決済インフラ、金融システムとしての役割を担う。両者の立ち位置は大きく異なるのは言うまでもない。デジタル人民元とLibraの特徴の比較を簡単に図表7－5にした。

Libraのデジタル・ドルとの歩み寄り

当初参加を予定していた5つの主要パートナーのペイパル、マスターカード、ビザなどは、ビジネスおよび規制上の問題のため、リブラ協会への参加を見合わせた。フェイスブックは危機感を募らせた。米国議会で説明を求められたフェイスブックのマーク・ザッカ

*連邦準備制度理事会
https://www.federalreserve.gov/newsevents/speech/files/brainard20200813a.pdf
議会調査局　https://crsreports.congress.gov/product/pdf/R/R46208 ほか

ーバーグCEOは「いま、米国でこれに取り組まなければ、いずれ中国に先を越されることになる」という趣旨の発言をし、デジタル人民元の脅威を強く訴えた。それでも、各国の規制当局からの反対が緩むことはなかった。

Libra構想はこのままお蔵入りになるかと思われたが、フェイスブックは規制当局に歩み寄り、Libra構想を大きく方向転換させた。2020年4月16日、Libra協会はホワイトペーパーの更新版（通称Libra 2.0）を発表した。

健全なコンプライアンスを持つフレームワークによって決済システムの安全性を強化すること、複数通貨とペッグするLibraコインに加え、単一通貨（米ドル）を後ろ盾としたステーブルコインを提供すること、将来的なパーミッションレス・システムへの移行を見送ることなどの改善点を打ち出し、実現への一歩を踏み出した。

同年12月1日、Libraを「Diem（ディエム）」と改名し、2021年1月にドルのステーブルコインの発行をめざしてスイスの金融市場監督局（FINMA）に認可を申請していると報じられた。同時に運営機関であるリブラ協会もDiem協会に名称を変更したが、本書は便宜上、Diemを「Libra 2.0」と呼ぶ。

実は「Libra 2.0」では、中央銀行デジタル通貨が実際に発行された際、Libraの決済システムをアップグレードして中央銀行デジタル通貨をサポートし、公共部門のイノベーションを支えていくことを計画しているとも明言されている。

これは重要なメッセージだ。つまりLibraはデジタル・ドルのサービス・プロバイダーに転身する用意があるという表明であり、従来掲げた国家の主権を超えた「グローバルコイン」としての挑戦者の立場を捨て、デジタル・ドルの協力者になるという大きな戦略転換をしたのだ。

実は、2020年3月、米国がコロナ対策として2兆2000億ドルの緊急経済対策法案を提出したとき、そのドラフト版は適格な個人への支払いを早めるために、デジタル・ドルとデジタル・ウォレットの使用に言及している。しかし、デジタル・ドルに関する言及は最終法案から削除された。* その後、ダレン・ソト連邦下院議員は、理由の一つとして財務省が大規模なブロックチェーン決済システムに必要なインフラの準備が不十分であることを指摘している。

デジタル・ドルに関しては米政府の方針はまだ明確ではないが、中国人民銀行デジタル貨幣研究所の元所長、姚前はLibraとの協業も選択肢の一つと分析する。Libraは自らの決済システムをBaaS（Blockchain as a Service）として中央銀行に開放することで、米国の中央銀行デジタル通貨（CBDC）の発行システムとの連携が実現できれば、米国の中央銀行に当

＊米連邦議会図書館2020.3「Section.101」

たるＦＲＢ（連邦準備理事会）は独自にＣＢＤＣシステムを構築しなくてもデジタル・ドルの発行が可能となり、その流通を管理することもできる。

以上の協業モデルによって米ドルとの結びつき（ドルペッグ）を強化したLibraが、その分散ネットワークを通じて世界各国の27億人に及ぶフェイスブックの会員基盤の優位性を利用し、各国へ一気に浸透する可能性がある。

そうなれば、ドルの国際通貨システムにおける主導的地位は一層強化されるだろう。通貨発行益（シニョレッジ）のリブラ協会への移転、銀行預金の代替、金融業独占の可能性（勝者総取り）などの恐れから、「金融政策と通貨主権に対する明確な脅威になる」との懸念が一層強まるだろう。

一方、デジタル人民元に対しては、人民元の国際化の実現や一帯一路の経済支配につながるのではないかとの推測も多く聞かれる。しかし、仮にデジタル人民元が中国国内で無事にリリースできたとしても、海外への展開はそう簡単ではない。

人民元の中国以外の国における影響力は、米ドルと比べるとかなり弱いことは明らかだ。国際決済銀行（ＢＩＳ）によると、人民元はクロスボーダー決済に利用される通貨（金額ベース）で世界で6番目に位置し、シェアは1・66％を占めている。各国の外貨準備総額における人民元の割合は、長期にわたり2％とほぼ変わらない。これに対し、米ドルはクロスボーダー決済に使われる通貨の約50％、各国の外貨準備総額の約60％を占めている。

また、海外に資金が流れるキャピタルフライトを防ぐ観点から、人民元は海外への自由な資本移動は認めておらず、資金の海外移動に関する規制は非常に厳しい。個人の場合、人民元と外貨の両替は１人につき年間５万ドルが上限だ。基軸通貨化を狙っているとか、ドル覇権に挑戦するといった見方は、デジタル人民元を過大に評価している。

法定通貨は、突き詰めると国家の主権の象徴である。法定通貨の海外での流通は、通貨発行国の経済および金融に代表される総合的な国力、その通貨への信頼度、通貨の両替自由度、加えて国際政治とも深くかかわる。デジタル時代に入り、通貨発行国の先端テクノロジーの実力とデジタル経済の発展度合いも、その法定デジタル通貨の影響力を左右する。トランプ政権は中国のハイテク企業を次から次へとエンティティ・リストに加え、米国の中国への技術規制は強化される一方だ。その影響は産業分野に留まらず、今後は金融分野にも波及するものと思われる。

中国は、デジタル人民元の本格的な発行と流通の実現を通じて通貨の安定と決済システムの安定という中央銀行の使命を果たし、外部からの脅威から金融システムを守る姿勢を強めている。同時に、引き続き国策として金融システム機能の高度化による国内デジタル経済の一層の発展を図っていくだろう。

未来の通貨競争は、中央銀行のデジタル通貨競争とも言われる。ハーバード大学のケネス・ロゴフ教授は２０１９年11月に発表した論文で、デジタル通貨戦争の到来に警鐘を鳴らした。地域によって流通するデジタル通貨が異なることで、金融システムの分裂が加速する可能性を示唆したものだ。

日米欧など主要国も、ここにきて中央銀行デジタル通貨（ＣＢＤＣ）発行を見据えた取り組みを加速している。Ｇ７の中央銀行と国際決済銀行（ＢＩＳ）は２０２０年10月に公表した報告書で、実際に発行する場合の基本原則を示した。物価や金融システムの安定を損なわないことや、現金など他の通貨と共存することなどを掲げた。しかし、実現に向けて、既存金融システムや民間事業者との協調・役割分担のあり方、プライバシーの確保と利用者情報の取り扱いなど、クリアすべき課題も多い。

中国も含めたＣＢＤＣ導入の動きを念頭に、Ｇ７以外の国のＣＢＤＣ発行でも透明性などを備えた形で発行する必要があるとの指摘がある。新型コロナで日本でもキャッシュレス決済が急速に普及し、社会のデジタル化が大きく前進した。日米欧中の代表がそろう20カ国・地域（Ｇ20）首脳会議の場などを通じて、ＣＢＤＣの普遍的な枠組みを国際社会の協調下でオープンに検討し、金融システムの分裂を回避し、デジタル社会にふさわしい安定的・効率的な決済システムの構築につなげることを期待したい。

終　章
中国とどう向き合っていくか？

Epilogue
How to Deal with China?

デジタル経済化が急速に進む中国が直面する課題

２０２０年はさまざまな要因によって、中国のデジタル社会実装や産業のデジタル化が想定より早いスピードで加速することになった。

米国が発動した中国への貿易戦争、次から次へと打ち出された中国テック企業に対する制裁措置によって、中国は先進国が築いた基礎の上に得意とする「応用」を加えて発展させればいいという従来の発想を根本から覆された。難しくても時間をかけても、自力で基礎技術を開発しなければならない立場に追い込まれた。

また、新型コロナウイルス感染症との戦いから、社会のあらゆる分野へのデジタル技術の導入が加速され、国民経済におけるデジタル経済の比重が高まり、デジタル強国路線が国家戦略レベルに引き上げられた。

中国はデジタル強国戦略により、わずか20年ほどで世界の中でも進んだデジタル社会を築き上げた。２０１９年ですでにデジタル経済は35・８兆元（約５７２兆円）に拡大し、ＧＤＰに占める割合は36・２％に達した。

中国情報通信研究院（ＣＡＩＣＴ）の試算によると、ＧＤＰ成長率へのデジタル経済の貢献度は、67・7％にも上る。

中国が短期間で産業・社会のデジタル化を成し遂げることができた背景には、欧米先進国によく見られる、既存ビジネスや既得権益への手厚い配慮、新規サービス参入に対する規制のハードル、成功した大企業の成功体験へのこだわり（いわゆる「イノベーションのジレンマ」）といった制約条件が、相対的に少なかったことがある。

加えて、政府がデジタル基盤を整備しトップダウンでデジタル化を推進したという要素がある。アリババやテンセント、ファーウェイ、バイトダンスのようなイノベーション企業が顧客起点のビジネスモデルを創出し、キャッシュレス決済をはじめ生活のデジタル化、企業のデジタル変革を牽引したことも大きい。デジタル化の波に乗り、世界最大のネット人口を有する中国は、膨大なデータを蓄積できた。

中国政府は「データ」を土地、労働力、資本、技術と並んで、重要な生産要素と位置づけた。これに伴い、中国が保有する膨大なデータの蓄積と管理は、政府が主導すべきか、民間企業のイノベーションに任せるべきか、その明確な役割分担とルール策定が喫緊の課題となってきた。

プラットフォーマーは自社が構築したプラットフォームに膨大なデータを蓄積し、ＡＩなど先端技術を活用することで富を生み出している。一方、消費者や生産者、販売者もデ

図表E-1　中国デジタル経済の急速な発展

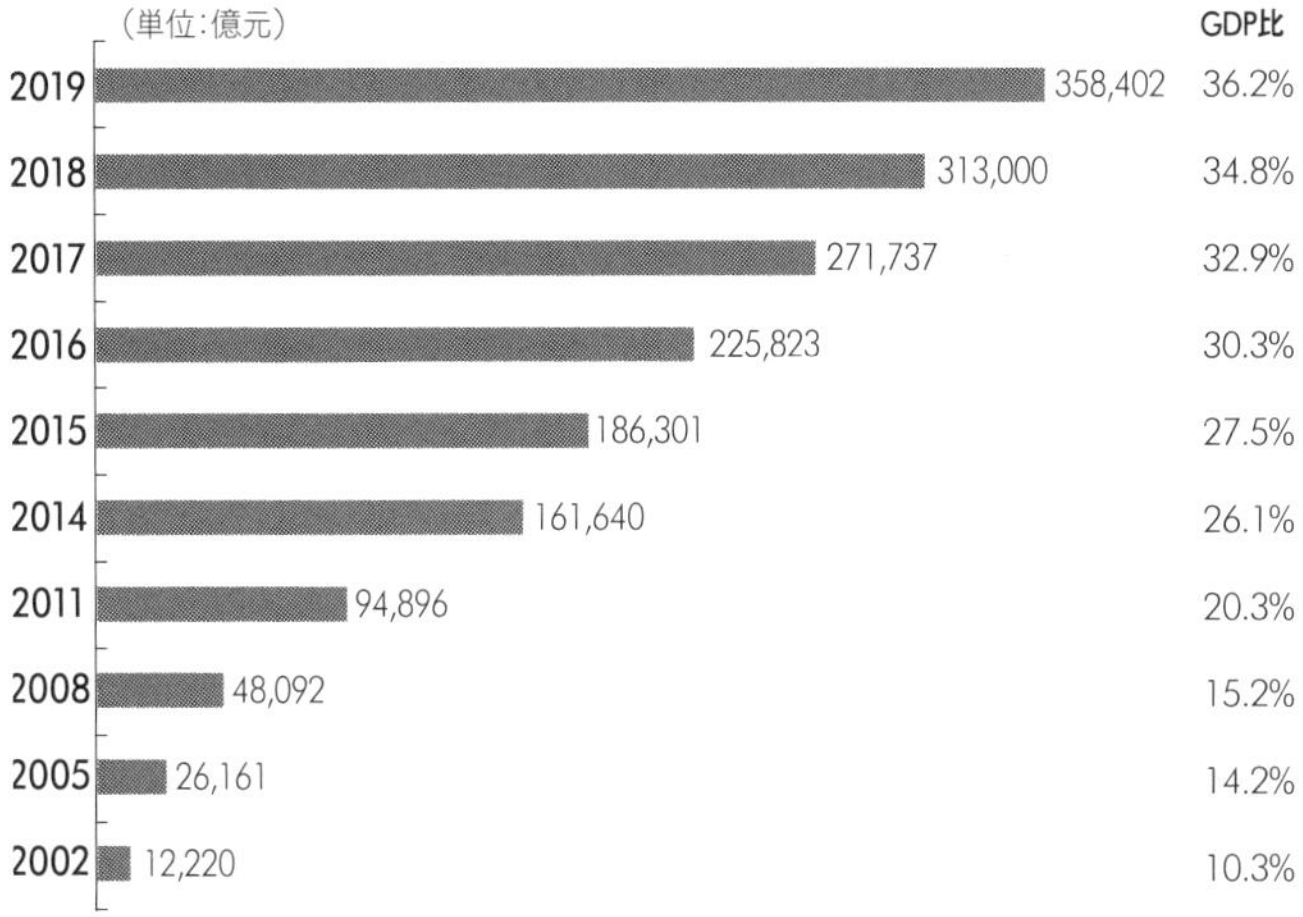

出所：中国情報通信研究院「中国デジタル経済発展白書（2020年）」

ータ創出に貢献しているのだが、果たしてデータ蓄積によるメリットを十分に享受できているのかどうか、疑問の声が上がっている。

例えば、消費者の購買データの分析に基づき、AIアルゴリズムによって支払い能力が高い消費者には高い価格を表示する「殺熟」（お得意さまになるほど損をする）と呼ばれる販売手法が問題となっている。ターゲティング分析によって同一の商品であっても、見る人によって価格が違うのだ。

人によって受け取る優待クーポンの割引率も違っている。競争激化によって低価格、または破格な価格で新規顧客を獲得せざるを得ない競争原理が背後にある。他方、自サイトでの価格の優位性を追求するため、プラットフォーマーは生産者や販売者に対して、競合サイトでの商品販売を阻止する慣行、いわゆる「二者択一」現象も表面化してきた

データを制するプラットフォーマーの影響力が強ければ強いほど、消費者や生産者などの立場が弱くなる。一連のプラットフォーマーのデータ支配力をめぐる問題は、2020年11月のアント・グループ上場延期とそれを契機に打ち出された当局のメガテックへの独占禁止法関連規制にもつながったと見ていい。

デジタル社会実装を成功させるカギ

中国の産業と社会におけるデジタル化の進展から、日本が取り入れるべきヒントを以下に挙げる。

海外から優秀な人材を呼び込む

2000年頃から、経済成長とともに海外への中国人留学生が急増した。とりわけ清華

大学や北京大学といったトップ校の学生の海外志向が強く、低学年から留学する富裕層の子弟の急増もあって2005年以降、増加傾向が顕著となり、2018年には約66万人となっている。

2018年の米国の大学院での博士号取得者（非永住ビザ所有者）の出身国・地域は、最多が中国（6182人）、次いでインド（2040人）、韓国（1035人）と続く。日本は24位（117人）で上位3カ国との差が大きい。

リーマンショックを契機とした海外での就職難、北京オリンピック後の中国の好景気、中国のテック企業の躍進に伴い、2008年以降、多くの留学生が中国への帰国を選ぶようになった。その比率が年々増加し、2018年にはその年の留学生の約8割に相当する52万人が帰国した。

中国教育部の発表によると、2018年末までに累計365万人もの留学生が帰国した。その多くはファーウェイ、アリババ、テンセントといった先端企業で活躍の場を見つけ、そのイノベーションを支えた。また、一部の帰国組は起業する道を選んだ。BATの一角、百度の創業者・李彦宏もその一人だ。その他、AI先端企業の曠視科技（メグビー）、まとめ買いECサイトの拼多多（ピンドードー、PDD）など、帰国組が中国を代表する数多くのユニコーン企業を立ち上げた。

ただし、米国によるハイテク分野の中国人留学生の制限により、今後は米国留学自体が難しくなるだろう。留学に代わって中国国内で一流の学者による人材育成に注力することとなる。

2000年にコンピュータ・サイエンス分野で権威あるチューリング賞を受賞した姚期智、1957年にノーベル賞物理学賞を受賞した楊振寧、世界的な構造生物学者の施一公は、いずれも米国籍を取得してプリンストン大学などで研究していたが、現在は帰国して米国籍を放棄し、中国国籍を再取得した。

2020年9月11日、習近平主席は北京市内で科学者の座談会を主宰し、「国家の未来の発展は、さらに差し迫ったイノベーションを求めている。科学者たちは歴史的な責任を担い、科学技術の発展とイノベーションに向かって前進することを望む」と語った。この会合には、姚期智と施一公が出席している。

日本の場合、2018年の大学院在学者数は25・4万人で、中国の273・13万人の1割に満たない。また、日本からの海外留学生数も5・8万人（2017年、OECD統計）で、こちらも同年の中国の60万人の1割に満たない。絶対数を短期間で増やすことが難しいとすれば、海外から優秀な人材を呼び込む工夫が必要だと思う。

政府によるイノベーションの環境づくり

中国が打ち出した「大衆創業、万衆創新」政策のようなイノベーション、スタートアップ振興政策が日本でも必要だろう。

「大衆創業、万衆創新」は中国のほぼ全省庁で横断的に取り組まれ、1000を超える支援策が実施された。地方政府によるコワーキング・スペースの整備、産業集積地の創設、政府によるスタートアップ支援ファンドの創設などが行われた。第2章で紹介した安徽省のAI産業集積地「声谷（スピーチ・バレー）」は、成功事例の一つだ。

人材育成や法規制でも環境整備が行われた。2019年時点で、213大学にAI専攻部門が開設されている。重点産業については政府が全面的に民間企業を支援することで、ビジネスの創出に向けて規制を緩める施策も取られた。

例えば、全国に11のAI実験区を設立し、自動運転の公道での走行実験の許可証を配布するなど、実験環境を整備した。こうした豊富な人材と政府の環境づくりが相乗効果を生み、イノベーションが加速しやすい土壌を育んだ。

一方、日本の規制や法律は既存産業の縦割り構造を前提に組み立てられているため、改正に時間がかかる。技術革新とそれによるビジネスの変化の実態に合わせて、迅速にルール変更を行い、イノベーション企業を支援する仕組みを作っていくことが重要と考える。

公共サービスのデジタル化を先に推進する

デジタル社会実装において、民間企業のデジタル・トランスフォーメーションも重要だが、中国の場合、政府が率先して推進している。前著『チャイナ・イノベーション』で、ビッグデータ産業を推進する貴州省政府が個別システムをすべて廃止し、まだ世間が「クラウドって何?」という段階だったときに率先してシステムをクラウドに移行した事例を紹介した。

現在、公共サービスのデジタル化を中心とした749件のスマートシティ・プロジェクトが、各地方政府主導で進められている。データ連携基盤を構築したことで、データ駆動型の都市サービスが新型コロナの感染拡大抑え込みにも力を発揮した。

国家レベルでの推進も着々と進んでいる。すべての省庁や地方政府の行政サービスをネットで完結できるようにクラウドを活用した統一行政サービス・プラットフォーム「国家政務服務プラットフォーム」の試験的導入が開始された。2018年以降、サービス登録者は1・35億人に上り、累計10・4億人以上の国民が利用している。将来は、44中央省庁の1142に上る行政サービス、全地方政府の394万を超える行政サービスが、このプラットフォーム上で利用可能になる見込みだ。

この国家行政サービス・プラットフォームと関連して構築された国家データ共有プラットフォームは、既に1300以上のAPI接続インターフェースを公開し、2000種類以上の行政サービスのデータが部門を横断して共有できるようになっている。

国家の重要政策を決定する全国人民代表大会(全人代)のデジタル化も進んでいる。法案審議のプラットフォームを構築し、全国に散在する2000人近くの委員がこのプラットフォームを通じて、累計1・4万件の提言を提出した。法案審議のスピードアップにもつながっている。

市民との距離を縮めるために、中国で大人気のショートビデオ・サービスDouyin（バイトダンスが開発したTikTokの国内版）に地方政府がアカウントを開設し、ビデオを通じて政策などを分かりやすく伝える試みも行っている。2020年6月時点で、31省（区、市）の政府部門がすべてDouyinでアカウントを開設した。一番多い山東省では、省レベルから市町村レベルまで、1631個のアカウントを開設する徹底ぶりだ。

日本の現状を見ると、最も紙が残るのは行政サービスだろう。マイナンバーによる個人認証基盤、次世代ネットワーク、AIやクラウド・コンピューティングなどのデジタル基盤の整備を推進し、「デジタル・ガバメント」の早期実現がデジタル社会に向けての最初の一歩となる。行政手続きのデジタル化とデータ蓄積こそが、民間のデジタル変革の起爆剤になると筆者はみている。

デジタル・ガバナンスの強化

第2章の図表2－8「デジタル中国戦略のアーキテクチャー」でも触れているが、中国ではデータの利活用に関するルール、電子商取引の規範化、プライバシー保護など、デジタル・ガバナンスに関するルールが矢継ぎ早に整備されてきた。

例えば、個人情報保護について、以下のような法規制が整備され、不当な情報の収集・使用や個人のプライバシー侵害に対する罰則を明確にした。

- ２０１９年８月、中国初の児童個人情報保護に関する法律「児童個人情報ネットワーク保護条例」が公表された。
- ２０１９年10月、金融分野における個人情報保護の関連法律「個人金融情報（データ）保護に関する試行措置」が公表された。
- ２０２０年10月１日、「情報安全技術　個人情報安全規範」が実施された。
- ２０２０年10月21日、中国の個人情報保護法（草案）が公表された。

世界の中でも先行している中国は個人情報などの苦い教訓を踏まえ、「後追いで規制」を整備している。それを他山の石として、日本は先手を打ってデジタル・ガバナンスに関する法規制をいまから整備することが望ましい。

「イノベーションのジレンマ」の打破

筆者は中国のイノベーションを研究している中で、成功しているイノベーション企業の共通点は、その企業文化（価値観）が変化の速いデジタル時代に適しているという結論に至った。前著ではアリババとテンセント、本著ではファーウェイとバイトダンスについて、各社の変革を生み出す企業文化（価値観）を詳細に紹介した。

もう一つ重要な共通点は、いずれのイノベーション企業も、謙虚に先進企業の経験を吸収していることだ。ファーウェイは「米国の靴」を履くために米国流マネジメントと業務システムを導入し、見事にグローバル企業に変身した。バイトダンスは、先端デジタル企業の目標管理手法ＯＫＲを企業文化に取り入れるだけではなく、それを確実に機能させるために、統合型コラボレーション・ツール「飛書」を独自に開発し、新規事業の「量産」を実現した。

チャイナ・イノベーションの事例紹介では、「それは中国だから可能なのでは」という声をよく聞く。制度やビジネス環境の違いを理由に「同じようにはできない」と判断したり、表面の成果だけを見て深層の努力や工夫を理解しない人も少なくない。中国の成功企業の事例からは、異なる世界や異なる価値観だからこそ学ぶことも多いと言える。

世界に先駆けてさまざまなデジタル社会実装を実現した中国の成功事例、もしくは失敗事例から学ぶことは、日本企業にとっても新事業創造や「イノベーションのジレンマ」打破に向けたヒントになると考える。

中国とどう向き合っていくか？

「データを制する者は世界を制する」

前著『チャイナ・イノベーション』のサブタイトルにもなったＤＴ（データ・テクノロジー）時代を予言した馬雲の言葉だ。

前著の終章で、「データのインフラ化と主導権争い」に関して、決済インフラを担うアリペイの社会インフラ化とデジタル人民元との関連について言及した。それから2年4カ月経った現在、一般市民が参加するデジタル人民元の大規模な実証実験段階に入っても、民間主導の決済インフラと中央銀行デジタル通貨がどう棲み分けるかについては、まだ多くの課題が残る。

ネットワーク外部性による独占を問題視して、巨大化しすぎたプラットフォーマーを規制すべきだとの意見がある一方、規制当局の過度な介入はかえって技術革新の効率性を阻害するというマイナス面を指摘する声もある。規制当局にとって、難しい舵取りとなる。

こうした急速に進展する中国のデジタル・イノベーションやデジタル人民元に関連して、

監視社会化とみる見方やそのイデオロギーへの警戒から、中国は世界の脅威、または悪役と見なす論調が生まれてきた。

データを扱う通信、スマートフォンのアプリ、クラウドサービスなどで中国企業の排除を目指す動きや、人材面、技術面、資本面で中国とのデカップリング（分断）を要求する動きも出てきた。

しかし、ＡＩをはじめとする多くのテクノロジーの発展には、世界各国の研究者の英知、そして大量のデータ、及びそれらを応用するための巨大な市場が必要である。清華大学によると、いままでの人工知能のホットな研究分野での国際共著論文では、米中共同論文が突出して多く、全体の約３割を占める。各国研究者の協力があったからこそ、技術の発展があった。

いま直面している新型コロナとの戦いが一企業や一国で不可能なように、人類は手を携えて疾病、貧富の格差、気候変動などとの戦いに挑むべきなのだ。データの越境流通、データの権益の所在、ガバナンスに関するルールの策定など、テクノロジーに関しても国際協調して対応すべき課題が多い。

ハーバード大学の政治学者グレアム・アリソンは、著書『米中戦争前夜　旧大国を衝突させる歴史の法則と回避のシナリオ』（邦訳ダイヤモンド社）で、米国の指導者のために、四つの中核的概念を取り上げている。

アリソンは国益につながる「重大な利益を明確にする」ことに加えて、「中国の行動の意図を理解する」重要性を強調し、中国への理解不足による戦略上の誤判断について警鐘を鳴らした。同様の警鐘は日本にも当てはまる。

中国のデジタル強国戦略がめざすもの、デジタル・イノベーションを牽引するプラットフォーマーの戦略変化と巨大化による課題、米国も警戒する中国テック企業の強さの本質、そしてデジタル人民元が象徴する中国が他国に先行する壮大なデジタル社会実装の本質について、本書が読者の理解の助けになれば幸いである。

関連年表

2018年～2021年

2018年

3月26日　米国が国内通信網から中国の通信機器を締め出す規制を検討していると発表。ファーウェイ（華為）製品に「バックドア」が仕組まれている疑いがあるとの理由。

8月13日　米国で「国防権限法（NDAA）2019」が成立。ファーウェイ、中興通訊（ZTE）など中国企業5社の製品・サービスを政府調達から除外。

12月1日　カナダ司法省が米当局の要請を受けて、対イラン制裁措置に違反した疑いでファーウェイ創業者任正非の長女でもある孟晩舟CFOを逮捕。

2019年

2月15日　各地の「健康コード」の互換性を図るため、国家情報センターがテンセントと共同で接続インターフェース標準を決めた。

3月7日　ファーウェイが国防権限法について「公正な競争を妨げ、消費者利益を損なう」として米政府を提訴。

3月11日　山東省済寧市がデジタル消費券を発行。その後、杭州市、上海市、北京市など全国各地で相次いで発行される。

5月16日　米商務省はファーウェイと関連企業68社を産業安全保障局の「エンティティ・リスト」に加えた。米国に由来する技術やソフトが25％以上使用された製品をリスト記載の企業に輸出するには許可が必要となる。第三国を経由した輸出も規制対象。

5月19日　グーグルの親会社であるアルファベット社がファーウェイとの取引を一時停止すると発表。

5月26日　ファーウェイに半導体やCPUを輸出していた米クアルコム、ザイリンクス、インテル、AMDも商品供給の停止を発表。

12月8日　湖北省武漢市の保健機関から原因不明の肺炎患者が初めて報告される。

2020年

1月20日 新型コロナウイルスの人から人への感染を中国当局が確認。

1月23日 新型コロナ感染拡大を受けて、中国が武漢市を封鎖。

2月18日 米テキサス州連邦地裁は、国防権限法に関するファーウェイの訴えを棄却。

3月4日 コロナ対策や経済復興を検討する中国共産党政治局常務委員会が「5Gネットワーク、データセンターなどの新型インフラ建設を加速せよ」と指示。

6月30日 米連邦通信委員会が、ファーウェイとZTEを「安全保障上の脅威」と正式に認定。この結果、政府補助金を使って両社製品を購入することができなくなった。

8月17日 米商務省はファーウェイなどへの禁輸対象を拡大し、海外の半導体メーカーが米国の製造装置や設計ソフトを使っていれば禁輸対象になるとした。

8月27日 米誌フォーチュンは、2019年会計年度の売上高に基づく世界企業番付「フォーチュン・グローバル500」を発表。ランキングに入った中国企業（香港含む）は124社となり、米国企業121社を初めて上回った。日本企業は53社。

7月16日 世界最大の半導体受託製造、台湾積体電路製造（TSNC）がファーウェイとその子会社の海思半導体（ハイシリコン）への新規受注を停止したと発表。

10月12日 山東省青島市の病院でコロナの集団感染が発生。市政府は周辺都市からの医療関係者の応援を得て、16日までの5日間で市民1089万9145人のPCR検査を完了した。

10月29日 中国共産党第19期中央委員会第5回全体会議（5中全会）で「第14次5カ年計画と2035年までの長期目標」草案が採択される。

10月 広東省深圳市で5万人を対象に1000万元

（約1億6000万円）のデジタル人民元が配布され、実証実験が行われた。

11月3日　アリババ・グループ傘下のフィンテック大手アント・グループの上海、香港市場への株式上場が突如延期される。実施されれば、3兆円を超える史上最大の新規株式公開となる見込みだった。

11月7日　3日投票された米国大統領選挙で民主党のバイデン候補が現職のトランプ候補を破って勝利が確定したと大手メディアが報道。

11月15日　アセアン10カ国に日本、中国、韓国、オーストラリア、ニュージーランドを加えた15カ国が「東アジア地域包括経済連携」（RCEP）協定」に署名。

11月　トランプ政権が、米投資家による一部中国株購入を制限する大統領令に署名。

12月1日　中国が戦略物資やハイテク技術などの輸出を規制する改正輸出管理法を施行。

12月10日　日本経済研究センターが2035年までの経済成長見通しを発表。中国が2028年にも名目国内総生産（GDP）で米国を上回ると予測した。従来は2036年に逆転するとの予想だったが、新型コロナの感染拡大からの回復スピードの違いから逆転時期が前倒しされた。

12月12日　蘇州市で10万人を対象に2000万元（約3億2000万円）のデジタル人民元が配布され、実証実験が行われた。

12月18日　中国共産党と政府による中央経済工作会議で2021年経済政策の基本方針に「独占に断固反対する」と明記された。

12月24日　中国当局は、アリババ・グループを独禁法違反で調査に着手。

2020年

12月31日　米国による一部中国株購入制限の大統領令により、ニューヨーク証券取引所（NYSE）は中国電信（チャイナテレコム）、中国移動（チャイナ